新百年再出发

纪念河南大学建校 110 周年书系

《光阴的故事》编委会

主　任：卢克平　张锁江

副主任：谭　贞　冯淑霞　季　波　许绍康　孙君健
　　　　孙功奇　杨朝阳　王学路　傅声雷　张立新

主　编：刘　波

副主编：魏春吉　尤海佩

GUANGYIN DE GUSHI

光阴的故事

刘 波 / 主编

河南大学出版社
HENAN UNIVERSITY PRESS

·郑州·

图书在版编目（CIP）数据

光阴的故事 / 刘波主编． -- 郑州：河南大学出版社，2023.3
ISBN 978-7-5649-4662-3

Ⅰ．①光… Ⅱ．①刘… Ⅲ．①河南大学－校史 Ⅳ．① G649.286.13

中国国家版本馆 CIP 数据核字（2023）第 040284 号

责任编辑　朱建伟
责任校对　李亚涛
封面设计　马　龙

出版发行　河南大学出版社
地　　址　郑州市郑东新区商务外环中华大厦 2401 号
邮　　编　450046
电　　话　0371-86059701（营销部）
网　　址　hupress.henu.edu.cn
排　　版　河南大学出版社设计排版部
印　　刷　郑州印之星印务有限公司
版　　次　2023 年 3 月第 1 版
印　　次　2023 年 3 月第 1 次印刷
开　　本　710 mm×1000 mm　1/16
印　　张　22.5
字　　数　346 千字
定　　价　118.00 元

版权所有·侵权必究
本书如有印装质量问题，请与河南大学出版社营销部联系调换

前言

　　一百一十年，春秋鼎盛，遐龄延绵，志在千里，壮志踌躇；一百一十年，春风化雨，桃李天下，萱庭日暖，瑞气氤氲。2022年9月，河南大学迎来建校110周年华诞，为迎接百年校庆，校友总会面向广大校友开展校庆"五个一"活动，即一段祝福、一段回忆、一组文章、一份名册、一份礼物。活动倡议一经发出，得到了广大校友的积极响应。经过周密筹划、严格筛选、精心准备，将"一段回忆"集结成册，以《光阴的故事》为题以飨读者，用文字呈现校友对母校最深刻的记忆，以第一人称的形式展现校友与母校共同成长的经历，与恩师、同窗彼此情谊的美好，付出与收获的感悟，取得成绩后的回望等。

　　百十年风雨兼程，数辈人勇毅前行。如今，学校已迈入建设"双一流"的新征程、打造"双航母"的关键之年，确立了"中国特色、世界一流、中原风格"的办学定位。学校离百年名校振兴的目标越来越近，我们也更有能力与信心早日实现这一目标，描绘更加美好的未来蓝图。风风雨雨见彩虹，坎坎坷坷成大道，学校的每一次突围，都离不开校友；每一步发展，都离不开校友。校友力量是学校的不竭动力源，是学校值得信赖的凭靠。我们坚信河南大学的未来会因为每一位校友的发展而更加辉煌，我们愿意以此书与全体河大学人共勉，祝愿河南大学越办越好！

二〇二二年九月

目录

01 / 王励前：先父王广庆与抗战期间的河南大学 …… 1

02 / 管守严：回忆往事　祝贺校庆 …… 8

03 / 崔海清：我上大学为人民 …… 14

04 / 李清树：难忘外院 …… 19

05 / 喜　乐：我的人生路程 …… 22

06 / 范毓周：四世之缘 …… 40

07 / 王桂兰："校报"情缘 …… 49

08 / 王北生：从"教科院现象"看教科院精神 …… 53

09 / 刘占军：我的经济学启蒙之旅 …… 60

10 / 雒三桂：中州自古英雄气　相伴风铃入耳来 …… 68

11 / 董延寿：岁月流淌　同门难忘 …… 72

12 / 刘保明：怀念沙瑞辰先生 …… 78

13 / 常新萍：为了一份深情的爱 …… 81

14 / 苗国富：我的大学 …… 86

15／董玉山：三年求学经历，终生难忘情怀 ………… 92

16／夏　丰：永远挥之不去的记忆 ………………… 98

17／赵宗道：塔铃声声颂师恩 …………………… 102

18／宋　伟：从实践走向高等教育学研究 ………… 119

19／和学新：难忘的大学学习生活 ………………… 131

20／陈向阳：河大回忆 …………………………… 137

21／王保喜：别梦依稀咒逝川，河大三十二年前 …… 141

22／梁　静：母校回望　最美遇见 ………………… 145

23／李欣欣：那些年，那些人，那些事 …………… 148

24／王建政：我的大学 …………………………… 156

25／马凤岐：我的大学 …………………………… 161

26／田虎伟：河南大学教育系教我"三多"
　　　　　学习法 ……………………………… 169

27／张占武：学三楼里的青葱岁月 ………………… 172

28／秦　军：梦里的校园　追梦的起点 …………… 181

29／武　冰：梦回河大 …………………………… 185

30／许建领：美好的青春记忆 …………………… 190

31 / 姜峰基：光荣属于河大生物系 …… 197

32 / 黄忠敬等：那份"底色" …… 201

33 / 吕厚超：梦回河大 …… 207

34 / 柳素平：艺高为师，德高为范 …… 211

35 / 耿纪永：一本书与一堂课 …… 220

36 / 王刘琦：在河南大学教育系读书的回忆 …… 224

37 / 王建华：我的河大记忆 …… 229

38 / 尹弘飚：四十腾飞日日新 …… 234

39 / 陈国维：河南大学教科院的"三大影响" …… 237

40 / 海　川：一瞥百年　河大情缘 …… 244

41 / 徐喜明：巍巍铁塔情 …… 254

42 / 晋银峰：沐浴河大恩，永怀教科情 …… 257

43 / 王道峰：我与河大的一世情缘 …… 263

44 / 靳　松：犹记魏梁河大时 …… 266

45 / 李立峰：努力做发出正义之光的人 …… 270

46 / 李卫信：河大，我的大学 …… 275

47 / 贾西稳：我与河南大学的几个关键词 …… 285

48 / 李　辉：不忘初心 遥忆母校…………………………290

49 / 谭超尘：忆青春愉快事 最忆是河大…………………294

50 / 轩　雷：大学那些人和事………………………………298

51 / 赵联斌：我的研学导师…………………………………302

52 / 许严伟：和"动物"结缘………………………………305

53 / 尤　莉：四十载蓬勃发展，十年魂牵梦萦…………310

54 / 王嘉俊：梦里河大………………………………………315

55 / 王丽娟：忆往昔点滴 铭师生情谊……………………319

56 / 丁奇高：我的文学创作之路…………………………327

57 / 张贝贝：梦回明伦街85号……………………………331

58 / 崔欣怡：回忆我的大学…………………………………334

59 / 沈莹莹：匆匆………………………………………………338

60 / 小　英：河大永远在我心里…………………………341

61 / 林溢慈：在河南大学的学习与生活…………………344

62 / 爱美丽：在河南大学的学习与生活…………………347

63 / 姜纳丽：我与河南大学…………………………………349

01 | 王励前：
先父王广庆与抗战期间的河南大学

王广庆先生（1938—1944年任河南大学校长）

抗日是一场关系民族生死存亡的战争，14年浴血，牺牲无数，终于转败为胜，一雪国耻，弹指一瞬，至今已经70周年了。

日本野心亡华，除了征服，还要奴化，朝鲜、中国台湾就是先例。大学是民族精神文化的象征，是日寇必定要摧毁的目标，保护大学、捍卫文化是抗日的第二战线。战争初期，中国东部的几十所大学西迁到云南、四川等内地省份，是抗日斗争的重要组成部分。

河南大学的内迁，则走了一条特别艰辛、持久、动荡的道路。它八年坚守在最前线，在省内和日军近距离周旋，迂回搬迁六七次，全程近两千公里，几乎和抗战共始终，成为不折不扣的抗战大学。这不仅全国罕见，在世界上也是独一无二的吧。

先父王广庆在全面抗日第二年，即 1938 年 8 月接任河南大学校长职务，直到 1944 年 10 月胜利曙光在望时辞职获准。这 6 年，正值全面抗战的最艰苦时期。我家原在南京居住，先父先期赴豫任职，1940 年我随母亲和二妹到达二次搬迁校址所在地——嵩山山脉深处的潭头小镇，时年 7 岁。1944 年父亲辞职之后再随家庭暂迁西安，离别了河大，也算是亲历了这段可歌可泣的时光。

潭头镇只是伏牛山凹里的一个土寨子，包括周围数个小村落，总共不过 300 户人家，与世隔绝。这里一下子来了一座大学，粮菜难济、缺医少药，教室办公室安在破庙里，实验室、宿舍是泥草房，点油灯、凿壁借光、穿草鞋、趟山洪、防盗匪，处境困苦，加上信息闭塞、经费短缺，办学真是难上加难。我上小学，书本自己用草纸抄写，从南京穿来的一双旧球鞋，竟然全校仅有。但是正由于其偏僻，日军不到，河大赢得了几年安稳的时光。潭头 5 年，先父除了在校抓大事以外，其它时间奔波于重庆、洛阳、嵩县等地，筹款催粮。师生们在穷山僻壤，励精图强，严格教学管理，学术研究一刻未停，共同创造了教育史上的辉煌。

在几近原始的环境下，大学教学成绩却脱颖而出，上课时数全国第一名，质量综合考核全国第六名，从省立大学办成国立大学。它是华北前线唯一的全国综合性大学，为华北、华东、东北、西北十个省份的流亡学子提供了高等教育，也开化了偏僻的豫西山区，在全国独树一帜。

非常时期做校长，要争取名师留居前线，筹措经常短缺、迟到或中断的经费，还要解决粮食缺口、家眷安置、子女就学、人身图书仪器安全、寻觅医药、防范土匪、协调地方关系等等平时没有的问题。父亲是坚忍的人，这个压垮人的担子，他担当下来了。他认为办好河大"宁异于前线之冲锋陷阵乎"。在潭头，父亲和其它校领导一起，延揽名师，加强管理，使教学走向正规。而 7 岁的我，无奈和他一起经历了困苦时光，却也得到了人生第一波的锻炼。

非常时期，需要快速决断。他一向温和善听，但是应变决策、运筹行动并不犹豫。当时对于迁校不出省，是有异见的。他广听后谋，徒步选址，挺进潭头，其意义不仅是赢得了 5 年时间，办出了名校，而且填补了

北方抗战期间高等教育的缺口，为前线两边八九个省份的流亡学子提供了就近学习的机会。残壁河山中华魂，前线学人傲骨存，这是迁移入川做不到的。

父亲没有局限在高等教育的小圈子里。有感于国难当头和当地的落后，他摒弃了象牙之塔的道路，同时推行社会教育。河大师生放下身段融入山村，先后办起了小学、中学、农民夜校、民众学校、暑期补习班、简易师范、护士职业学校、高级助产职业学校、体音师资训练班、妇女识字班、示范农场、通俗演讲队，普及了文化、科学、生产、卫生知识，创造了抗战时期山区教育、社会教育的奇迹，改变了伏牛山区的落后面貌，促进了当地经济发展，并且使得河南最不开化的地区成了"人才仓库"。河南大学也成了"乡村教育播种机""农业科技大课堂""文化卫生义务工""山沟干部新摇篮"。此外，唤起民众，组织"抗日救亡宣传队""抗日文艺演出队""抗敌训练班服务团"等，把全民抗敌救亡当作义不容辞的使命，为全面抗战做出了贡献。

先父是文人，在我那时的印象里，他虽然留学东瀛投身辛亥，但仍然是旧派人物，沉浸在孔孟先哲、治家修身、金石考古、语言文字的领域之中，而疏远时髦文明。他执掌河大的几年里，教育融入抗日洪流，高教结合开启民智，办得如此壮阔深入、活跃生动，形成潭头河大极为鲜明的时代特色，创出不平凡的历史功绩，站在时代的前列，丝毫没有和时代脱节。他激励师生的警言是曾国藩的名句"不耻生事之艰，而耻无术以济天下"，旧训出新意，升华了教育的使命，蓄积了前进的动力。

先父把教学研究放手给教授们抓，从善如流，秉承兼收并蓄、百家争鸣的宗旨，容纳各个学派。在五四以后的民国年代，这是普遍接受的大学信条，并非河大自创。但在师生惊魂稍定仍遭饥寒的小镇上，维持正常教学已属不易，再做承平世界学术民主的事，没有阔达胸怀和坚强信念怕也会流于口号。潭头河大学术自由，生机蓬勃，成果累累。研究项目有：《道藏》研究、《伏牛山矿藏和开采调查研究》《伏牛山植物利用研究》《伏牛山植物染料研制》《伏牛山区森林食用药用植物和染料调查》《干馏制炭研究》《粮食增产研究》《山地育苗造林及果树栽植研究》《嵩山山区测量及植物调查》《小麦育种试验与研究》《小麦黑穗病及黄锈病的起因和根治方法》《棉花的良种培育与推广》《中国蔬菜栽培研究》《地方病调查》《蛮族迁移研究》《豫西文化考察》……。教授们的学术著作有：《现代教育原理》《国立河南大学文学院学术丛刊》《河南大学学报》《高等数学讲义》《中国现代文学史》……，其中樊映川的《高等数学讲义》就是解放后全国理工科用了几十年的《高等数学》教科书的雏形，而任访秋的《中国现代文学史》则是中国的第一部，它们都诞生在这个山沟小镇里。在艰苦时期，因思想开放、勇于立言、贫也不改其志而成果累累，也体现出河大学者深厚的学术积淀和坚韧的研究精神。

先父对于国民党在校内搞摩擦，查封书店、迫害进步师生，要求解聘、逮捕"左倾"教授等行为，是很不赞成的，他还出力营救被拘留的"左倾"师生。人民音乐家马可是化学系学生，曾到西安家中向父亲请益，母亲做了饭留他吃，之后即奔赴延安。

他的精力全部放在办好学校上，当时教育部考核，河大名列第二，上课总时数全国之冠。1942年3月，河南大学由省立改为国立，是它历史上光辉的一页，当时我虽年幼，记忆至今仍很鲜明。先父为此事殚精竭虑，奔波操劳。一次，他多日离家回到潭头家中，一向严肃的他，面带少见的喜色，对母亲说"国立办成了"！我才知道他办成了一件大事。不久，我看到了于右任先生手书的校牌挂到了关帝庙校本部大门口。我记得原来的旧校牌也是于先生写的字，新旧校牌字体风格相似，新的多了"国立"二字，也更大气一点。这个艰难时世的硕果，既是对此前流亡办学成绩的肯定，又为河大的蓬勃发展开辟了新路。之后经费比较有保障了，师生数量一年中就增加了15%，竟然还聘请了外籍教授。改国立两年后，1944年国民政府教育部综合考核，河南大学以教学、科研及学生学籍管理的优异成绩，被评为全国国立大学第六名。最艰苦的条件下，取得河大历史上最好的成就，生动地体现了"大学之大在大师而不在大楼"的名言！

1944年5月中旬，是河南大学悲惨的日子，日寇窜进潭头，实施其灭杀中国文化政策的残暴行径。春光明媚的季节里，气氛却紧张阴沉。还记得那天晚上，教务长、训导长到我家和父亲商量应变对策。由于估计不足，应变匆忙，撤退奔忙之中，河大师生眷属遭遇日寇劫杀，死难9人，失踪25人，图书仪器损失惨重。在之后的几十天里，为了躲避日寇追杀，五六岁的孩子半走半背，像我十来岁的少年就要每天奔走几十里山路了。父亲那时已经55岁，徒步奔波，还要操心大队人马，短发的他，突然白得多了。70多年前的场面，至今铭记深深。经此巨变，先父引咎辞职，携家转进西安，从此离开河南大学。

父亲任校长6年期间，我在潭头4年，上小四直到初一，学校大事，只是朦胧了解。70年过去，深印脑海的是：当时的生活简陋困苦，父亲忙于学校事务难得回家，大学生非常活跃，日寇极端残暴。

然而，我却深深得益。在潭头，我上的小学是河大教育系四年级学生教的，上初中是大学讲师或教授教的。这种水平的基础教育，平时哪里去找？难怪潭头后来成了河南的人才库了。

烽火连天，流亡办学，箪食瓢饮，不改其志，成就辉煌。这是抗日在文化战线上的胜利，同样是人类文明战胜法西斯的进步历程。河南大学这段极不平凡的历史，将永远书写在中国的教育史册之中！正如陈宁宁先生所著《河南大学抗日流亡办学纪实》一书中所说：

"这一时期，河南大学在教学、科研及学生管理等方面都取得了优异成绩，省立河南大学改为国立，河南大学进入新的历史发展时期。"

"流亡的河南大学就像钢铁战神、就像文君远征、就像汹涌澎拜的洪流、就像烈火熊熊的熔炉。"

"河南大学在腥风血雨中一帜独树，用铁肩支撑着文明大厦，用自己的血肉之躯维护和接续了中原文化血脉。"

先父的一分作用，也得到了历史的肯定，新世纪里，对他的评价是：

"王广庆是著名的教育家、书法家、金石碑刻专家、语言文字学家，""在河南大学抗日流亡期间临危受命接受校长一职，勇于担当、苦心经营，保全了河南大学。""保证了河南大学的经费如数拨给，使学校教学科研和千余名师生和眷属的生活能在极端困难的情况下得以维持。"

"由于王广庆校长的声望及广泛的社交关系,取得了各方支持,在潭头办学的年头里,他极力稳定人心,诚聘名师,坚持按照教学计划开课,因地制宜教学,结合山区实际开展科研活动,提倡爱国爱校,尊重学术自由。并且经他的精心管理,学校办得有声有色。"

"王广庆思想进步,兼容并包。在他主政河南大学时,接纳思想进步的教授、学生。"

"王广庆校长'以不耻于生事之艰,而耻无术以济天下'的信念,带领全校师生始终坚守在抗战最前线,为维护中原文化,培养抗战建国人才做出了贡献。"

父亲能在70年后,得到以上比较客观的评价,足以弥补他失策潭头事变的长久悔恨之情,告慰他在天之灵了。

烽火河大是那个时代的产物,是那一代师生共同创造的,是那一方水土滋养的,是豫西乡亲哺育的,是艰苦环境锤炼的,是民族解放斗争催生的,也是五四新文化运动所启迪的。70年时光逝去,其奋斗精神将永远留存,我们纪念抗日胜利,文化战线上的胜利和军事战线上的胜利一样,都是要铭记不忘的。

我虽然无缘求学河大,思想感情联系之深,是可以想见的。1949年之后,院系调整,一个具有百年历史和优秀传统的名校,拔枝栽林,许多系科分离出去成了专门学院,河南大学被肢解,盛况不再,连名字都丧失掉,令人唏嘘不已。新时期河大重振旗鼓,在国家教育部和河南省领导下,新的校领导班子锐意进取,开放办学,建设了壮丽的新校区,诚聘名师,加强了国内外学术交流,交换留学生,走上中兴之路。我已届耄耋之年,对此深感欣慰。2012年,我应河大领导之邀,到校访问,并与青年学子座谈。铁塔校园,巍峨葱茏,更胜昔日;青青子衿,悠悠我心,更添激动。大学之道,明德至善,发扬留学预备的开放精神,发扬抗战救亡的奋斗精神,就是河南大学臻于至善之途。我愿稍改访校时旧作拙诗二首结束本文,并作为抗战胜利70周年时刻对于河南大学的纪念。

忆昔河大多坎坷，坚苦卓绝教不辍，
颠沛不减攻读志，流离更唱救亡歌。
赢得省立转国立，曾别黄河到伊河，
高校有序夺先声，明德至善胜狂魔。

如今铁塔更锦绣，宏楼玉宇赛潭头，
大学之大在大师，名校驰名赖名流。
有教无类比仲尼，兼收并蓄出回由，
殷殷寄情追清北，敢期河大超剑牛！

2015 年 7 月 27 日于南京

作者简介

王励前

我校老校长王广庆之子，曾任南京市政协副主席。

02 | 管守严：回忆往事 祝贺校庆

一、童年纪事

公元 1934 年，我从河南省新蔡县立第一小学毕业后，即前往开封，考取私立嵩阳初级中学。过了 3 年 6 个月，1937 年单身匹马到北京投考市立高中，经过 3 个学校的考试后，音讯杳然。此时，日本关东军有一中队，每天中午持枪来回巡逻，有意向市民示威，战争即将爆发，因此人心惶惶，社会不安，大都各有逃亡的打算。我想由平汉线回开封，因卢沟桥战事，铁路不通，只好搭乘汽车赶往北京车站。到了北京车站后，不见铁路管理人员，只见一列火车黑烟冲天待发，车内坐满持枪军人，男女、老弱百姓都坐在车顶上，人山人海，争先恐后。我一时心急，未加思索，即爬上火车头，将所带行李网篮捆在烟筒上，我坐在烟筒下面，鸣笛两声，火车往天津方向出发了。

1939 年，日军打通了由郑州到汉口的平汉铁路，但铁路以东，尚有十几个县没有沦陷，百姓还过着平安无事的生活。公务人员照常上下班，假日也休息，一般农民则是日出而作，日落而息，过着耕田的生活。1939 年 8 月 1 日夜，由向导带路，凌晨 2 点左右，翻越平汉铁路西行，天亮即到达镇平县。在此地，我考取了河南省立安阳高级中学。可是学校上课的地点是内乡县，于西峡口西约 10 公里处的丁河店农村。学校在祠堂办公，校长为赵质辰先生，北京师范大学毕业，学校老师也多出于该校，教学认真，校规严谨。在校园南边有一大块空地，地方人士为学校盖了 6 栋教室，供学生上课。教室墙壁全用土坯建造，屋顶用大毛竹为架，上盖尺余厚防避雨之茅草，以大厚木块制成桌椅，设有门窗，光线充足，空气新鲜，少有人来往，环境非常安静，为读书的好地方。

二、求学历程

1942年，教育部举办全国大学联合招生，考场共分5区，西北考区设在西安。这时日军在潼关黄河北风凌波山上设有炮台，专打来往西安的火车。铁路局为安全计，把来往客车改用厚钢皮专车，仅夜间行驶，日军也不放过，学生为未来前途发展，拼命也要走这一程。我很幸运地被国立河南大学化学系录取。当时学校在嵩县潭头办学，该处为山坡斜形平原，可耕面积不多，而河流纵横不少。学校办公室设在关帝庙，学生上课在上神庙，周围有近10个大小村庄，各院系师生分居在各村，我们理学院分配在党村，理化试验室也设在村内。校长为王广庆先生，理学院院长为孙祥正，化学系主任为李俊甫，还有李燕亭等教授。学校排课内容与排课时间与在开封授课相同，从未作任何减少，教授、老师、管理人员等也是由开封原班转来。所以，能得到教育部考察团的鼓励，只有河南大学可以做到，其他大学均望尘莫及，河南大学改为国立，也是一大助力吧！

1944年5月15日晚上，正要准备睡觉时，忽接校本部通知：日军已打到嵩县，明晨5时前，同学要携带尽可能少的行李离开潭头。第二天凌晨，师生趟水南行，越过山头即离水上岸，沿水路西行。我在游泳时，见到各种大包、小包的东西，丢弃在河边，有女生不敢游泳而坐地哭泣，实感可怜。中午，各村民众把食物摆在庭院，供同学们食用，逃难时能得温饱，也是很幸福、欢喜的事。

学校决定于河南省淅川县复课，适巧哲学大师冯友兰在学校讲学一周。在学校借住的紫荆关学校礼堂内，挤满了来听讲座的师生，连空地、门窗也挤满了听众，盛况空前，也为学校的复课带来热闹、欢乐的气氛。

复校不久，又要搬迁，这次地点为陕西宝鸡十羊庙。我们到达西安后，知道学生辅导会主任委员为张钫先生，向辅导会报到后，急找同乡张大贞先生家暂住。之后，大家继续西行，前往宝鸡。宝鸡为陇海铁路西行终点站，往西北可通甘肃、新疆到欧洲，也就是古代通商称为丝绸之路；

往西南过秦岭，经汉中到四川成都、重庆，可说为西北交通重镇。学校办公、学生上课都在庙内，同学住在四周，乡村景致与潭头相同。

1945年8月14日，日本天皇宣布无条件投降，对日抗战才告结束。当天晚上，全体男女、老少、市民全家出动在大街小巷跑、跳、喊："我们胜利了！"还有放花筒、大小爆竹助势，热闹非凡，通宵达旦，到天亮还不想结束。时近寒假，学校利用假期，将河南大学搬迁到开封原有校区，过了年就在开封开学、上课，学生届时要到开封报到。利用此空档，学生可自由返家，探亲、过年、访友，同学们无不雀跃万分。

三、抵达台湾

1946年6月，我在河南大学毕业，接着找工作，这时内战已经开始，找工作困难重重。事有凑巧，忽闻教育部门有令，凡当年各大学毕业同学，愿意去台湾工作者，教育部负责安排，并可资助旅费等。经过研商，有6位同系同学愿意去台湾，后来农学院有一位也想参加，合计7个人。请学校办理，申请前往台湾的手续。

9月1日，我们7个人，乘火车沿平汉铁路南下到汉口，改走水路，由长江坐船下行到南京，略作休息，再乘火车到上海。在行程中，我利用空闲时间，写信给河南省《民国日报》吴学长，报告在路途中所见所闻，以及到台湾的情况，一共合计7封信件。之后才知道，这些途中见闻的信件，都刊登在河南省《民国日报》专栏。因河南工作难求，只好离乡背井去台湾发展。我们7个人的父母及朋友们，知道我们一路旅途平安，也就放心了，这也算是幸运的好事吧！

海天轮为万吨货轮，来往台湾、上海运货，我们登轮后发现，船上已经有三四十人同去台湾。经过两天半的航程，于9月13日晨抵达基隆。我急往台北，到台湾省政府农林处技术室报到，技术室工作人员即刻带我们到古亭区38官舍，于两栋日式房屋居住，下午又来了两位精通国语的妇女，为我们洗衣、煮饭，这可说是来到台湾的第一个家。不久，发派遣令，化学系6个人，派往台湾凤梨公司，2位留在总公司，其他分配到彰化、员林、台南、凤山，每厂各派 1 人，另一位农学院同学，派往彰化农场，我派的最远，凤山工厂。

四、任职过程

1985 年，由于年岁已满 65 岁，即刻办理退休。回想在公司工作这么多年，由技术员升为课长、彰化厂长 8 年、员林厂长 13 年，退休再升任经理 2 年，又加上有薪津而不需要上班的顾问有 2 年，受到公司爱护，恩深似海。更可喜的是，公司送我 40 坪土地、日式房屋一栋，经出售获得新台币 2000 万元，为我搬来台北生活之老本，名利双收，真是非常谢谢公司的老板们。

台湾凤梨公司，原为政府经营的公司，1959 年，以整营、整售方式，以新台币 2700 万元，让售给黄成金先生。除此之外，每位股东新台币 200 万元，合计有老板 13 人，另有半个股东为他人所接；同时，组成董事会，董事长为谢成源先生，并决议续聘原曾桐总经理继任工作，公司工作人员全体留用，董事会绝不派任何新人士参与公司经营，就这样风平浪静中，顺利改变成民营公司。

我在公司 40 年中，公司主营凤梨、洋菇、芦笋等罐头，年产量大多超过 400 多万箱，可以赚到美金 5 亿多元，对外汇收入有很大助益。这些外销产品在增产制造的过程，我大都参与其事，在提高质量及增加收益的过程中，我也没有缺席。

五、与有荣焉

两度参加母校（河南大学）校庆，心中有许多感想。母校欢庆 90 年、100 年校庆，我均有幸参加。百年校庆时，我还代表台湾校友发言。

看到母校校务不断地提升、发展，金明校区建设完成，并已经启用。新建校区大楼设备美轮美奂，可谓是"花园式"的校园，为研究发展和学生学习的好地方。我要为母校书记关爱和先生和校长娄源功先生鼓掌，对母校发展的贡献，表示最大的敬意。不仅学生人数增加，也增开院系，购买图书仪器，聘请专家教授，2021年9月25日，郑州校区让河南大学的建设和发展，又往前跨进了一大步。

尤其自公元2017年，母校经教育部审定进入"双一流"大学名单，不但显示了母校领导书记、校长和全体师生的努力成果，更让母校恢复了当年的光荣，相信母校未来的发展定会"百尺竿头，更进一步"！

母校是河南首学，也是河南省第一所高校，百十年来，母校历经患难沧桑，终又勇往迈进，不断提升，追求卓越，祝愿母校未来前途光明，再创佳绩。

欣逢母校110年校庆，特撰文致贺！

公元1946年化学系毕业、103叟管守严　谨贺

作者简介

管守严

1921年生，国立河南大学理学院化学系1946届校友，毕业后赴台湾工作，曾在台湾凤梨公司分厂凤山工厂任技术人员，编写了《凤梨标准工作法》作为教材，培育出凤梨新品种。1963年，负责建设凤山新工厂。

03 崔海清：
我上大学为人民

时间如白驹过隙，一转眼人生就到了暮年。回想过去走过的路程，总有一段路使人终生难忘。我最难忘的就是我在河南大学（当时叫开封师范学院）当工农兵学员时的学习生涯。

1973年的春暖花开、草长莺飞时节，我告别了当兵4年的东海舰队某部退伍回到了家乡。由于在部队时从事过美（美国）、苏（苏联）两国的海军军事情报工作，略懂些英语和俄语，所以回乡不久，公社就让我到当地中学当了一名英语代课教师。

记得那年的五六月份，我从公社的文教助理那里得到了当年大学招收工农兵学员的消息。由于在部队时，我周围的战友大多都是部队或地方大专院校的毕业生，且个个外语水平极佳。在他们的耳濡目染下，我早就有了一定要到大学深造的愿望。因此，面对如此良机，我毫不犹豫地就报了名。

我们这一届是河南省招收的第二批工农兵学员。在河南的首届招生中，采取的办法是大队推荐，公社审查，县里和招生学校共同商议的办法来招收学员的。而我们这一届比第一届则更加严格——增加了文化知识的考试。我们不但需要考试语文、数学、物理、化学等科目，而且报考英语专业的还得加试英语。记得考完最后一科从考场出来后，专门从高校赶来的英语老师就在校园内摆了几张桌椅为报考英语的考生进行加试。至今我仍记得给我加试英语的老师是我们学院英语专业、当年教我们年级四班的刘广新老师。她让我先读了26个英文字母和48语音音标，然后又让我读些英文单词和句子，最后又进行了简单的英语对话。

由于加试英语时，心情紧张，只记得是个外表温文尔雅、说话轻声细语的女老师，并没看清她的相貌。知道刘广新老师的名字是在成为外语系的学生之后。

一次课间，刘老师找到我问："你叫崔海清吧？"

我答道："是。"

她又问："你不认识我了？"

我说："认识，你是四班的刘老师。"

她又说："我说的是以前。"

我感到莫名其妙。在上大学之前，我从来没见过刘老师呀！

刘老师说："你忘了？是我给你加试的英语呀！"

我这才恍然大悟，原来考试那天给我加试英语的老师是刘老师呀！

刘老师接着说："那天加试完英语后，我告诉你们县负责招生的同志说，这个学生我们学校要了，不能再调剂给其他学校了。"

我问："为什么？"

刘老师说："在加试之前，我调阅了你们县里所有报考英语专业考生的档案。知道你当过兵，还是党员，政治条件硬。又知道你是一个英语代课老师，专业一定有基础。通过加试，更证明了我的判断。所以加试完毕，我立马代表学校和系里就把你给确定下来了。"

1973年的8月，我接到了我们学校的入学通知书。新生报到那天，我下了火车，来到开封师院设在火车站的新生接待站。上了学院的大卡车后就被拉到了位于八朝古都开封东北隅的开封师院。

当载着我们的解放牌卡车穿过古香古色的河大南门朝宏伟的大礼堂开进的途中，我看到挂在大道上方写着"人民送我上大学，我上大学为人民"的红色横幅，从此时便知道和记住了到此校学习的初心和使命。

没有人民，我们这些战斗在军营、劳作在田头、工作在车间的青年是不可能进入这神圣的大学殿堂的。人民把我们送到这里，我们一定要努力学习科学文化知识，用我们学到的知识报效祖国，报答人民。

人民待我似父母。入校以后，学校怕我们夏天被蚊虫叮咬，专门为每个学员配发了蚊帐；那时教室没有暖气，冬天来临之际，学校怕我们挨冻，专门为每个教室配备了燃煤和火炉。那个年代，上学不用交学费，吃饭不用交餐费，而且每人每月还发给 3 到 5 元的助学金。每天的早中晚三餐，宽大的饭桌上早被食堂的师傅摆上饭菜和碗筷，我们像客人一样走进餐厅尽管享用……

人民这样对待我们，我们真的没有理由荒废学业，辜负他们对我们的殷切希望啊！做人要知道感恩，做人还应该牢记回报，只有这样才对得起人民对我们的养育之恩。

牢记着人民的恩情，一年级时，我们年级的全体学员奔赴驻扎在商丘的解放军军营，炎炎烈日下，与战士们一起在练兵场上摸爬滚打，练习杀敌本领。二年级时，我们又来到毛主席的好学生，原兰考县的县委书记焦裕禄同志树立的四面红旗之一的红庙公社双杨树大队向农民学习，在这里我们与当地农民同吃同住同劳动，收麦打场战"三夏"。三年级时，我们又到中国的最大拖拉机制造厂——洛阳东方红拖拉机制造厂学工，与工人师傅一起，在轰鸣的车间里夜以继日地制造机器的配件。学工结束后，正赶上农忙三夏，于是我们决定到当时的河南小麦研究基地——河南偃师县的岳滩公社来帮助麦收。早上听到家鸡的鸣叫就下地，晚上披着月光才离田。我们不但帮社里收了麦，而且还帮他们种上秋庄稼后才返回了学校。

牢记人民的恩情，我们奋发学习。我们这些工农兵学员由于所处于特殊的年代，所以学员之间文化程度参差不齐。有快要高中毕业的老三届高中生，还有即将毕业的小三届初中生，甚至还有高小毕业生。好在我们学的是英语，可从最基本的基础知识 ABC 开始学起。大家都来自基层，且都是各条战线上的佼佼者，在以前的工作中，都知道文化知识的重要性，更知道这样的学习机会来之不易，因此在学习中，大家都非常地努力，异常地刻苦。最初的时候，我们没有系统的教材，外语系的领导和老师们亲自编写和油印讲义供我们学习。老师编写一课，我们就学一课。每天的第一节课前，老师的首要任务就是分发讲义。我们把讲义夹在讲义夹里以方便上课学习和课后复习。每天早上，无论是在铁塔湖畔还是在大礼堂前，无论是在偏僻的角落还是在操场旁边，都可以看到外语系的学员们手捧讲义夹，或朗读课文，或背记单词。每到夜晚，在昏黄的灯光下，有的在做作业，有的在预习新课。大家都在用百倍的努力，来学习更多的知识，好在将来为人民作出更大的贡献。大学3年，大家都像久旱的禾苗逢到了甘霖，利用有限的学习时间争取学到更多的知识。例如在学军、学工、学农期间，虽然没有在校期间的学习条件，但老师们仍然像在学校那样为我们编印相关的军事、工业和农业方面有关的教学讲义，让我们结合实际学习。我们无论是在军营，还是在田间地头和工厂车间，利用上工前和下工后的点滴时间抓紧一切可以利用的机会来完成我们的学习任务。

3年中，我除了学习英语专业知识外，还学了汉语语法和写作、英汉和汉英翻译、外国的地理和历史以及音乐美术等专科知识，并读了许多的名人传记。记忆深刻的有《马克思和恩格斯传记》《列宁回忆录》《西行漫记》，甚至还读了《甘地自传》等。

从古代到现代，从国内到国外，在学习阶段从来不被以考试来测验学习知识的，只有工农兵学员。我们在校3年，别说是毕业考试，就是每学期的期中和期末考试，甚至连平时的小测验都没有进行过。因为大多数学员都知道自己的学习目标和肩负的责任——我上大学为人民。他们就像识途的良驹，无须扬鞭自奋蹄。

不但上学期间不考试，而且毕业后还都可以分配到合适的工作，绝不会出现毕业即失业的现象。由于不忘"我上大学为人民"的初心，我们在各个不同的岗位上都作出了优异的成绩，为人民和国家作出了应有的贡献。

1973年级的英语二班共有20名学员。在这20名学员中，有不恋城市、自愿到山区任教、最后倒在课堂上的吕新颖学员；有学富五车且著作等身的外语学院学科带头人、教授、博士生导师的郭尚兴学员；有外语学院副教授李法荣和孙维琴学员；有从科员到科长、从经理到河南省商务厅厅长的李清树学员。除此之外还有县教育局长，有高中、大中专院校的校长以及大量的初、高中英语骨干教师。

我荣幸，人民送我上大学。我骄傲，我上大学为人民。

作者简介

崔海清

　　河南大学外语系1976届校友，1976年被分配到河南省开封市卫生防疫站从事国外医学情报的收集、翻译及医学图书资料和档案的管理工作。主持编写和编译《医学期刊投稿指南》和《国外医学核心期刊撰稿必读》2部著作；在各种刊物上发表论文、译文60余篇；1998年获国家档案局颁发的档案管理先进荣誉证书；1993年被选为河南省预防医学情报学会理事。

04 | 李清树：难忘外院

转眼之间，我从河大外语学院毕业已经 40 年了。毕业后，我从事的工作都与外语有关，先是当翻译，后来任河南省土产进出口公司总经理、省外经贸厅厅长、省商务厅厅长、省人大民族侨务外事委员会主任，都要与外国人打交道，离不开外语。外语学院教我学知识、做人、做事，我的成长进步，得益于外语学院的培养教育。

我是 1973 年入河大外语学院学习的，当时叫开封师范学院外语系。1970 年高中毕业后，我在家务农，1971 年 4 月当民办教师，教初中英语。1973 年夏季的一天，我在报纸上看到全国要采取推荐和考试相结合的办法招收大学生，一下点燃了我的大学梦，我随即投入到了紧张的复习准备中。经过层层推荐和考试，我有幸被河大外语学院录取。

外语学院对我们这届学生非常重视，学习抓得很紧，要求特别严格。当时的学生有的初中毕业，有的高中毕业，有的有基础，有的没有基础，程度参差不齐，给老师教学带来很大困难。外语学院要求从 26 个字母开始学，先学音标，光发音就学了 3 个月，当时感到很枯燥。参加工作后，我与英国人打交道，他们说我讲的英语是标准的伦敦英语，也就相当于中国的普通话，才感到外语学院重视语音，打好基础非常必要。当时没有现成的课本，外语学院就现编教材，油印出来，供我们学习。正常的教学由杨良生、李文芝、张炳新等老师任教。还开有英语语言文学课，由王曾选老师任教；口语课由吴雪莉老师任教，吴雪莉老师教口语，边说边模仿，常常逗得学生哄堂大笑，寓教于乐，效果很好。我参加工作后，因翻译医药方面的资料碰到困难，还去找过吴老师，吴老师很热情地帮我进行了修改。

　　大学多年没有招生，同学们都特别珍惜上大学的机会，学习非常努力，课堂上认真听讲，课下完成作业一丝不苟。早晨很早就起来读书，路灯下，林荫旁，马路边，都是外语学院读书的学生，同学们碰面，也顾不上说话，仅仅是点头示意一下，又都忙着去读自己的书了。外语学院早读的学生成了河大早上一道亮丽的风景线。我也和大家一样，坚持每天早读，放假回家也坚持早读，参加工作后多年也一直坚持早读。

　　外语学院奠定了我终身受益无穷的知识基础，毕业刚两个月，我去广交会担任翻译工作，就能出色地完成任务。在以后的工作中，我也受益匪浅。因工作需要，我去过70多个国家，由于语言能沟通，对开展工作非常有利，生活也很方便。

　　外语学院不仅注重教书，还特别重视育人。入校不久，院里就宣布我为院团总支委员，负责宣传工作，1972级学生1975年初毕业后，由我主持院团总支工作。当时实行开门办学，到商丘学军，去兰考、偃师岳滩学农和洛阳拖拉机厂学工，院里都安排我负责与当地政府联系，提前安排食宿等。到商丘毕业实习，院里也是安排由我负责组织。这些都锻炼了我的领导和沟通协调能力，为我毕业后很快走上领导岗位打下了好的基础。

　　外语学院是我终生难忘的地方，我深深地爱着外语学院！

本文完成于2017年

作者简介

李清树

1952年9月生，河南柘城人。1970年2月参加工作，河南大学外语系1976届校友，中共党员，高级经济师。1986年任河南省土产进出口公司总经理；1998年11月至2003年2月任河南省对外贸易经济合作厅党组成员、副厅长、常务副厅长；2003年2月至2003年11月任河南省对外贸易经济合作厅党组书记、厅长；2003年11月任河南省商务厅党组书记、厅长。河南省对外开放工作领导小组办公室主任、河南省整顿和规范市场经济秩序领导小组办公室主任，九届河南省政协委员。

05 | 喜 乐：
我的人生路程
—— 从赤脚医生到厅级干部

1955 年，我出生在西藏山南措美县一个农奴家庭，大概八九岁时上了本村的小学。当时学校只有藏文和数学两门课，最早的藏文老师叫德庆明久，后来换成本村的格桑多杰；数学老师叫杨白，是山南乃东县的。入学不久，我们就搬进了新校舍，我也加入了少先队。那时，边学习边参加人民公社毛泽东宣传队，经常参加唱歌跳舞等宣传活动，还时不时到牧场巡回演出，那一段日子过得特别快乐。"穷人家的孩子早当家"，大概上了三年多，家里条件艰苦，父母就让我跟着他们去放牧了。在家放牧两年多，公社要招赤脚医生，一位叫晋巴班亘的领导到我家征求我母亲意见，当母亲得知无须离开本地后便同意了。这样，14 岁的我便成了一名赤脚医生。这可以说是我人生的第一个转折点。

1969 年 2 月份，在措美县医院培训 7 天，学习了最基础、最基本的常见病症状、体征、用药，结业时发了 3 种药，ST（苏打）、甘草片、胃舒平，用布袋装了回家，没有药箱，也没有检查的器具。

接着就要过藏历新年，按惯例，过年要到村子里巡回治疗。我只有 3 种药，跟着老赤脚医生一起去，他负责看病、开方，我只能分药、包药。我积极向老医生学习，首先请教药名，再了解药物的作用、副作用、服用方法，边实践边学习，用这种最原始的方法去积累行医知识。当时我只有小学文化程度，根本不会汉文汉语，对于深入学习医学知识带来了很大的困扰。当时我的目标很明确，就是认识更多药品的功能、用法，早点能够独立看病。为此，我在学习上付出了很多努力，又在实践中积累和丰富看病、诊疗经验。随时间的推移，加之本人想学、爱看病人，到 1971 年我已经能够独立行医。

当时公社只有我一个赤脚医生，又能够独立行医，我成了公社的大忙人。在公社集体作业活动时，我既要当队员，又要当保健医生，忙里忙外，日子过得特别充实、特别有成就感。我们的公社位于哲古大草原，是一个纯牧区，一到夏季我要跑遍所有的牧场，进行一些日常性巡回治疗，那时大约有 8—9 个点，有些牧场距离特别远，同时有特别多的急诊病人需要出诊应诊，夏季 3 个月时间，我基本上都在外面，在家待不到十几天。在春季接羔育幼时期，我要在一个月的时间内巡回至少两次。当时巡回、出诊都是步行，从 1969 年至 1973 年，我用双脚丈量公社的每一个角落，大概步行了上千上万公里。

由于组织关心，我曾多次参加全县赤脚医生培训班，还参加过全地区新医疗法培训班，主要是推广中医针灸。我收获特别大，学会了中医针灸，在当时缺医，特别是缺药的形势下，又多了一门治病救人的手艺。在此期间，我加入了共青团，参加过公社治保人员的活动。

1973 年 12 月份，我带着牧区民工，翻修从哲古区到扎扎公社的公路，河南医疗队骑马到哲古区各人民公社调研。他们从扎扎路过我们工地时，有一个老师问我叫什么名字，我说西洛，当时他特别高兴，乡下有人能听懂汉语。后来翻译人员讲了我的情况，问我有什么想法，我说想继续学习，提高业务，他们听到后特别高兴。

1974 年 3 月份，河南医疗班在措美县举办全县赤脚医生提高班，共有赤脚医生 18 人，河南医疗队老师叫我当班长。我记得，河南医疗队在山南组织预防培训班、检验培训班，还从县中学抽学生举办医疗培训班等方式着力解决医疗人员不足问题，各培训班学员加起来有一百多人，比措美县全县干部人数还要多。

全县赤脚医生提高班，历时 4 个多月，培训结束后，其他同学都各自回本公社了，我和两个赤脚医生暂留在县医院，继续临床学习。一个学妇产科，一个学麻醉，我学外科。1974 年 5 月份的一天，我的外科老师，在外科门诊给我做了体检。中午回去吃饭时碰到曲尼措姆老师，我问她上午吴老师为什么给我检查身体，她说我参加工作了，可以拿工资，是河南医疗队的韩队长向县委书记（格列旺久）要了一个指标。从1974年6月起，我开始领工资，原来当赤脚医生时每月9元钱，变成每月30元，同时领就餐折子、布票、粮票、糖票，享受干部待遇，由此改变了我的人生。至此，我从赤脚医生变为卫生员，从村卫生所到县医院工作，由此改变了我的人生轨迹。这是我人生的第二个转折点。

到县医院工作后，首要任务是过与河南医疗队老师沟通的语言关。三个多月时间在一个办公室上班，刚开始我是听不懂也不会说汉语，只能连比带划地坚持与医疗队老师沟通。之后，我坚持看汉文业务书，一个字一个字向老师请教，在汉文下面标注藏文。就这样一天一天坚持学习，经过三个多月的勤说、勤学，比较简单的医疗术语就可以理解，甚至还可以当翻译。

县里每周四下午组织学习政治，主要是念报纸。有一次组织政治学习时，我的外科老师吴广信问"你的名字西洛是什么意思"？由于我汉语表达能力不好，说不出来，1966年参加工作搞放射的阿旺医生说："吴老师，就是起死回生的意思。"吴老师说那不中，不中，"西洛"两个字不中，要改成"喜乐"才好，于是讲了"喜乐"的意思，叫我从明天开始写这两个字。从此，我的名字从"西洛"改成了"喜乐"。因为笔画太多，抄写多次还是写不好，为此我花了整整一个月的时间，天天练习这两个字。

我在措美县当卫生员的主要工作，一是跟随河南医疗老师出诊及翻译；二是学习汉语的表达与书写；三是学习手术实践性技术和外科常规操作。经过努力，我的汉语水平有了明显进步，到1975年的时候，汉语基本能听懂，能交流。在县医院近两年时间里我积极主动，工作热情，勤奋好学，赢得了医疗队老师们的认可，河南医疗队开始考虑带我到开封进修、学习、深造，要把我培养成一个合格的外科医生。正好河南医疗队总队与地区卫生局在河南开办了一个班，县里医疗队老师们考虑把我安排到这个班里。医疗队韩树林队长到哲古下乡时，把派我去河南省学习进修的消息告诉了我母亲，我母亲就三天两头带话叫我回去。1975年藏历年新年，我放假回老家，母亲一再说："你不能离开措美县去内地学习，你一走我担心再也见不到你了，你是我们家最小的孩子。"我骗她说，我去进修或正规上学的事还没有最终确定。

4月份，组织正式确定让我参加开封地区卫校西藏山南班的学习，约60人，学习时间为4年，我毫不犹豫地答应下来，老师们也特别高兴。措美县安排了4个人，其中我和另外一个人是带工资去。5月初就要出发，我专程请假回家做我母亲的工作，骗她说我仅去内地学习一年，我说当医生不学习看不好病，我会尽快回来。5月3号出发，县里派专车，由河南医疗队队长亲自送我们到地区，5月5号从地区坐客车到柳园，从柳园坐火车到河南开封，5月12号左右到开封火车站。学校敲锣打鼓迎接西藏新生的到来，还有横幅、标语，藏族学生进开封地区卫校受到最热烈最隆重的欢迎。校方安排工作人员与学生一对一对接，统一安排去洗澡，统一安排去理发，统一安排办学生证，我深深体会到藏汉一家亲的感觉，没有想到内地这么舒服，同学们给家里写信，都说我们这边一切都好。到开封地区卫校进行4年系统学习，应该说是我人生的第三个转折点。

我们西藏班共59人，其中在职干部（带工资的）8个人，有一位还是1959年参加工作的大姐，工龄都十五六年了；我们班年龄最大的有四十出头，最小的才十六七，年龄层次、学历层次、文化层次都参差不齐，相差较大。我们班是医士八班。第一年文化补习，第二年开始转入专业学习。当年8月份，在北京中央民族学院学习的100名藏族同学也被送到开封地区卫校，他们在北京学了两年汉文，年龄普遍比我们大，平均文化程度高。

经过一年的文化补习，对连小学都没毕业的我们来说收获特别大，为学习专业知识打下较好的语言、数学基础；我已经能够用汉语进行基本交流，进步确实不小，终身受益。在校时，我担任团支部副书记，基本上班里的大事、小事都要去协调办理。当时，男生一个月定量是40斤，可到冬季，经常不够吃，我就找管理员，替同学们预借。我自己带工资定量30

斤，其余的用自己工资去补。1976年时任山南地委的吴锋会书记到山东休假，专程到开封看望我们，问我们有什么要求，同学们都要我提，我就说，一是学校对我们特别好，但工宣队来了以后给我们西藏3个班制造矛盾，说我们不积极参加批林、批孔、翻案风等整治活动；二是学校没有交通工具，同学们下乡治疗不方便；三是我们班没有蚊帐。吴书记协调开封地委，问题都很快得到了解决。

当时，生活还是比较艰苦的。班里组织勤工俭学，捡报纸、玻璃等卖给收购站，存了一点钱，到过年时，换成酒票、肉票，由我带队拿酒票、肉票去购买东西，争取每宿舍一瓶酒，再买一些花生米等，分给每个宿舍。那个年代对少数民族特别关照，我穿着藏装，争取拿票多买几瓶酒。我们班长叫扎桑，是1959年参加工作的大姐，班里的任何事都叫我去协调。我们班专心学习，很少参加政治活动，我们班的老师是原西藏开封医疗队队员，特别交代我们："你们的任务是学习，河南情况复杂，不能参加游街政治活动。"

在开封的4年学习，也是困难重重。由于环境的变化，饮食的改变，原来以吃肉为主，到内地肉食明显少，身体抵抗力明显下降。宿舍的同学患肺结核，传染了我，我又患了心肌炎，在学校附属医院住了近半年多，心脏比较大，医生都感到惊讶。学校领导也特别重视，让我转院到郑州，我坚持不去，怕耽误了学习，就在学校医院医治。中午、晚上同学们来看我，今天讲什么课，讲到哪里我都知道，还可以抄他们的笔记，对我的学习影响不大。后来学校决定，邀请开封市有关专家组织会诊，住院部的周老师给我讲"你的病情比较严重"，我心里压力特别大。经过半年多的治疗，在医疗队老师的关心下，我的病渐渐好转，1977年年底出院，只是不能参加学校的体力活动。

1978年2月份，学校安排学生到医院见习3个月，我直接去开封市第一人民医院找我在山南时的援藏医疗队老师。那时河南医疗队老师都在重要岗位，医院同意我们措美县4人到市医院见习。见习期间，我什么活都干，医生、护士、保洁、跑腿都干，几个月的见习经历确实让我受益匪浅。见习结束后，回学校又上了两周课，考完试，学校就安排毕业前实习。这次实习要一年时间，我们又去了市医院，其他同学去了其他地市、县医院实习，比如洛阳、中牟县等。实习开始时，我们轮流到各科室，大约半年多时间，医疗队老师安排我转入大外科（不含骨科），指定专门的带教老师。之前援藏去我们县的两位老师（吴，谢），因专业和全面外科手术技术水平有限，医院又特地给我专门安排一位河医大毕业的孟先章老师带教。孟老师一直搞普外，人际关系又好，对我特别严，也能够因材施教。有两三个月，我差点都坚持不下去了，后来我积极调整状态，全力以赴，老师逐渐放手让我干，普外13张床，基本上由我来负责。有时候，当我们手术晚了，老师就带我到他家去吃饭。慢慢地，孟老师让我独立负责手术，原援藏医疗队吴、谢老师有腹外手术也安排我做，其他科里老师有手术我也经常帮忙，有时候一天之内我要做五六台手术。我住在学校，走路上班可能30分钟左右，一年多来我基本上不回学校，长期在医院、在科里待，不值班时，就睡在手术室、工作人员进出的走廊里，冬天则到病区被服仓库里。在开封市人民医院实习近16个月，我参与大小手术约2000多台次，亲自主刀的手术约600多台次，参观手术约700多台次，基本能独立完成阑尾手术、疝气、肠梗阻、剖腹探查，还能带河医大实习生做手术。由于本人心肌炎没有痊愈，手术多了不能保障休息，仍特别不舒服。可为了多学习一些知识，多上几台手术，我从未给老师讲过，也从未过过周末、节假日等。我当时体重仅有98斤，白天做手术，晚上写手术记录、病程记录，还写病历，特别忙。那年冬天，实习生都回学校去了，而我主动报名参加了从上海开往乌鲁木齐列车的撞车事故医疗救援队。这趟列车1978年12月在开封东部撞车，伤亡惨重，市医院承担救援任务。时任交通部部长万里亲临市医院进行慰问，到我们科室，与我握手，并对我进行了表扬。1979年4月实习结束了，回学校参加毕业前考试和各项总结，准备参加工作。5月12号正式离开学校，我们班支部书记范秀云老师坐火车，把我们送到柳园，由于山南地区卫生局没有安排人来接，就安排由我负责带队回山南。

路上吃住统一开支，有两辆客车。到山南后除带工资的学生之外，地区卫生局要对其余学生组织统一考试，等待分配。我于5月中旬直接回措美县。县里给我安排了住房，我就在县医院上班。我给院里主动申请要下乡到哲古区（我的老家，均海拔5400米以上）。我现在有文化，有知识，希望能为老家的百姓们多解除病痛。大约待了半年多，家乡老百姓们特别信任我，看好病之后，他们都称赞我的发展、进步。后来县里通知让我回去，从此我就把重点放在外科手术上。当时在农村特别突出的病人是孕产妇，当地孕产妇死亡率较高，因为我自己在学校没有学过妇产科课目，所以妇产科手册成为随身携带的一个工具书，基本上是不离身的。那时晚上点蜡烛坚持看书、写笔记，极力想通过努力挽救生命、治疗疾病。1981年藏历新年我回老家过年，放假十几天，可以说，白天看病，晚上都没有睡过安稳觉，几乎每天晚上被叫去出诊看病。我印象最深的一件事，有两个孕妇，一个是藏历初三下午分娩，产后大出血，医生无法解决，叫我去。我一看胎盘滞留，血压特别低，处于休克状态，静脉推了50%葡萄糖，血压有点回升，我赶紧把胎盘剥离出来，但是因为粘的太深，无法取出，血压再次下来，再也没有回升，就这样眼睁睁看着停止了心跳，去世了。另外一个是藏历初五凌晨3点多，又叫我出诊，说有一个孕妇大出血，又是区里医生在那里，我说为什么不早点叫我，家属说，怕影响你休息，区里医生会处理，结果大出血，我一看又是胎盘滞留，不幸身亡。那时特别缺药，缺经验，这些孕妇都是为了多生一个孩子而发生了死亡。一个35岁的女性生了6胎，由于子宫无力，造成胎盘滞留，胎儿出来，没有马上把胎盘剪下来，结果也是大出血而死。这些场景一幕幕印在我脑海中，我当时极力想要改变这种局面，为此我特别关注孕产妇接生、剖腹产等问题。我们专门请地区妇产老师到县里做剖腹产手术，我仔细观察、反复琢磨，学习基本要点，此后，我们自己开展剖腹产手术。

1980年4月份我加入中国共产党，成为预备党员，1981年4月份任措美县医院副院长。当时没有院长，只有两个副院长。从1982年开始我主持工作，初步明确医院发展目标，当时我的想法一是拓展业务，二是加快人才培养，三是健全规章制度。我 3 月份赴河南省开封市第一人民医院，一是我重点专修胃大部切除术，二是措美县医务人员到市医院进修深造的沟通衔接事宜，并提前为他们准备房间、被服、生活用具等。通过从 3 月中旬到 5 月中旬的学习，我基本上掌握了胃切除的要点，老师们看到我的进步，感到由衷的高兴！在市医院进修期间，我提起了市医院援藏医疗队老师在藏期间工作和生活情况，特别是他们的感人事迹。他们的事迹在医院广播上宣传，得到了医院党支部和全体医护人员的赞扬。6 月初，我返回措美县，9 月份就派出第一批 4 位措美县医生到开封第一人民医院进修，分别是外科、内科、儿科、妇产科，进修时间为一年。

在县医院主持工作期间，采取送出去、请进来的办法，加快提升医务人员的素质水平，加快拓展县医院开展外科手术种类范围，渐渐地，剖腹产、肠梗、肝包囊肿摘除、绝育手术、疝气、囊肿、下腹部手术都可以做。没有麻醉医生，我自己打腰麻，自己做手术。后来，有位手术护士，我就带她学麻醉。虽然医院医护人员少，但一专多能，一人多兼，业务学习时就每个人轮流讲，并通过病案讨论、死亡病例讨论、手术讨论等，业务学习蔚然成风。我从 1984 年开始在措美县开展胃切除手术，前两次请地区外科医生和麻醉医生，做了两例很成功，恢复也特别好。我在手术操作上提出我的方法，请来的地区医院大夫从手术台下来后，给我和县医院医生们讲，你们县根本不用请我们来，你们喜乐院长的操作技术比我们熟练。从第三例开始我亲自动手。1985 年，我县人民医院手术病人病例达到三四十，处于全地区 13 个县前列，轰动了全山南、全地区，我也获得当年卫生部表彰的全国卫生工作先进个人。1985 年，我提任正科，任县医院的院长。那时全国在开展医疗秩序整顿活动，开展文明优质服务活动，西藏也跟全国一样推动此项工作，年底，山南地区卫生局组织进行各项检查、打分、评比，措美县是第一站。县医院条件特别简陋，可当时胃切除手术是亮点，有完整的病历档案，也走访了当时的手术病人，进一步提升了措美县医院的评分档次，时任卫生局局长德吉卓嘎在大会议上大力表扬，并在地区电视台报道。从此，措美县医院在县委、县政府领导眼里是一颗明珠。从学校毕业回措美县，大力开展业务和推动工作，特别是外科手术，尽管很辛苦，条件特别差，可在我人生中却是一段最有含金量的篇章，那段时间，我从河南医疗队老师身上深切体会"豫地文化，中原底蕴"的博大精神，感悟"缺氧不缺精神，革命理想高于天"的援藏精神，体悟"医者仁心，守护生命"的职业操守，涵养初心、砥砺情怀，传承发扬"老西藏"精神和援藏精神，用学到的仁心仁术和学到的知识，丈量生命厚度，体现人生价值的一段历程。

我在措美县工作期间，还去原来的人民公社所在地开展手术，甚至有些地方还是大手术。1983年我去古堆乡开展下乡手术，开展扶贫与计划生育宣传。6月13号早上遇到一位来就诊的临产期孕妇，一检查羊水破了，胎儿是横位，送地区时间不允许，经征求孕妇和公社领导意见，决定在现场进行手术。我们在古堆小学的一间房子里实施了剖腹产手术，麻药用的是氢胺酮（全麻），药效只管40多分钟，我特别担心手术失败，心都吊在嗓子眼。不过，手术很顺利，母子平安，产出一个男婴，在我们的住处待了5天回家了，7天后到孕妇家里拆线，恢复得特别好。

那时县医院有外科、内科、妇产科、儿科、五官科、检验科、放射科、住院处等，共有十七八个人，包括县防疫站。由于人手不够，我就安排自己周日值班、看病、打针、挂号等，这样方便自己腾出手来，周一做好医院运转的统筹安排、医院各项事务的周调度工作。当时，大的手术、重危病人抢救、大的治疗都分工不分家，一方面当时推行目标任务管理责任制，年底公布每个人包括院长在内的工作量；另一方面我自己带头干、带头学，形成了人心齐干劲足的很好氛围。

1987年3月份，措美县委书记、县长分别调整到乃东县、桑日县。4月17号，我接到县委组织部的通知，到地区参加地直单位干部调整会。时任县委书记达娃次仁说："你可能到地区卫生局任副局长。"我的第一反应是完了，我这几年下功夫钻研的业务、手术技术要废了。4月18号上午在地委礼堂地直单位干部大会上宣布干部任命，由地委书记（布穷）宣布党内职务。宣布党内职务时，所宣布的人我一个人都不认识，宣布到我任地区人民医院党委副书记时，嗡！耳朵都聋了！头都大了！感觉参加会议人都在看我似的，脑子里全空了！接着专员宣布行政职务，所宣布的人也没有我认识的人。当宣布喜乐任地区人民医院院长时，我紧张地差点昏过去了！眼睛也模糊了！也听不清楚二位主要领导的讲话。下午分组讨论，我们组的大部分人的职位都有调整，已经是县处干部了，每个人都表了态，感谢组织的信任和任用。可我内心觉得实在胜任不了这样的重任，当时我的思想压力特别大，不亚于判刑。第二天开始到新单位办交接，我看到地区人民医院大门都害怕呀！看到那些职工都心虚啊！当天晚上硬着头皮去找了时任行署分管副专员，向她表达了："感谢组织信任，可我实在是无法胜任这个工作，我一来资历浅、学历中专，二来没有在大单位工作过，干不下去，害怕给组织抹黑，给我的家祖、人民丢脸，请求调整。"我说我也愿意去找地委书记，她说："你去找地委书记，我会给你处分的。"我又不敢去找，同时她教了我一些办法，壮了壮胆。第三天，我回到措美县委交接工作，好多朋友来送行，而我一点都高兴不起来，因为地区人民医院知识分子多、老同志多，人员结构、工作压力、环境条件等都是出了名的复杂，相当于一个小社会，在地直单位里属于最难管的单位之一。我是山南地区人民医院第四任院长，年龄最小、资历最浅，直接从县医院院长调任到地区人民医院院长，这样的反差，使我压力特别特别大。完成县里工作交接后，我到地区报到，从我老家路过时亲戚们搞了欢送、献哈达，我给亲属们留下一句话，我不会给家乡人民和我的祖辈们丢脸，不会辜负医疗队老师的厚望，要全力以赴。到了地区环境要适应、能力要提升，我从6月1号搬家当天就有人找我反映情况，我讲一句，他们说十句。就这样白天处理业务和行政事务，下了班，每天晚上都来人，有谈私事的，有谈公事的，也有发牢骚的，也有闹情绪的等等。我刚来又年轻，只好听一听，但不表态、不评论、不评价、不承诺。每天晚上我都要到一点钟之后才能休息，有时饭都吃不上，伙房关了，那时街上也没有餐馆，家人又没在身边。1988年6月份自治区卫生厅组织全区各地（市）医院院长到区外去考察学习，我接到通知后，每天都梳理准备"为什么，怎么办"的问题，共列出了我遇到的困难和问题，主要是医院管理方面150余条。我们到云南省和重庆市，我就带着这些问题，一个一个找答案，学方法、学技巧，拓宽眼界、打开思路，不断丰富自己在医院管理方面的相关知识和经验积累。

从1988年9月份开始，我带着大家建立健全各项制度，用制度运行管理，经两年时间的努力，医院的各项工作进一步理顺，逐步走上正轨，以制度办事，以制度管人。医院的各项工作以病人为中心，以业务为抓手，内树素质、外树形象的好风气逐渐形成。医院的门诊和住院病人年年增多，在没有增加编制的情况下，医院床位从原来的130张，扩大到200张，业务能力显著提高，自治区确定将山南人民医院、拉萨市人民医院列为院长负责制的试点医院。1991年2月份行署决定，在扎朗县朗塞林乡搞计划生育与扶贫试点，这是一项行署重点推动的工作，安排医院派医务人员，做绝育手术、疾病调查等工作，由我带队，待了近3个月时间，提交了调查报告，初步分析贫困的主要因素，提出了对策建议。

当年8月份组织安排我去中央党校西藏班学习一年。9月1日开学，西藏班第七期，60多人，均为县级干部。由于本人属专业干部，刚开始对所讲课程不太感兴趣，看历史书、看人物书也不太积极，但从第二学期开始发生了明显变化，我开始认真学习政治经济学、科学社会主义、马克思哲学、中国特色社会主义理论。结业回单位后，用党校学习的理论、方法，指导医院繁杂的工作确实有极大的帮助，医院管理水平进一步提升，科学管理的理念和水平明显提高，个人的能力素质有了明显的提升，能用辩证的方法去考虑问题、处理矛盾，用普遍规律去寻找和解决突出问题，处理和解决复杂问题的思维更加广阔。当时通过加强规范管理、科学管理，进一步提升医院运转的质量和效果，山南人民医院在自治区地市医院考核评比中名列前茅。通过中央党校的学习，我深刻认识到要不断学习、不断充电，才能不断完善自己，才能不断提高驾驭全局的能力和水平，才能做一个合格的领导（或管理）者。经过一段时间的酝酿，探索完善培养管理医务人员的机制，进一步加大对干部的培养和管理力度，用综合目标管理的定量指标来加强医院管理，借鉴有些医院的目标管理经验，结合本院实际，分两大类，医院业务和经济效益指标。指标分100分，各占50分，每个季度结一次，实行上封顶、下保底的方法，保持基本平衡，同时充分考虑技术和能力分值、医德和团队的分值。山南人民医院从1994年开始实行目标任务以来，医院的各项工作开展力度特别大，极大地促进医院的发展，保证了技术人员和行管后勤人员结构的合理性，调动了医务人员的积极性。此项目标是我经过几年的思考，反复酝酿，亲自制定，并在执行中不断完善的。

　　为了进一步推动医院管理迈上新台阶，我们在目标管理的基础上提出医院等级管理，动员全院要创建"二级甲等"医院的新目标。根据卫生部、区卫生厅对等级医院的创建标准，积极对照检查，迎接挑战。两年时间里，成立工作专班，我任领导小组组长，设立办公室，制定工作方案，确定每次目标（指标）落实的部门、单位、人员、完成时限，全区第一家申报、创用内自评小组、检查督促小组，分级负责，并且开局良好。创建"二级甲等"医院的过程也是提高医院综合实力的过程，综合管理的提升，也是锻炼每个人的一次机会，创建不是绣花，而是实实在在的开展业务，是以实际行动查漏补缺、充实完善、规范运作、有序管理的一个过程。创建活动，越全面、越深入，难度越来越大，困难越来越多，问题也越多越突出。到了后面遇到很多难啃的骨头，如人员与床位比例以及设备、房屋、业务技术开展要求等等。我们认真研究分析，总结工作中的经验，重新把所有标准梳理分类，一类是可实现的，二类是通过努力能达到的，三类是放弃的（小部分），要达到目标的分值，即总分70分以上。我们多次邀请自治区医政处领导，山东省济南市、泰安市有关医院的评审专家、管理人员来考察指导。经过不懈努力，1995年10月份自治区卫生厅组织专家实地评审，最终我院专家评审分数为86分，达到等级医院的标准。1996年2月份自治区卫生厅研究决定，我院经专家实地评审，达到"二级甲等"医院的标准，同意挂牌，5月正式挂牌，属全区第一家等级医院，填补了西藏无等级医院的空白。1996年开始我在医院担任院长兼书记，此外还有

3个副院长，医院又步入新的阶段。我也成为西藏医院等级管理和评审的专家，先后多次参加自治区人民医院，日喀则、昌都、林芝医院的评审。尽管医院工作特别多，也比较忙，但我始终没有放松学习。期间我主动参加了中央党校大专函授山南分院学习，经过3年，拿到毕业证。我在地区人民医院当院长、书记14年以来，一是认为职称改革和职称评审是最公平、最令大家满意的；二是院长负责制改革试点也是最成功的；三是历届医院领导中任职时间最长、年龄最小；四是医院发展最快，提拔和使用人员最多，4个院领导中，其中2个升任为地级干部；五是充分发挥老专家的传帮带作用，加强培养青年医疗人员，进一步优化医疗人员年龄梯次、专业结构。

1998年我被组织调整到地区卫生局任局长，兼医院书记，从此以卫生局工作为重心，同时注重各县业务开展情况。一是下去调研，二是两手抓，一手抓业务开展，一手抓基本建设，特别是在县卫生局时坚持以病人为中心，开展业务建设和人员培养。当时在全地区调研时发现，各县医院业务开展与80年代初期相比明显变差了，医疗服务有些放松，传染病特别是鼠疫多次在人际之间传播，造成多名人员死亡。针对此情况，再结合调研了解到的实际行业管理机制不健全、优劣不分等问题，我们研究制定县级医疗卫生年份的目标考核制度，共划分为4大板块，县卫生行政类（含计生）、医疗业务类、公共服务类和其他，还有一些软指标，人员培训、医德医风等。1998年县医院90%以上除绝育（结扎术）外，其他腹部手术包括阑尾炎手术都做不了，经过两年时间推动年底目标考核后，到2000年全地区80%的县，预防接种、下腹部手术开展分别达到90%、85%左右。各县重视了人员培训和业务建设。同时在2000年，山南地区12个县中9个县得到改扩建的国家投资，极大改善了工作和生活条件，全自治区的重点县改造项目只有44个县，本地区就争取到了9个县。

1999年5月，自治区党委组织部安排我到国家卫生部挂职锻炼，在基层卫生和妇幼保健司，任农村卫生处处长。我以学习的态度参与，明确表态，由副处长主持工作，我积极配合，不添乱，服从工作安排。在卫生部挂职期间学习制定政策，参与了从提出、调研、研究，到出台政策的全过程。在6个月的挂职中开阔了眼界，增长了卫生行政管理的知识和能力，同时了解掌握了中国卫生工作的现状，收获颇丰，回来时也没有免去处长职务。

在山南卫生局任职两年来，我深入全地区所有县以及70%以上乡镇进行调研，并形成了一套地区卫生局行业管理的标准和方法，被自治区卫生厅在地（市）中树立为典型，得到了卫生厅的大力支持。2000年，自治区卫生厅领导、各处室工作组到本地区达24批次，所有领导、处室都来检查指导工作。这一年也是山南地区卫生局最忙、最红火的年份之一。全区其他各地（市）也非常羡慕。本地区各县对年底考核工作认可度（地区卫生局行业管理的标准和方法应用情况）特别高，为全地区医疗卫生事业发展建立了一个很好的机制，推动全地区医疗卫生事业有了强有力的抓手。

2000年底，区党委组织部又点名让我去中央党校学习。我找地区组织部领导讲，我去过党校了，想要请假，理由是我刚到卫生局，有很多工作要做。地区组织部答复，这是区党委组织部指定的，他们无权更改。我只有放下手中工作，于2001年2月底再次来到中央党校西藏班学习，学制一年。时隔十年，中央党校条件有了极大的改善，学习、生活各方面条件特别优越。2001年10月份，经过区党委研究决定，任命我为山南地区行署副专员，并免去医院党委书记职务，这也是我人生历程的第四次转折点。

2002年2月开始在山南地区行署正式上班，我分管教育，协管交通、电信、移动。我的目标是积极学习、协调、沟通、服务教育教学，特别是积极与援藏三省积极沟通协调，争取援藏三省的最大支持和帮助。2002年10月份教育部在北京专门召开教育系统全国援藏会议，会后我们分别到湖南、湖北、安徽三省对接项目，争取智力、经费等援助。我在分管期间，全地区教育系统，特别是边远学校鼓励小学毕业后考入内地西藏班，考上的还有奖励措施，有些小学实现零突破，奖励力度就更大。如贡嘎县多曲乡小学，十几年没有一个小学毕业生考入内地西藏班，而2003年就有3个小孩考入内地西藏班，地区教体局奖励给该学校25万元。

2002年至2003年是学校发生疾病安全事故的高发期，扎囊县吉如完小发生了全校性细菌性痢疾，2个小孩死亡。新华社内参报道，国务院总理温家宝批示，区党委政府、地委行署高度重视，时任地委书记宋善礼、专员德吉多次召开协调会议，但疫情仍没有得到控制。5月24号自治区分管卫生部门的崔副主席到县里召开现场会，成立由自治区的教育厅、卫生厅、药监局等部门参与的指挥部，明确以地区为主，自治区派医疗队进驻，提出了"确保不再出现小孩死亡"的目标任务，同时经研究讨论后决定由我任指挥长，在现场指挥。我在扎囊县待了3个多月，病情涉及7—8所学校，患病学生共1200多人次，无一人死亡。同时卫生部也派专家到该疫区，时任区党委书记郭金龙、政府主席向巴平措等领导均到过现场。当时疫情形势不容乐观，我利用我医学背景的优势与专业人员共同研判，制定分散隔离、居家治疗的新办法，压实责任，推动各方任务落实到位。自此，疫情范围不断缩小，传染源不断减少，到7月份基本得到了控制。

2003年9月份我接到区党委组织部电话通知，让我于9月8日到区党委组织部见解副部长。上午10点多到他办公室，告知把我调任自治区卫生厅副厅长，叫我尽快报到，因为卫生厅领导不够，当时卫生厅只有一个厅长两个副厅长。自治区藏医院被国家中医药管理局评审为三级甲等医院，藏医院创等级，山南是第一家，而阿里是最后一家。2009年，根据藏医院区域特色和优势，我向国家中医院管理局申请昌都、山南创建"三级乙等"藏医院，经过两年左右努力，昌都、山南2010年顺利通过国家中药管理局的评审。同时大力推进基层藏医药普及，到2012年，每个乡有多名藏医医生，有藏药吃，每个县都有藏医院。积极沟通衔接从全国民族医国医大师项目，争取了国家中医药临床研究基地项目，并在自治区藏医院落地，资金充足，是全国民族医院里唯一的一家。同时我还分管卫生外援项目、藏医院眼科发展、全区碘盐推广与普及、疾控系统三百多名从业者的学历提升、自治区血液中心的组建和地市血站的成立、妇幼保健等工作，都与外援项目有密切联系，并起到了推动和促进作用。总之，一路走来，哪里有困难，哪里条件艰苦，哪里有复杂事情需要处理，我就去哪里，从未推脱过，从未讲条件过，始终用实际行动诠释初心使命。但是，我总觉得自己的工作离党和政府的要求还有很大距离，离全区卫生工作要求、人民的期望有差距，工作中不免有一些遗憾。

2012年11月，我调任自治区计划生育委员会主任。我首先考虑到，计生委要做点对群众有意义的事，认真分析西藏的计划生育形势、任务、目标、实际要求，经过深入调研，西藏相较于全国其他省区市而言，生育压力大、人口老龄化、性别之差突出等全国性的三大难题不明显，主要的问题是农牧区广大，没有形成城镇，实行优生优育不够深入、不够广泛。为此，我们着眼长远，决定从源头抓好优生、优育，提高西藏出生人口素质。我们邀请区内专家、华西专家充分讨论，研究制定了一套符合西藏实际的方案，此项工作被列入自治区政府2013年10项民生工程之中，拨专项资金予以保障。同时，我们继续开展全员人口信息采集工程，并采取手机终端就地采集，通过给村医配备手机等方式，进一步提高人员信息录入的工作效率，取得了明显成效。到2013年共录入了198万人的基本信息，得到国家卫计委的表扬。我们与华西医大附院合作，对西藏部分孕龄妇女不孕问题进行研究，并开展试管培孕的前期工作。

2014年4月份，西藏卫生与计生合并，组建新的卫生计生委，又新组建西藏食品药品监督管理局，我调任食药局局长，自治区食品安全委员会办公室主任。到食药局后，我首先考虑西藏的食品、药品安全，积极寻找能够提供技术支撑的合作单位和部门，确保有问题第一时间发现，第一时间查出原因，第一时间处理。二是考虑食药局自身建设问题，该单位多次搞改革，发展特别滞后，办公、交通、生活、技术支撑(实验室)条件都特别差，新组建的机构，增设好多新处室，人员也增加了不少，局级也升格为正厅级，领导指标十几个，这是从未有过的。三是明确职能定位，明确职责。四是坚持问题导向，先抓风险大的食品类，2015年西藏首次公开公布有问题的食品，召开了两次全区性的、有影响力的食品安全多部门现场会。五是积极与各地（市）的主要领导加强沟通并尽快将地（市）县的机构、人员、编制等工作落实到位。我分别面见昌都市、山南市、那曲市、拉萨市等各地市的主要领导，要求把原食药局的人安排好，新组建的班子配齐配强。各地（市）特别重视，基本落实了我们的要求，为地（市）县食药部门开展工作提供了组织和干部队伍保障。我积极与区党委编制办联系，研究制定县级机构、人员、编制和事业单位机构改革的配套措施。在与自治区卫计、工商、质检、农牧等部门划分职能、承接人员工作结束后，抓紧补齐各项措施、办法、意见，主要目标是消除监管盲点，补齐监管漏洞，降低风险隐患，做到心中有数，同时使监管有章法、有说法、有依据。

我在自治区食药局工作1年10个月，负责了机构组建、职能调整、人员划转、部门提升等工作。西藏食药系统组建历史短，基础设施设备特别差，队伍专业水平低，监管力量特别薄弱，监管手段特别滞后。但是，人民群众期望特别高，社会关注度高，各级领导对食品、药品安全要求特别高，因此责任重、使命光荣。在这样形势和条件下，我把握要点、守住底线、确保安全，在最后的一班岗上顺利圆满完成了我在岗47年的历程。

2016年元月26日召开全区食药系统年度工作会议后，吴英杰书记找我谈话，他说："你是老干部，忠厚老实，清正廉洁，本应叫你留任一段时间，可中央有明确规定，区党委对你的工作是充分肯定的，希望你到政协继续努力工作。"2016年4月16日，我正式在自治区政协上班。

总之，我的今天是党的领导、人民培养以及很多同事帮助的结果！没有共产党就没有我的今天，更没有我今天的发展！我永远爱戴我河南的老师们！永远怀念他们！

作者简介

喜乐次仁
河南大学75级藏族班学生
原西藏自治区第11届政协委员会
教科文卫体专委 副主任

喜 乐

　　1955年8月1出生，藏族，籍贯西藏山南措美县。1975年5月—1979年5月河南省开封医学专科学校（2000年并入河南大学）学习。2003年8月至2012年12月任西藏自治区卫生厅党组成员、副厅长。2012年12月2014年4月任西藏自治区计划生育委员会党组副书记、主任。2015年8月至2018年2月任西藏自治区政协委员，政协科技教育文化卫生体育专门委员会副主任（正厅级）。

06 | 范毓周：四世之缘

今年时值母校河南大学建校 110 年，为响应河南大学美国校友会的倡议，我特撰写以下数节作为对母校建校 110 年校庆的祝贺。

河南大学是中国最古老的几所大学之一，其所在地是始建于清代雍正九年 (1731 年) 举办河南乡试的河南贡院，也是光绪三十一年 (1905 年) 中国正式取消科举制前于光绪三十年 (1904 年) 举办最后一次临时会试的地方，在中国教育史上是一个发生历史千年大变革的地方。

1912 年林伯襄等河南教育家在清代河南贡院旧址之上创建河南留学欧美预备学校，开启了河南现代教育的先河。1923 年冯玉祥将军在其基础上扩建为中州大学。1927 年，改建为国立第五中山大学。1930 年首次被命名为河南大学，1942 年在于右任先生等支持下改为国立河南大学，奠定了今天河南大学的基础。1952 年在院系调整中曾更名为河南师范学院，此后改称开封师范学院、河南师范大学，直至 1984 年恢复河南大学校名，沿用至今。

在河南大学一个多世纪的历史变革中，几乎自学校创立之始，我与家中多位亲人就和这所大学结下不解之缘，至今已有四世，我则更是这所学校培育的学子，深得恩惠，至今依然。

一、外公是河南留学欧美预备学校首届学生，曾任河南大学教授

我的外公翟承烈，字韶武，1896 年生于河南修武，少年家贫，勤奋苦学，早在 1912 年河南大学前身河南留学欧美预备学校成立之初，16 岁就以优异成绩考入该校成为河南大学首届学生。

此后他又考入北京大学史学系，毕业后回河南先后任教于开封第一高中及河南水利专科学校，后任河南省立开封女子师范学校校长。全面抗日战争开始后，他投笔从戎转任西北军政干部训练团高级教官。抗日战争结束后，他回到教育机构，曾在河南大学任教授，后转任河南省教育厅厅长，后赴香港转到台湾，在台湾师范大学任教授并兼任东海大学、中兴大学兼职教授，终其一生。他可以说是我的家族中和河南大学结缘的第一代。

二、母亲、外婆、姨母与河南大学

我的母亲翟国娥也和河南大学有过一段渊源。

1937年"七七"卢沟桥事变后，日军沿平汉铁路大规模南侵，华北地区相继沦陷。当年11月日军攻占豫北重镇安阳等地，当时我的姨妈翟瑞霞正在河南大学医学院读书，她的未婚夫徐文波则在农学院随段再丕教授读书。21岁的母亲和外婆逃难到开封和姨妈会合。这时河南省会开封已经危在旦夕，风声鹤唳之中教育部与省政府决定让河南大学由开封迁往豫南山区。我母亲陪同外婆和姨妈随河南大学医学院、农学院一路奔波，来到豫南镇平县。

不久日军大举侵犯鄂西北，母亲和外婆又与姨妈随河南大学历经周折来到伏牛山北麓的嵩县落脚，其间母亲在河南大学医学院和农学院做杂工维持外婆和她的生活，和河南大学医学院的师生在嵩县县城共同度过长达5年的艰苦生活。

1944年5月，日军进攻嵩县，医学院由嵩县县城转移到河南大学本部所在地嵩县潭头镇。在这里又遭遇了日军在大雨滂沱中的追杀，在北山遇到日军骑兵，母亲与农学院段再丕教授夫人一起保护我外婆逃离虎口。可以说，抗日战争中河南大学所经受的苦难，我的外婆和母亲都亲身经历了。

我的姨妈翟瑞霞自全面抗战前进入河南大学医学院读书，在抗日战争的艰难环境中于嵩县完成了自己的学业，后来一直在河南大学校医院做医生，走过她的全部人生，直至退休后也继续住在河南大学家属院，未曾离开过河南大学。姨夫徐文波是河南大学农学院段再丕教授的高足，也是河南大学在极度困难的逃亡中培育出来的人才，一直在河南大学农学院任教，直到农学院分出来后他随农学院迁往郑州，是河南农业大学著名的农业气象专家。可以说我母亲家的两代人与河南大学都有着密不可分的情缘。

1978年，姨妈家的表妹徐宇昕和我一起考入河南大学前身即开封师范学院数学系和历史系，她的丈夫宋振明教授曾是河南大学数学系培养出来的很有影响的数学家。另一表妹徐宇昉的丈夫郭富生也是河南大学培育出来的著名化学家，曾经担任河南大学化学系的系主任。加上表妹徐宇昕的女儿姚远现任河南大学商学院特聘教授，已是著名的经济学家，如从外公算起，则已有四代都与河南大学关系密切。

三、岳父孙作云教授及其家人与河南大学

我的岳父孙作云教授是国际知名学者，早年师从闻一多教授，是清华大学研究生院毕业的高材生。他先后在北京大学、沈阳故宫博物院、中国历史博物馆和河南师范学院二院（1953—1956年，河南大学曾叫河南师范学院，校本部在开封，北院也称二院即现在新乡的河南师范大学）执教多年，后来转入河南大学前身开封师范学院，在历史系任教授。他在神话传说、诗经、楚辞、美术考古和民俗研究多个领域成就斐然，声闻遐迩。他的后半生一直在河南大学度过，把他毕生的学术积累全部贡献给了河南大学的教育事业，为河南大学培养了历史、考古多门类的杰出人才。

岳母徐桂芳是一位多才多艺而又认真负责的老师，后半生也是在河南大学度过的，她一直在教育系工作，凡是接触过她的人无不为她勤勤恳恳兢兢业业的工作精神和乐于助人的情怀所感动。她一直在河南大学工作到人生的最后阶段，对河南大学有着无比热爱的情怀。他们的子女也多在河南大学工作。长子孙心一，是河南大学历史系毕业的，后在《史学月刊》做编辑工作并任总编，后又担任历史系副主任和教授。长媳戚景梅也在河南大学图书馆做管理工作。他们膝下长女孙越河大化学系毕业，现在美国

一家大型材料公司从事新材料研发工作。次女孙彤毕业于河南大学中文系，曾为《大河报》记者，现在美国依旧致力于文学创作，获得了不少具有影响力的文学奖项，具备一定的知名度。其丈夫也毕业于河南大学地理系，后留学美国获得博士学位，现就职于全球最大的 GIS 软件公司。

孙作云教授的次女女婿郭天榜毕业于河南大学数学系，毕业后先作数学系副主任和学校后勤处处长，后作主管后勤工作的副校长，勤恳一生，直至退休，为新校区建设立下汗马功劳。

小女孙心齐，在河南大学化学系任实验室主任，辛勤工作直至退休。其婿唐长安也在河南大学任职车队调度，直至退休。

可以看出，岳父母及其子孙都曾是河南大学校友，大都在河南大学的许多方面作出过贡献，与河南大学结缘甚深。

四、我与河南大学

我于 1947 年出生在开封市，出生时是在河南大学校医院的姨妈接生的。少年时代我在北门大街河南第一小学读书，同学多是河南大学前身开封师范学院教职工的子弟，和小伙们经常到河南大学玩耍，觉得这座高深学府令人敬仰，产生长大后也要进入这个大学学习的朦胧愿望。

我父亲在北京读书时酷爱艺术，曾为齐白石门下弟子，因而我幼承庭训，很小就对绘画有着浓厚的兴趣，8 岁开始习字和学习画画。10 岁后正式拜当时开封书画名家释反白法师、武慕姚先生和陈玉章、张乐天、张光斗、蔡德全等先生学习书画并开始学习古典诗文。

我的中学教育是在河南大学前身开封师范学院的附属中学完成的。在这所中学里大多数老师都是开封师范学院培养出来的，是他们用各种知识和学问把我培育起来。

我在中学时期对于古典文学和书画艺术更是情有独钟，课余时间曾和具有同好的小伙伴交游往来，一起吟诗作画。其中已故的河南大学文学院佟培基教授和河南社会科学院文学研究所所长葛景春教授是最为密切的诗画至交，一起谈诗论画和作旧体诗词唱和，直至于今。

上高中时为求知，先后拜访过开封师范学院的于安澜教授学习篆书，接受河南历史研究所的朱芳圃、孙海波教授启蒙开始学习甲骨文，受过叶桐轩指导学习中国画，并与河南历史研究所的刘一安和外语系的刘炳善结为忘年交，从他们那里学到许多中学课程里学不到的知识和学问，奠定了我一生追求古文字、历史、考古文化，探索艺术基础的人生走向。

十年动乱后期，我由下乡知青调回开封市，先后在开封27中学和24中学教化学和外语，教学之余与河南大学前身开封师范学院的老师多有来往。在此期间，我的岳父孙作云和河大历史系郭人民老师对我多加指导，内兄孙心一的同学申志诚、靳德行都对我进行鼓励和帮助，希望我能在历史、考古方面继承孙作云教授的学术事业深入研究。在开封师范学院的师生到农村进行斗批改时，我认识留在学校七号楼看守图书馆庋藏（庋藏，即放置在架子上收藏。编者注）书库的管理员李清波老师，他为我追求知识和研究历史、考古文化的热情所感动，特许我进入七号楼地下室庋藏图书馆书库自由阅读，使我得天独厚遍读庋藏书库的各种历史、考古、古文字和文学书刊。我以此为基础先后撰写了后来发表在《文物》等学术期刊上的几篇处女之作。可以说在我进入大学学习之前河南大学已经哺育了我，为后来的学习和研究打下了坚实的基础。

1978年春我作为77级学生考入河南大学前身开封师范学院，成为历史系的本科生，终于实现了少年时期的梦想，感到无比高兴。在此之前我曾报名中国科学院历史研究所的研究生，进入开封师范学院历史系学习两个多月，1978年5月我接到中国社会科学院研究生准考证，这时中国科学院历史研究所已改为中国社会科学院。学校批准我两周假期准备考试，历史系正好赶上77级同学要到尉氏农场劳动数周，领队老师特许我可以留下来，我就留在学校和家里积极备考。同学们得知我要参加研究生考试的消息，都积极鼓励我，希望我能考取研究生。尤其是同组的远全中、白秦川、薛庆超等几位同学更是对我鼓励有加，使我备受鼓舞。郭人民老师闻知我要考中国社会科学院历史研究所研究生，非常热心地给我补课，对我进行详细而又扼要的中国通史辅导。我在短短两周里除了外语和中国通史及专业课考试内容的强化复习外,还恶补了从未学过的《政治经济学》。终于在考试中发挥了这次准备的最大优势通过初试,我的导师胡厚宣在我被录取后拜见他时告诉我,我居然在历史所数十位考生中脱颖而出,无论考试总分还是专业课考试分数均为历史所所有考生中第一名。我深知这是各位老师和同学们鼓励帮助的结果。不久,我接到复试通知,到北京去参加复试。复试之后我成为中国社会科学院第一届研究生,跟随世界甲骨文研究最高权威胡厚宣教授开启了学术研究新的人生历程。当我告别老师们和同学们离开学校到北京去报到时,大家都真诚地为我有机会到中国社会科学院进一步攻读研究生感到高兴和表示祝贺,同学们纷纷到我家里鼓励我继续努力。我深深感到河南大学的前身开封师范学院培育了我,虽然我在学校学习时间不到一个学期,但这里是我永远的母校。

我在中国社会科学院学习和工作的 8 年里,原历史系老师靳德行、胡思庸等老师和 77 届同学到北京出差都抽出时间看我,鼓励我好好学习和研究,希望我能回到母校任教。

为了报答母校培育之恩,我先后为学校特别邀请导师胡厚宣教授和我所在的历史研究所先秦史研究室主任、我的辅导老师李学勤老师到母校讲学。尤其使我感动的是在我刚刚研究生毕业陪同胡厚宣到母校讲学结束时,历史系的领导专门安排我为系里的研究生作了一周的讲课,对我的鼓励和关爱使我至今难以忘怀。

1986 年南京大学历史系引进人才把我调到该校后,母校依然给我很多帮助和支持。我在调入南京大学的当年,感到计算机技术可以汉化,使现代汉字可以输入计算机进行信息处理,我所研究的古代汉字"甲骨文"也应当可以输入计算机进行信息处理,根据我对汉字信息处理的了解和对甲骨文文字特点的分析,设计了一个文理交错的科研项目"甲骨文计算机处理系统"课题。项目立项后,最缺乏的是科研资金,当时刚刚调到南京大学对于各方面都不熟悉,参加科研的人员也有限,学校给与的科研支持费用很紧张,面对这一情况我就想到了向母校求援。我到母校后找到学术好友郑慧生和计算机系主任商谈,他们很快就同意和我合作并向学校申请经费，我立即组织南京大学、河南大学和苏州大学3个学校5个科研机构11名老师建立科研团队，开始主持进行研究工作。母校科研处为这个科研项目划拨出8万元科研经费供母校参加这一项目的人员使用。项目很快就全面展开，大约半年左右，在我1988年应美国科学院邀请作为美中学术交流委员会中国学术代表访美，并受芝加哥大学远东语言文明系聘任客座教授在该系为芝加哥大学、伯克莱加州大学和斯坦福大学开设"甲骨文"博士班课程赴美前夕，完成了这一项目并顺利通过了省部级鉴定。这一项目经新闻报道后，震惊了世界汉学界。毫无异议，最大的功劳应当归功于母校河南大学的全力支持和母校参与项目的各位老师的积极贡献。对此我是深深感激、永久难忘的。

我从欧美各个名校讲学和研究回国后，母校对我恩惠愈深。为了报答母校恩惠，我和原在河南大学任教多年、后任河海大学校长的国家著名水利专家严凯教授，在南京组织散在江苏各地的河南大学校友建立了南京校友会，由严凯教授任会长，我任副会长。后来严凯教授退休由我接任会长，开展了一系列校友联谊活动，母校校友总会给予多方支持和指导，使这个不足百人的校友会成为江苏校友与母校联系的纽带。我们先后组织校友参加了母校建校90周年和100周年校庆的活动。在此期间母校历史文化学院还聘我为兼职教授，回母校作过多次学术报告，汇报自己在科研方面的收获。学校领导还亲自到南京大学看望我，并由学校娄源功校长亲自聘请我与我的老师夏商周断代工程首席科学家李学勤教授，及中国社会科学院历史研究所副所长王震中教授、中国社会科学院考古研究所所长王巍教授同时担任学校的校聘"讲座教授"。在母校建校100周年校庆活动中，由我提议并参与组织历史文化学院专门举办了"纪念孙作云教授诞辰100周年国际学术研讨会"作为校庆重要活动。此后我受主持"协同创新"项目"黄河文明与可持续发展"的学校党委书记关爱和教授邀请参与该项目的顶层设计，还在西二斋为我设立了专门的办公室。在该项目进行过程中我除参加了多次专门学术会议和活动外，还广泛邀请海外学者帮助母校组织了"黄河文明与古文字国际学术研讨会"。

我作为河南大学南京校友会的第二任会长，和母校校友总会保持了联系，对母校的发展十分关切。前年，随着年纪渐大，再者国内外学术活动和文化交流繁多，我想在校友会换届时辞去会长职务，母校校友总会领导刘群老师还专程到北京代表校友总会征求我的意见。母校校友总会领导同意我们把南京校友会改为江苏校友会，在我辞去校友会职务后还特意聘请我作为江苏校友会名誉会长。此后母校校友总会特意邀请我回母校，受到校友总会刘波老师和刘群老师等领导和历史文化学院与美术学院两院院长的盛情款待，希望继续对母校在历史文化研究和美术研究与创作方面提供支持。之后我应美术学院院长邀请回母校对美术学院师生做了题为"国际视野下的艺术变革：水墨艺术的当代化与国际化"专题讲座，把我在水墨艺术领域多年的艺术创新探索认识与大家交流，以便开拓大家视野。在此期间在校友总会刘波老师和美术学院席卫权院长安排下，宋纯鹏校长特别安排接见我，征求我对母校未来发展的建议。随后我促成我所主管的欧盟中国委员会下属欧盟中国国际文化艺术中心与母校美术学院达成合作共建当代艺术国际研究院的备忘录，得到学校领导的支持。

最近，欣逢母校建校110周年，历史文化学院和美术学院两院领导邀我作为优秀校友回母校做学术讲座。我将自己近来所做学术研究和艺术探索拟了两个专题贡献给母校，一是我不久前对新发现的河南巩义双槐树"河洛古国"遗址的研究认识，二是我因担任威尼斯双年展联合策展人而对威尼斯双年展和国际艺术评价体系的研究认识。

总的来讲，我家亲属祖孙四世都与河南大学结下不解之缘，毫无疑义是河南大学培育了我们。值此河南大学建校110周年校庆之际，谨以此文略述始末，以抒发我对母校培育和关爱的感激之情，聊供校友分享。

作者简介

范毓周

　　河南大学历史系1977级校友，1978年春入校，同年5月，考入中国社会科学院历史研究所攻读研究生。东西方艺术家协会执行主席，欧盟中国委员会执行主席，南京大学历史学院教授、博士生导师，东方书画艺术中心顾问和兼职研究员，北京大学中国持续发展研究中心特约教授，中国社会科学院古代文明研究中心专家委员会委员、客座教授，华夏文明传承创新研究院院长，河南大学讲座教授。

07 | 王桂兰：
"校报"情缘

初识《河南大学报》（即校报），是从上个世纪 70 年代在河南大学当学生开始的。

在那个可读的东西还相对贫乏的时代，校报可以说是同学们一睹为快的文化大餐。尽管当时由于历史的原因，校报的面孔严肃到几近呆板，但这并不影响大家争相阅读的热情，因为她的字里行间，不仅有学校里发生的重大事件，有老师和同学们生活的"故事"，更有可以让爱好文学的我爱不释手的散文诗歌。所以，一张小报往往被翻来覆去地读遍她的每一个角落。说句实在话，那时的我，对校报是仰而视之的，因为，在那个印刷品非常有限的年代，谁的文字能变成铅字，在大家心目中，算不上作家，至少也是比较有才气的。而校报的编辑，对来稿操着生杀予夺的大权，肯定也都是文字功底相当深厚才能胜任的。由此种种，自己和校报的缘分是从一个忠实的读者开始的。这种缘分一直延续到自己留校做了教师以后的很多年。

与校报拉近距离是 1992 年本人有幸调进宣传部工作成为校报人的同事之后。

此间，由于工作的关系，我非常近距离地了解了校报的采编和刊行过程，在打破过去对她长期持有的神秘感的同时，亲眼目睹了校报工作者们的甘苦。他们在人手较少，采编、刊印时间性又很强的情况下，每期都赶得非常紧张，熬夜加班几乎成了家常便饭。也许正因为如此，自己时常被校报人的敬业精神感动着。他们在审阅每一篇来稿时的职业性挑剔，通宵达旦挥就大作后疲惫着的快乐，挥着主宰作品命运的大笔划版时的潇洒，以及一遍又一遍校对稿子的认真，的确是苦也其中，乐也其中。毋庸置疑，他们所有的付出就是为了编印精品。每当一期新的报纸印出，他们总是品着墨香，一遍又一遍地欣赏着自己经过数遍修改和编校的杰作，强烈的成就感溢于言表。因此可以说，在这个时期，我是作为报人的同事和朋友，与校报保持着一份理解和欣赏的缘分。

与校报结下更深的情缘是在作了校报的主编之后。

由于职务的关系，自1997年初，我开始担任校报的主编，负责三审（即终审）每一期的每一篇稿件。自此，我才真正走进了校报工作的内部，作为她其中之一员，与她一起走过了将近6年的风雨历程。至今难忘，在与报友们并肩战斗的日子里，每当发现重大题材，大家就反复研讨，一遍遍精心设计采访方案；每当发现一篇好稿，便如获至宝，争相传看，爱不释手；每当发现一位写作新人，就像识才的伯乐，欣喜不已，百般鼓励；然后，就俨然耐心的园丁，对学生们的稚作咬文嚼字，不厌其烦。"铁打的营盘流水的兵"，河大校园不知有多少当年的少年才俊就是被校报"调教"和"斧正"出来的。而今的我，虽然远离了这个群体，但心底却印着太多挥之不去的记忆。我把这段记忆作为一份难得的财富，永久珍藏。

正因为难忘，我会在改行之后还继续关注她，并时常与朋友们议论一些有关她的话题，思考校报在学校发展中的准确定位与功能，以及如何确立体现时代特点和学校特色的办报理念等等。

首先，校报是高校传统的、见诸文字的重要舆论阵地，一直发挥着意识形态的导向职能。她通过忠实地宣传党和国家的方针政策，坚定不移地坚持社会主义办学方向，高奏社会主义思想道德情操的主旋律，鲜明地体现国家的主流意识形态，为我国高等院校培养合格的社会主义事业接班人坚守一方稳固的思想阵地，营造健康向上的舆论氛围。作为报人，不管在何种情况下，都不容淡忘和回避这一点，否则，就有悖于"校党委机关报"的身份。

其次，校报又是联系学校管理部门和师生之间的重要媒介，体现着上下沟通的桥梁职能。是她把上级的精神、学校的决策，及时传达到各院系及师生中；同时，也是她，又把教师、学生们对上级精神的理解、对学校决策的看法、对学校发展的建议及时反馈到学校决策层。这座上情下达、下情上馈的桥梁，不仅是学校信息畅通的重要渠道，而且是统一师生思想的重要载体，可以让管理机关与基层、老师与学生等各个方面通过沟通消除隔膜，减少误会，相互理解，相互支持，从而上下一致、默契配合、形成合力、共谋发展。因此，信息沟通既是宣传工作，又是重要的思想工作。从这个意义上讲，办好一张校报，相当于增加了一支庞大的宣传和思想工作者大军。

其三，校报当之无愧地发挥着校园文化橱窗的功能。大学不仅是知识分子的聚集之地，更是朝气蓬勃的知识青年的聚集之地，大学生是一支始终站在时代文化潮流前沿的活跃人群，他们也是校报积极的作者群和忠实的读者群，可以说，是他们赋予了校报鲜活的生命力。或者换句话说，不为学生所喜爱的校报肯定不是成功的校报。"校报因学生而精彩"，一点也不是夸张。因此，和着时代脉搏，贴近学生生活，用他们的思维方式和语言习惯，去反映学生所想所需，是校报永恒的、不可忽略的主题。正是从这个意义上讲，校报内容的丰富程度，直接反映着一个学校校园文化生活的丰富程度、校园文化积淀程度和人文氛围的浓郁程度，校报的文化品位也就是一所学校校园文化的品位。

其四，校报还是一所学校发展历史的见证和记录，即珍藏历史的功能。由于宣传部的工作性质，每每参与校庆的筹备工作，总能深刻地体会到校报在记录学校发展历史轨迹中的重要作用。当我们的记忆还能够企及时，学校发展的脚步是清晰的。但记忆总会随着时间的流逝而淡漠，当历史被时间缩了水，我们剩下的唯一完整、有序、准确、可靠的历史记载资料就是校报，她一次又一次帮我们记起了来时的路。报人，其实就是为学校书写历史和留下记忆的人，后人只有透过校报记载的文字，才能辨别和感受前人走过的路。而校报的记载是否客观真实、是否全面无遗、是否准确无误，就成为检验报人是否不辱使命的重要标准。

常言道，旁观者清。上述感慨是自己在走过、做过而且离开多年之后的回观与反思，也许带着更客观、更理性的成分。如果不嫌，就算一名学生送给自己曾热爱过、至今还热爱着的母校 110 周年校庆的礼物，愿校报和母校都能越办越好。

作者简介

王桂兰

河南内乡人，河南大学政教系 1978 届本科校友，二级教授、博士、博士生导师。曾任河南大学党委宣传部部长、河南师范大学副校长，享受国务院特殊津贴。政治学一级博点首席专家，主持完成国家社科重点及一般项目 3 项，出版个人专著十余部。作品获省级一等奖 3 项，二等奖 5 项。

08 | 王北生：
从"教科院现象"看教科院精神

2020 年是河南大学教育科学学院（1980 年恢复招生，1999 年在教育系的基础上建立教育科学学院，以下称教科院）喜迎恢复建院 40 周年华诞。作为从 1982 年 7 月入职的一名老教师，我几乎见证了她砥砺奋进、拼搏发展的历程。经过 40 年的发展，取得了英才辈出、桃李芬芳的发展成果。学院因人才培养工作成绩突出，一直被传为佳话，中国教育学会副会长周洪宇教授称之为"河南大学教科院现象"或"教育系现象"。

一、河南大学教科院现象

"河南大学教科院现象"可从多方面去阐释解读，我感到突出的具体可表现在三个方面。一是人才现象，即人才培养成果突出；二是学科现象，即学科发展又好又快；三是学会现象，即专业学会引领发展。这三个方面展示了教科院的实力和成就的立体形象。

人才现象：人才培养成果突出。河大教科院现象主要是指人才培养成果突出，这是被传为佳话的主要表现。从 1980 年恢复教育系以来，教科院培养了大批的专家学者、领导管理干部和基础教育工作者。从规模较小的教育系或教科院（最初每年招本科生为 40 人）走出去的毕业生，已有一大批先后走上厅局级领导岗位，他们在教育部、人社部、全国政协、全国妇联、河南省人民政府、河南省教育厅等重要部门岗位任职，仅在一个国家部委（教育部）曾同时任职就有 4 位司局长，在一所著名高校（河南大学）先后任职的有 4 位校领导，在一个省厅（教育厅）先后任职有多位处级领导。许多毕业生还走向财经、政法、企事业单位的领导岗位，有一位走向联合国总部成为优秀的中层管理者，他们都成为了各行各业的中坚和骨干力量。当然，多数毕业生包括后来的研究生成为高等学校的副教授、教授，成为了我国基础教育战线的教学名师、优秀教师和骨干力量，他们或在国内学术界具有重要影响，或为我国尤其我省的教育事业发展作出了较大贡献，受到社会的广泛赞誉。

学科现象：学科发展又好又快。教育科学学院的教育学和心理学两大学科发展迅速，在学科建设、学位点建设、教学、科研各方面均取得骄人成绩。一是教育学和心理学两个一级学科均被评为河南省重点学科，教育学科在我省高校"双一流"建设中又被确定为重点建设的优势特色学科，且在教育部第四轮学科评估中获得 B+ 的位次。二是学位点建设从单个硕士点到一级学科硕士点，从单个博士点"教育学原理"到拥有教育学和心理学两个一级学科博士学位授予权。目前学院在教育学原理、课程与教学论、教育史、高等教育学、教育技术学、德育学、基础心理学、发展与教育心理学、应用心理学等 9 个专业招收博士研究生，还拥有教育学和心理学两个博士后流动站。三是在教学方面，教育学和心理学均被评为国家级综合改革试点专业，教育学专业入选首批国家级一流本科建设专业，应用心理学、教育技术学和学前教育专业入选河南省一流本科建设专业；教育学和心理学教学团队被评为省级优秀教学团队。管理心理学、德育原理、课程与教学论 3 门课程被认定为首批国家级精品资源共享课程；教育研究方法等 5 门课程被认定为第二批国家级精品资源共享课程；获得国家级教学成果奖 3 项。四是在科研方面，近 5 年，承担国家级、省部级等各类科研项目 70 余项（其中，国家重大 2 项），出版专著 80 多部，发表学术论文 900 余篇，获各类科研奖励 90 多项等。教育学和心理学两大学科成为河南省带头学科，在国内产生较大影响。

学会现象：专业学会引领发展。河南省教育学研究会（后来改为教育学专业委员会）和心理学会主要挂靠于河南大学教科院，这两个学会为全省高校教育学和心理学的人才队伍建设、学术引领、科学研究、大众普及等作出了重要贡献。我这里重点谈一下我所在的教育学专业委员会。河南省教育学会教育学专业委员会与恢复建系一样，也迈入了"不惑之年"。40

年发展历程中，大致经历了初创勃兴、开枝散叶、规模扩容和跨越发展4个阶段。至今已成功举办34届学术年会，引领了全省教育学科建设和教师个人的成长与发展。

教育学专委会始终致力于建立组织联盟，凝聚学术力量；鞭策学术研究，推动学科建设；搭建学术平台，促进学术交流；联通全国学会，引领发展方向；关注学术前沿，开展政策咨询；面向教育实践，服务区域发展。也始终能够坚持办会方向，贯通思想性与学术性；明确学会定位，兼顾基础性和前沿性；创新办会模式，协调松散性与规范性；坚持会员为本，激发积极性和聚合性；保证办会品质，追求实效性与高效性。教育学专委会对全省教育学老师的教学科研发挥了重要的引领和带动作用，有一年老会员代表裴振先老师曾在年会上感慨地说："每次年会我都积极参加，我的收获都很大，在教学上我思想明确，有许多新东西可讲。南阳的一次年会，因故没参加，在教学上，我就不知讲什么好了。"当然，心理学会同样也对全省的心理学教师的教学科研发挥了重要的引领和带动作用。

二、河南大学教科院精神

透过现象看本质，教科院现象的背后是一种精神，我们称之为"教科院精神"，或"教育学人精神"。这种精神内涵丰富，我感到可以从学院、教师、学生、管理4个方面体现。

1."团结和谐、务实进取"的院风。40年来，教科院（教育系）遵循"厚德、博学"的院训，秉持"慎思、笃行、务实、进取"的院风，从历届的书记、院长和系（教研室）主任们（这里不再一一列举名字），带领全体教职员工，真正做到了团结、民主、和谐，务实、进取、奉献，大家就像一家人一样，上下团结，和谐相处，朴实无华，相互支持，互相帮助，正是这种精神，支撑和激励了教师们乐于工作、勤于奉献、不计报酬，为学院发展甘愿付出。

2."甘为人梯、教书育人"的师风。教科院之所以有人才现象，就是因为有一批又一批、一代又一代的好老师，他们爱岗敬业、默默奉献，甘为人梯、教书育人，做到了"传道、授业、解惑"，做到了热爱学生、因材施教，做到了从"经师到人师"，对学生学习、生活高度负责，不仅是学生学习的导师，同时也是学生生活的导师，成为学生的引路人，真正履行了教师这个光荣而神圣的职责和使命。

3."志存高远、吃苦拼搏"的学风。40年来，教科院一直注重培养学生有理想、有担当、能吃苦、敢拼搏的优良学风。在老师们的辛勤培育下，同学们茁壮成长，从入学时的幼苗长成今天的参天大树。这里举一个80级学生王定华（教育部教师工作司原司长，现北京外国语大学党委书记）的例子。当时我住在现明伦校区十号楼三楼，在早上和晚上，每当我下楼梯时，在楼梯的转弯处，总能见到一个学生在学习，尤其十分刻苦地学习英语，并且大声朗读，天天如此。当时我有一种预感，这是一位能下苦功的学生，将来不但英语能出类拔萃，而且一定能成功成才。正是"不经一番彻骨寒，哪得梅花扑鼻香"，他的成功成才与他大学时代的理想远大、刻苦学习、奋力拼搏是分不开的。

4. "严格管理、悉心指导"的作风。人才培养离不开科学的管理,在管理上既要严格,尊重管理的规律,又要人性化,对学生悉心指导,关心他们的学习和生活。管理体现在学院领导和制度的管理,也体现在系主任、辅导员和老师们的管理,现在叫"三全育人"。我感受最深的是我担任八一级辅导员(一边上专业课一边兼职做辅导员),对学生的管理,基本上做到了"严格管理、悉心指导"。按照"成人、成功、成才"的"三成"原则,在管理上注意让每个学生做规划、树目标,形成优良的班风和学风,除了抓好课堂学习,还抓科学研究,抓考研深造等。经过4年的学习,他们结出了丰硕的成果。全班共40人考取8个研究生(当时还没有考研的风气和氛围,因毕业是按用人计划分配工作),发表科研论文30多篇,其中郭戈同学一人就发表8篇,许多都是现在的中文核心或CSSCI刊物,并且编印出一本30多万字的书——《新技术革命与教育改革》。同学们正是在学校打下了扎实的基础和得到了良好的科研训练,才成就了他们今天成为或专家学者、或领导干部、或优秀教师的好成绩,成为教科院现象中浓墨重彩的一笔。

三、几点启示与希望

一个学院的发展,包含一个学科的发展,需要一代又一代教科院人的积淀和奋斗。为此,作为一名老教师,对学院、对青年教师、对青年学子寄语几点希望。

学院要守正创新。站在新时代、实现新跨越、再获新成就。正如学院简介所立言:继续发扬优良传统,遵循"厚德、博学"的院训,以国家"双一流"建设为契机,以国际化为抓手,实施特色立院、人才强院的"两大战略"和立体化人才队伍建设、科研创新、教学质量保障的"三大工程",实现人才培养质量、科学研究水平、综合管理水平和社会服务能力的"四大提升"。为此,要做好顶层设计和"十四五"规划,即学院整体事业发展规划、学科专业建设规划、师资队伍建设规划、信息化建设规划等,并继续发扬团结、和谐的优良院风,尤其在优秀人才引进和学科特色建设上下功夫，取得更多更好的成就。

教师要立德树人。面向全体学生，"成人"与"成才"并重。立德树人要"成人"与"成才"并重，我认为有三句话需要思考：一是做到传授知识是基本——教学生"学会感悟世界""学会了解世界""学会陶冶情操"；二是培养能力是关键——教学生"学会学习""学会生存""学会改变"；三是润泽生命是目的——教学生学会做人、学会发展、有家国情怀。教师要树立人人成才观念，面向全体学生，促进学生成人成才；树立多样化人才观念，尊重个人选择，鼓励个性发展，不拘一格培养；树立全面发展观念，努力造就德智体美劳全面发展的高素质人才。教师要做有理想信念、有道德情操、有扎实学识、有仁爱之心的"四有"好老师，用自己的学识和人格影响和培养学生。

学生要德才兼备。做有理想、敢担当、能创新的新时代优秀人才。具体要理想远大、志存高远；要积极进取，努力拼搏；要敢于担当，尽职尽责；要锤炼自我，有家国情怀。虽然将来的人生目标会有不同，职业选择也有差异，但必须理想坚定，信念执着，不怕困难，勇于开拓，顽强拼搏，永不气馁，"读万卷书""行万里路"，把学习作为首要任务，作为一种责任、一种精神追求、一种生活方式。大学阶段要拿到"三张通行证"：第一张是学术性通行证，就是毕业证和学位证书；第二张是职业性通行证，如教师资格证及其他职业资格证书，还有英语四六级、计算机二级、机动车驾驶等证书；第三张则是事业心、责任感、团队精神和开拓技能的通行证，这恰恰是一张现代社会备受重视的通行证。能够拿到第三张通行证的人通常能对于变化持积极态度，视变化为正常、为机会；积极、自信、独立、从容；具有创造性思维；敢于负责任，善于交流，有团队精神。

总之，学院有新的目标，能守正创新，教师能敬业负责，教书育人，学生能志向远大，奋力拼搏，教科院这个集体才会有好的精神状态，才能向着自己的目标前进，最终取得成功。有教科院精神作为支柱，相信一定会实现愿景，教科院现象也一定会被代代弘扬和传颂，教科院的明天一定会更加美好。

作者简介

王北生

1956年生,教育学博士、教授,河南大学教育学原理专业博士生导师。曾任河南大学成教院院长、教务处处长,河南教育学院副院长,郑州师范学院副院长,信阳学院院长。全国优秀教育工作者,河南省优秀专家,河南省督学,国家社科基金教育学科评审组专家,教育部普通高等学校师范类专业认证专家委员会委员兼结论审定委员会主任,河南省教育学会教育学专业委员会名誉理事长。

09 | 刘占军：
我的经济学启蒙之旅

2022年9月25日将是河南大学建校110周年纪念日，河南大学向校友发出对母校的一段祝福，一段回忆，一组文章，一份名录，一份礼物的"五个一"活动的号召。受此启发，深怀感恩之心，写下此篇小文。

——题记

一、带着残缺不全知识体系入学的懵懂少年

20世纪50年代及其前后出生的这一代人，在中国历史上都属于非常特殊的一代人，有着非同寻常的特殊历史记忆。我1958年出生在父母双亲都是"革命干部"的家庭，但在我出生不久，父亲即因"右派"问题不得不到位于太行山南麓的大炼钢铁基地接受改造，母亲由于受到牵连失去公职，一家人在县城生活维艰，被迫在我5岁时举家由县城迁居我母亲的老家河南温县朱家庄村，这是一个位于黄河滩区的典型的平原村庄，一望无际的麦田和玉米、高粱是我对夏秋季最深刻的印象，黄河南岸的邙山是目之所及的"大山"，我的小学启蒙教育是在生产队打麦场旁边的一个一二三三个年级共用一间权做教室的房间，一个老师对三个年级交叉上课的简陋条件下开始的。记忆中老师姓陈，50岁左右的年纪，课堂纪律非常严格，如果有学生在课堂上捣乱，老师手中的戒尺随时伺候，尽管是三个年级在一起上课，课堂秩序很好。小学二年级下学期时，搬进了村里新建的宽敞明亮的教室，老师也换成了中学毕业回村的年轻教师，终于可以分班上课了，孩子们欣喜异常，学习积极性高涨。刚刚稳定学习两年，文化大革命就开始了，农村学校的正常教学活动亦被严重冲击，一直到我高中

毕业。

整个中小学时期，除了断断续续的课堂学习和几本残缺不全的诸如《平原枪声》《烈火金刚》《苦菜花》《钢铁是怎样炼成的》《激战无名川》和厚厚的《艳阳天》《金光大道》等文学书籍之外，大部分时间都在田间地头玩耍和农活中度过。语言文字水平和历史知识的长进几乎是靠各种运动过程中学习相关知识和写大字报培养出来的，数学、物理、化学缺乏完整的概念，高中时英语老师是下放的高级知识分子，英语水平很高，但由于当年河南唐河"马振扶事件"对英语教学的致命冲击，加上我两年的高中阶段辍学大半年，英语几近空白。

好在，我的父亲尽管饱受磨难但好学不厌，姥爷家门风励学，识字珠算，临帖练字，读唐诗宋词，背"汤头歌"，培养了我对学习的兴趣，形成了自幼勤勉、读书上瘾的习惯，语文、历史、地理知识在读课本、读文学书、读"红宝书"过程中日积月累，加上我舅舅大学毕业到了铁路系统医院从医，一个远亲的小姨专科毕业留校任教，他们在同龄人中的学识和气质使我印象深刻，对他们的敬仰促成了我从小对上大学的渴望（曾经梦想过希望能有机会当个工农兵学员，还为此在高中阶段辍学了大半年）。

记不清是1977年10月的中旬还是下旬，我父亲突然电话通知我恢复高考的消息，那时我正在位于济源市（当时叫河南省济源工区）山区的"五三一工程"一分部油罐工程工地上劳动，恢复高考的消息不啻于黑暗中的火把，一下子点燃了我上大学的希望之火，我做出了人生第一个重要决定，在第一时间果断放弃了在"五三一工程"一分部的临时工作，从位于济源市区的小火车站搭乘运煤的小火车，连夜回到我高中毕业的温县一中实施了一个多月的强化复习，在那里得到了高中时期的语文老师也是班主任的白元龙等老师的特别厚爱，学习成绩长进不少，复习结束后，又冒着12月初的严寒搭乘小火车连夜赶回"五三一工程"三分部参加1977年12月7号和8号的高考，那种在煤灰和小火车突突突冒出的烟雾中裹着军大衣被寒风冻得瑟瑟发抖的心中，充满希望和激情的场景比高考的考场印象更为深刻，定格在我的记忆中，终生难忘。老师的悉心指导和自己不知疲倦夜以继日地刻苦学习结出了希望之果，终于被录取为恢复高考的第一批大学生，圆了我的大学之梦。但知识体系的残缺不全还是让我在后来的求学路上吃了不少苦头。

二、我的政治经济学启蒙

进入历史悠久古色古香的河南大学（那时叫做开封师院），自然是我梦寐以求的求学之地。课堂上授课的老教授们个个满腹经纶，让我崇拜得不行，成为我希望早日成才而孜孜以求学习的巨大动力。图书馆的巨量藏书更是对我有着磁石般的吸引力，确实像极了饥饿的人扑在面包上的感觉，如饥似渴地借阅图书和做阅读卡片几乎成为课余生活的全部。我也像极了刘姥姥进大观园，才知道世界上还有这么多种类的书籍，仅是国内外的文学书籍都可以称得上汗牛充栋，对历史和政治还可以有多种不同的叙述和解释，令人眼花缭乱，除了对知识的新奇、渴求，还有就是思考和迷茫。

最为迷茫的是专业方向。由于我入学前对于入读的政教系完全是懵懂无知，对于政治教育专业完全没有概念，加上父亲的遭遇，在思想上对政治教育专业有些抵触，入校后对历史和文学、英语更有兴趣，旁听了不少历史和文学专业的课程和学术报告，英语也在外文系老师的指导下取得了长足的进步。只是对于之后选择什么样的专业方向，不像同级的阅历丰富的大哥哥大姐姐们有主见，基本上没有任何方向感，只知道自己的知识太贫乏，必须刻苦学习，恶补知识，倒是没有蹉跎和浪费图书馆的阅读时间以及夜间教室的灯光和路灯的光亮，典型的书虫一只。

好在1978年3月入学后，大学很快就恢复了研究生招生，马克思主义政治经济学成为河南大学第一批研究生招生专业，同时还是中西部地区高校该专业硕士学位授予权单位，政治经济学教研室和《资本论》研究室超高的学术地位触发了我一探究竟的好奇心。河南大学马克思主义政治经济学第一批硕士研究生个个饱读马列著作，胸怀远大目标，关注社会发展，跟他们的接触使我由衷地生发敬意，萌发了不能够仅以本科毕业为目标，要向更高的目标冲刺，毕业后也要读研究生的意念。加上当时的中国经济百废待兴，理论界剖析问题，研究问题，实践中突破禁锢，探索出路，蔚然成风，新生事物层出不穷，农村联产承包责任制在巨大的争议中显示出了强大生命力，中国的温饱问题在体制变革中迎刃而解，城市集体企业承包制实施后使得残破不全的企业面貌焕然一新，效率大幅度提升，这些巨大变化引起了我对经济发展内在动力的思考，关注着由此引发的巨大争论，关注着学术界对中国计划经济体制改革和商品经济发展以及分配制度改革问题的讨论，刺激着我将注意力不断收拢，逐步集中在政治经济学这门经世济民的学问特别是《资本论》研究上。

今天的经济类专业的学生可能很难理解，在当时，涉及经济社会发展和变革的讨论都离不开马克思主义政治经济学的集大成的经典巨著《资本论》，论战双方都要在《资本论》中寻找理论论据。这些都促使我认真研读《资本论》，在后来的学位论文专业方向选择上我毫不犹豫地选择了政治经济学的《资本论》研究方向，使我受益终生的、系统的经济学启蒙教育由此起步。

三、难忘启蒙恩师情

当时的河南大学政教系政治经济学专业，教师不多，但水平很高，不仅在河南省出类拔萃，在全国《资本论》研究领域亦享有盛誉，政教系主任周守正教授更是全国高校《资本论》研究领域的领军人物。

周守正教授是给我政治经济学启蒙的第一位恩师。周先生早年先后就读于复旦大学、日本东北帝国大学经济学科，不仅在新中国成立之初参与了河南大学的重建，更是在河南大学经济学科建设和马克思主义政治经济学研究和教学领域成绩卓著的专家。我们入学时，周先生是政教系主任，好像也是当时政教系唯一的正教授，那年他已经年届64岁，并为疾病困扰，但为了河南大学政治经济学专业的振兴，先生以老骥伏枥的精神，全力以赴，废寝忘食，对本科生和研究生教学一丝不苟，对理论研究严谨执着，有着那个时代老一辈学者谦谦君子的风范。他对于马克思主义政治经济学体系的分析，范畴的提炼，逻辑结构的深刻论述，在中国政治经济学界独树一帜。他那和蔼清癯的面庞和瘦削的身影在我的心目中有着高山仰止般的伟岸形象，这，应该就是知识的力量。

拜师求教。从大学三年级起，一直到毕业后许多年，我常常拜访周先生及其夫人马超然老师（周夫人马超然老师曾经做过中学校长，退休后全身心照顾周先生的生活起居，是周先生高寿的最大功臣，马老师对周先生的学生也是关怀备至，在学生中口碑极佳，还是包括我在内的好几位同学的红娘，恩泽后辈，福报长远）。周先生对我们晚辈所有求教的问题都一一认真回复，列出我们应该查阅的资料，真正地诲人不倦，令我辈感怀至深。我和同学带着问题去拜访他时，他常常提醒我们，做学问就要稳得住神，坐得住冷板凳，精读经典，读熟经典，理解经典的内核，分析和掌握经典的逻辑结构，一旦形成了分析问题的方法和逻辑思维能力，就会触类旁通，登高望远。周先生的指点迷津和提醒，就像迷雾中的灯塔让我在之后的政治经济学教学研究道路上受益匪浅。我后来接触过的中国社会科学院经济研究所、西北大学、福建师范大学、武汉大学、中国人民大学、南开大学的政治经济学界的一些知名教授，在聊到周先生时，都对周先生的严谨治学风格和在《资本论》研究方面的成就给予了很高的评价。

逻辑思维初步形成。周先生领衔的政治经济学研究生导师团队采用了开放式的教学模式，聘请中国人民大学和中国社科院的学科专家教学，我也有幸跟学，印象最深的是中国社科院著名的《资本论》研究专家田光教授讲授的《资本论》逻辑结构课程，严谨、深刻，又提纲挈领，把《资本论》的逻辑结构演绎和展示得非常清晰，使得我对系统阅读和研究《资本论》的兴趣与日俱增，在校期间将逾230万字的《资本论》认真研读了3遍，做了10多万字的读书笔记。这样的学习、阅读和思考，不仅仅让我掌握了政治经济学的理论知识，更赋予了我强大的逻辑思维能力，让我受益终生。后来，我的学习和研究方向转向了西方经济学和发展经济学，《资本论》强大的逻辑分析架构、范畴体系研究的方法论一直是我分析、讨论、比较、借鉴和融会贯通现代经济学体系的重要支撑点。

转型现代经济学教学研究。给我经济学启蒙教育的另一位恩师是侯恒教授。他对于我经济学基础训练和转型现代经济学教学研究有着重要的影响。侯老师曾先后就读于河南大学经济系和中国人民大学贸易经济专业研究生班，长期从事经济学教学和理论研究，侯老师身材魁梧，一表人才，讲课口若悬河，勤于思考，善于理论联系实际研究现实问题，经常与晚辈以平等的姿态进行讨论，交流看法，属于思想开放、思路开阔的老师之一。他于1980年3月13日发表在《人民日报》上的《计划经济和商品经济是相互对立的吗》，引起国内学界的广泛关注和争议，也使其成为河南省商品经济和市场经济理论研究的领军人物。

侯老师是我本科毕业的经济学学士论文的指导老师，在我关于社会主义经济发展动力和经济利益关系研究方面，从选题到论证都得到了侯老师的热情关心和指导。我的论文最终入选《河南大学本科生优秀毕业论文集》，对当时的我来说是极大的荣誉，也坚定了我从事经济学教学研究的信心，开启了我经济学教学研究之路。

后来，在河南财经学院从事教学科研过程中，又有幸跟着时任主管教学科研工作的副院长侯恒老师继续做了一段时间的《资本论》若干争议问题研究，进一步强化了基础理论研究能力。也是在他和时任河南财经学院党委书记宋子玆教授（我大学读书时的政教系党总支书记）鼓励下，我积极参加现代经济学专业培训和学术会议，先后拜访了中国社科院戴园晨教授、华中科技大学张培刚教授、南开大学谷书堂教授等专家，并拜他们为师。我的教学和研究逐步转向了西方经济学和发展经济学，又通过刻苦自学，补齐了高等数学和英语的不足，先后攻读了中国社会科学院和南开大学的经济学硕士和博士学位，在西方经济学和发展经济学教学研究方面取得了一定的成绩，并在20世纪90年代中期成为河南省最年轻的经济学教授和跨世纪优秀中青年骨干教师之一。

能够取得这样的进步，与在河南大学政教系学习时奠定系统的经济学、哲学、历史研究的基础理论和方法论密不可分。

回想起来，在河南大学政教系学习期间，除了周先生和侯老师，教我们马克思主义哲学的黄魁吾教授、教政治经济学理论课的宋子竑教授、教人口经济学的貊琦教授、教逻辑学的马佩教授、教法学的吴祖谋教授、教历史课的朱绍侯教授、教国际共运史的姜大为教授等前辈老师，在给予我们经济学、哲学、科学社会主义、法律、历史知识的同时，都对我们的理论研究能力和分析问题、研究问题的能力提升，对我们建立大历史观和辩证思维模式和研究问题、分析问题的方法论等方面助益匪浅。

岁月催人老，师恩永难忘。当年意气风发、循循善诱的貊琦老师、周守正老师、马佩老师、马超然老师、黄魁吾老师、侯恒老师、吴祖谋老师已先后仙逝，但他们的音容笑貌永留学生心中。

其他老师也都已是耄耋和鲐背老人，在此祝福他们幸福安康。

四、母校是学子们永远的精神家园

我于1997年到深圳经济特区工作后，先后在综合开发研究院（中国深圳）和海王集团从事研究咨询和管理实务工作，但经济学教学工作一直延续了下来，先后被南开大学、河南大学、河南财经政法大学、北京师范大学聘请为兼职教授。

回望从上大学到在大学教书育人，再到特区研究咨询和管理实务，一路走来，转眼44个年轮，感慨良多。同级的同学们大都青丝不再，华发盈盈，年轻的已进入花甲之年，年长的已是古稀年纪，功名利禄已是过眼烟云，唯有一颗对祖国对母校的赤子之心永不磨灭，唯有对高耸的铁塔、巍峨的大礼堂、古色古香的图书馆、清脆悦耳的铁塔铃声没齿难忘，唯有对河南大学的校训（明德、新民、止于至善）的感悟在不断加深。河南大学所秉持的文圣孔子对做大学问的理念，对学生德行的培养，德政理念的树立，脚踏实地又对至善至美理想的追求，对我们莘莘学子的人生和事业起到了重要的启蒙和助力作用，是我辈奋发进取的精神家园。2022年是河南大学建校110周年，我们毕业40周年。感恩母校，也祝福在"双一流"建设上突飞猛进的母校明天更美好。

悠悠岁月多惆怅，最忆依然是汴梁。

作者简介

刘占军

1982年1月毕业于河南大学政教系，先后就读于中国社会科学院研究生院和南开大学，历任豫西农专助教，河南财经学院助教、讲师、副教授、教授，综合开发研究院（中国深圳）院长助理、研究咨询部部长、研究员，南开经济研究所博士生讲座教授，南开大学、北京师范大学、河南大学、河南财经政法大学等院校兼职教授，海王生物股份公司董事、总裁。现任深圳海王集团高级顾问、海王生物副董事长，南开大学深圳校友会联席会长，河南大学深圳校友会名誉会长。

10 雒三桂：
中州自古英雄气 相伴风铃入耳来

在河南大学读书，最难忘的就是铁塔的风铃之声！

1978年9月，开学的日子，父亲带着刚满15岁的我去学校报到。第一次出远门，第一次坐公共汽车，第一次坐火车，满世界都是新奇可人！到了开封，校车从开封火车站拉着我们进了河大校园，停到了大礼堂前的广场上。负责接待我的是一位尚在学校读书的工农兵学员姐姐，梳着短发，美丽而干练。登记完毕后，她带着我和父亲去已经安排好的寝室。我们从大礼堂西侧的直路，也就是今天的琢玉路一直向北走，穿过两边的操场和几排房子，抵达最后的倒数第二排平房，右侧就是丙七排，我的寝室是丙七排的二号，一间能容纳十几个人居住的大房子。

从大礼堂西侧往北走的时候，我看见右侧远方有一座黑黑的塔。走到丙七排的时候，离那个黑黑的塔就更近了，直觉不过两三百米的样子，高耸在那里。风一吹，传来一阵隐隐约约的风铃声。那是我第一次听到铁塔的风铃声，清远而悠扬！

因为河大，因为丙七排，在后来的4年里，铁塔的风铃声就与我天天相伴了！

丙七排的位置比较特殊，对面是丙八排，也就是校园平房北侧的最后一排。丙七排二号寝室在西数第二间，离那条南北水泥路不过10米，离校园围墙不过20米。站在寝室门口，抬头就能看见校园的北围墙，头往东北方向一扭，就是高耸入云的铁塔，视线与铁塔顶端大约形成40度的夹角。如果测量直线距离，绝对不超过200米。在大约200米的距离仰视近60米高的铁塔，其情形可想而知！

因为读的是历史系，我很快就知道了，这座远看黑乎乎的塔俗名叫"铁塔"，本名叫开宝寺塔，修建于北宋时期，是开封最著名的古迹！知道了这些，对它的向往之情就更加强烈了，何况距离如此之近！每天早上起来，映入眼帘的是铁塔；拿着饭盒去食堂打饭的路上，铁塔的身影伴随着我；晚自习从十号楼回寝室，尚未走到门口，铁塔那孤高伟岸的身影就先映入我的眼帘！按平均每天看见8次计算，4年的时间，除去节假日，与铁塔相互注目也有上万次了，这是怎样的造化啊！

开封地处华北大平原上，四季多风，一到风起，铁塔四周的近百个风铃就会发出清脆的叮当声，悠悠地、持续不断地送入耳鼓，听起来是那样的悦耳！每天早上醒来，还未睁开眼睛，风铃之声就飘进耳朵。晚上躺在床上，进入梦乡的最后一刻，依然能够听到悦耳的风铃之声！

离铁塔如此之近，有了空闲，就想着到铁塔边上去看看。年轻人调皮，高高的砖墙无法阻挡我们热烈的向往之心！从学校出门向西到铁塔公园的正门需要走很长时间，坏小子们就打起了围墙的注意，无论学校怎样警告，公园管理处怎样封堵，西大操场北侧的围墙上总是有能够让人穿墙而过的豁口，穿过去就是铁塔公园。于是，春夏微风的早晨，三三两两的学生们趁着阳光灿烂，带着英语单词本或其他的专业课本，从豁口翻进公园，在铁塔西侧和南侧的小树林中徘徊，口中念念有词，作出努力学习的样子，耳朵却不时聆听着铁塔方向传来的风铃之声。眼睛累了，抬起头来，铁塔默默耸立在那里，向我们发出无言的召唤！实在忍不住，就慢慢踱步到铁塔身旁，看着塔身褐色琉璃砖上数不胜数的精美佛像，抬头仰望着六角形塔檐的檐尖上挂着的一个个风铃，听着微风中传来的悠扬铃声，心绪早已飘到千年之前、万里之外了！

仅仅在铁塔周围转一转并不能使人满足，必须进到塔里看看才觉得过瘾。于是有一天，我和几个同学相约登塔。买了票，从北侧的小门进入到塔内，沿着狭窄的阶梯步步登高，每经过一个窗口，就探头向远处眺望。西望，古老的开封城北侧城区渐入眼底，龙亭和潘杨湖似乎近在咫尺；南望，河南大学美丽的校园，大礼堂、东十斋、图书馆、图书阅览馆（现在的历史文化学院)、南大门等尽收眼底。向东望去，铁塔湖、东城墙渐渐没入脚下，远处只有稀稀落落的楼房和一望无际的农田。登到塔顶北侧向北眺望，越过层层林木，一线黄河弯弯曲曲从西天飘来，又向东委蛇而去。北风吹来，近在咫尺的风铃发出悦耳的叮当声，比在地面听着大了许多倍。呼啸的北风之中，时有惊鸟掠过，转瞬即逝，无影无踪。这个时候，突然想起唐代伟大诗人杜甫那首《同诸公登慈恩寺塔》中的几句诗来："仰穿龙蛇窟，始出枝撑幽。七星在北户，河汉声西流。羲和鞭白日，少昊行清秋。秦山忽破碎，泾渭不可求。俯视但一气，焉能辨皇州。"开封地处华北平原的黄河南岸，无法看到泾水与渭河，向西眺望也看不到邙山，北边的一线黄河倒是时断时续，难以清楚分辨。在60米的高处向天上仰望，真有手扪星斗、听声河汉的感觉，不禁对诗人丰富的想象力由衷地钦佩起来！长安城中慈恩寺塔的高度比起铁塔来还低着几米，如果汴梁城没有被水淹过，当年的艮山还在，铁塔又是建在艮山顶上，加在一起的高度有将近百米，宋代人站在铁塔上遥望山河，真要比诗圣的所见所闻更加壮观。想到这一点，心中不禁生出了些许感慨！下了铁塔，回到校园，这神奇的经历让我们咀嚼了很长时间。再在校园里望见铁塔的时候，就陡增了几分亲切与骄傲！再听到那悠扬的风铃之声，沁入心脾的喜悦就变成了无边的享受！

弹指之间，从河大毕业已经整整40年了，我也从一个懵懂少年变成了将近耳顺之年的准老年人。在这40年的时间里，我曾经攀登过西安慈恩寺塔、杭州六和塔、北京北海白塔等著名古塔，也曾在各地山川浏览过不少地方名塔，还在日本、缅甸等国游览过数以百计的古代名塔，无论新旧高矮，它们都无法与铁塔相媲美，也再没有听过比铁塔风铃更美妙的风铃之声！无数次，只要在静静的夜里回忆起美好的少年时光，河南大学优美的校园，丙七排二号宿舍，铁塔的身影，还有那悠扬如天乐的风铃之声，都会像洪水一般涌入脑海，令人沉醉而感伤！

河南大学旁铁塔的风铃之声，是我一生最美好的记忆！

作者简介

雒三桂

1963年生,河南省武陟县人,教授,文学博士。河南大学历史系1982届校友,1987年7月毕业于四川大学历史系,获历史学硕士学位。1994年7月毕业于北京师范大学中文系,获文学博士学位。先后在修武县第一中学、西安交通大学、中国人民大学、中国青年政治学院、人民美术出版社、光明日报社摄美部、重庆大学艺术学院工作。河南大学重庆校友会会长,重庆大学艺术学院院长,中国美术家协会会员,中国画学会理事。

11 | 董延寿：
岁月流淌 同门难忘

1978 年是非常难忘的一年，这一年有两次高考，这在中国现代高考史上可能是比较罕见的，一次是春季，一次是秋季。本人有幸参加了两次高考，而且两次都被录取了。第一次考前是知青，第二次考前是工人，第一次录取的是大专，豫西师范大专班，第二次是开封师院，即现在的河南大学。

接到录取通知书到去河大上学，也是一波三折。当时自己工作的单位是洛阳棉纺织厂，简称洛阳纱厂，是洛阳的十大厂矿之一。洛阳十大厂矿是"共和国长子"，大都是国家"一五"期间工业建设布的点，这些厂基本上都是部属的，级别高、待遇好、地位重要，不好进也不好出。当时遇到的问题是自己在厂子弟中学教书，要去上学，自己所教的课谁来接，有关领导讲，找到了"接班"的，才能走，言外之意是很清楚的。

在分身乏术、万般无奈的时候，开封师院中文系的毕业生，洛阳纱厂出去上学的梁建国学兄学成归来，他古道热肠，非常帮忙，接住了我所教的课程，这样我才得以脱身，到开封报到上学。梁建国先生先在纱厂子弟中学教书，后调到厂部当处级干部，再后独立办学、创业等，是洛阳资深知名学者，他精通书法、演讲、写作，精研儒释道国学文化，我们是相识相知很久的朋友。

自己是插过队、当过工人后到大学上学的，当时一门心思就是去学习，把过去被耽误的时间夺回来，因此平时主要呆的地方是教室、阅览室和图书馆。印象中看文史哲书比较多，也比较痴迷文学，世界著名作家雨果、托尔斯泰，国内名家巴金、茅盾、老舍等的书读得比较多，有时候几乎是一两天一本，如饥似渴，像赶任务似的。

当时到河大去上学，自己用木板钉了一个箱子，把被褥衣服等放进去，这个木条箱子虽然粗糙，但很实用，一直陪伴自己在大学生活4年。一同去报到的还有纱厂的子弟，我的同届同学丁一平，他爸爸是纱厂的分厂领导，印象中是整理车间的主任，在厂里口碑很好，把应届高中毕业考上大学的儿子交代给我。丁一平同学虽然年龄小，但很聪明，运动上很擅长，毕业后先在洛阳警校工作，担任科研处长，后去读博士，毕业后作为人才，引进到河大，目前在河大马院当教授。

我们一个寝室中有来自孟津平乐的王钦虎同学，人称"王老虎"，他是伞兵退伍的，显著标志是经常穿一双大底子的伞兵鞋，走路噗噗作响，很有军人范。"王老虎"确实比较老虎，因为他有丰富的阅历，令人刮目相看。大学毕业以后，他分到了三门峡党校工作，我曾去三门峡拜会过他，他曾在家设宴款待，相谈甚欢。后来联系少了，据说他到深圳工作了。人生无常，有时在某个点相会了，很快就分开了，按各自的方向流淌。

大学学习是个德智体全面发展的时机，体者，载知识之舟，寓道德之舍也。在大学时，自己是个体育运动积极分子，当时喜欢打篮球，每周都要运动几次。还有就是喜爱短跑，参加学校运动会的成绩是百米12秒1，是连续4年全校运动会历史系4×100接力比赛的主力队员之一，并连续4年在全校拿第一，还喜欢三级跳，在全校运动会中获过奖。大学毕业时，自己最引以为豪的是体育课的成绩各门均是优秀。回想起来，热爱运动让自己大学学习时及以后受益良多。

同寝室同学中，好多个性比较鲜明，有的外向，有的内向，有的坦诚，有的深沉，但都是高考冲杀出来的佼佼者。如项祥一同学，驻马店人，毕业被组织确定为定向培养干部，先在基层工作，后到驻马店地区组织部青干科工作，曾到洛阳来看我，我后来也曾带着洛阳师专的老师们去看他，当时他是泌阳县的县委副书记，隆重接待了我们一行，专程陪同我们到嵖岈山考察。后来，联系少了，听说他到确山县当了县长，地区水利局当了局长，之后就断了音信。

在上大学时，有一群心心相印的同学兄弟真好。当时我是组长，班级团支部委员。寝室里有一位人称"吴大帅"的吴志彬吴大哥，他个头大，一米八多，经历广，当过解放军，办事麻利有魄力，故人称"吴大帅"，以示他是同学中的吴佩孚大帅。他阅历丰富，对同学们关照颇多，我们也从他身上学了很多东西。吴大帅后来分配到郑州铁路局党校工作，很有成就。其实，上大学，每一位同学都是一本好书，教会自己很多。

同寝室同学中，印象比较深的还有顾新生同学。他家是新乡的，学习很用功，办事很有章法，大学毕业以后分配到了河南师范大学，后来选拔到了省委组织部，在干部调配处当处长，经常到各地考察干部。我所在的单位他也来过，工作上给我们这些业务出身的干部很多指导。

同学中联系比较多的当属王全乐同学，家是洛阳偃师府店参家店人。毕业后我们的联系一直没有中断，前不久他还专门到我办的洛阳古雒斋艺术博物馆参观指导。寝室中我俩的书桌对书桌，学习上切磋比较多。他同孟津平乐的王钦虎同学是上下铺。全乐同学非常善于学习，看问题很深刻，办事很果断。他是省委组织部定向培养的干部，从伊川上川乡副乡长一步一步干起来，做过乡镇长、组织部长、县长、县委书记，后来当到洛阳市副市长、常委宣传部长，市人大党组书记、正市级领导干部，是我们这届同学中的佼佼者。

大学同学中切磋学问、探讨问题比较多的有来自平顶山鲁山县的潘民中同学。他在我们这一届中年龄稍微大一点，是民师考上的。民中同学治学严谨，在中国古代史、平顶山地方史等方面颇有建树。刚毕业那些年，他在平顶山技校供职，我们相互之间联系比较多，还一起在王全乐任县长的伊川县修改书稿，研讨课题。他是民盟平顶山的主委，后来担任平顶山政协副主席，是民主党派从政的典型。

在河大学习的时候，同学们思维都比较活跃，对专业学习非常下功夫，亦能结合专业知识分析探讨一些问题。当时，王全乐、潘民中和我，拟定了一个题目"中国历代咏史怀古诗卷"，用历史分析的眼光对历史上100多位著名诗人的咏史怀古诗进行梳理与解读，不知不觉，进行了3年，形成了三十余万字的书稿。书稿完成以后，特请中文系的任访秋教授指导，任访秋先生对此书稿评价甚高，欣然撰写序言，后该书稿由中州古籍出版社出版，在学术界影响比较大。

大学期间，同学们的感情都是很真诚的。当时我们寝室有十多人，住的是老式的木质上下床，一人一个木桌子，便于学习，我的下铺是来自温县的闫天常，他小我几岁，人很聪明，学习很勤奋，干事很认真。前些年他在漯河市工作，担任市委组织部常务副部长、市人大副主任。前几年花会还来过洛阳，我们之间后来虽不常联系，但彼此都很挂念。

河南大学学风纯厚，造就了一批管理、学术等方面的人才。我们这届同学中，有许多人走上领导岗位，付志方同学就是其中有代表性的一位。在校期间我们接触比较多，他为人低调，不事声张，做事踏实，给人印象很深。毕业后他先在团省委工作，后到卢氏县挂职，先当县委副书记，后当县长，在由卢氏返回郑州的家中时，路过洛阳，时常抽时间到我供职的洛阳师专与老同学们聚一聚。那时候，他非常辛苦，路途累了，就半躺在汽车的后座上打个盹，为了工作奔波于郑州卢氏两地。后来他到灵宝当书记，我曾去看他，也曾为洛阳师专历史系的老师办福利，找他去灵宝寺河山购买苹果。再后来他到开封当市长、保定当市长、当省委常委组织部长、常务副省长、省委副书记、省政协主席等。志方同志严于律己，善于学习，能力过人，是我们这一届同学中的榜样。

当时在大学学习，大家都很刻苦勤奋，知道机会来之不易，都如饥似渴地在补过去被耽误的青春岁月，不懂的问题随时向老师讨教。同学之间尤其是一个寝室的同学，经常为一些学术问题探讨乃至争执，甚至上床以后仍要辩论，目的就有一个，疑义相与析。尽管有时候争得面红耳赤，甚至几天不说话，但细想想，这种"卧谈"有好处，培养了批判精神、探索精神，学会了用思辨的眼光、客观公正的态度看人看物看自己。

同寝室的同学，一个组的同学，一个班的同学，一届的同学比较多，除了上述提到的以外，我们三班的团支部书记刘长典同学，是我们的老大哥，他为人谦和，思维缜密，涉猎面比较广，尤其比较喜欢文学，我们毕业的时候，他考到南京师范大学，成为攻读古典文学的硕士研究生，毕业以后，他分到了河南省委宣传部，先后担任理论处处长，省社科联副主席，对同学们申报课题、社科研究给予了很多指导与帮助。

还有许多同学，如我们班的班长，历史系七八级的级长孟庆琦仁兄。他家是开封市的，出身于书香世家，对我们外地的同学给予很多照顾。他留校后担任河大的学生处长、组织部长、商丘师院副书记、河大校级干部，是我们这一届同学的"专职联络员"，把同学们回河大要办的事情办得妥妥当当。还有程凯老兄，当年的帅哥，今天依然的"帅哥"，凡是同学们有事，一如既往地予以帮助。还有班长秦翰华同学、龚留柱同学以及秦俊同学、杜建辉同学、董予德同学、常开建同学、宋治国同学等，当然还有许多女同学，如李梅焕、郭朝英、张媛、杨焕芬等，在自己的学习、研究、人生成长中给予了诸多支持帮助，回想起来，历历在目，难以忘怀。还有许多同学尽管联系不多，但同窗4年，同门学习，所结下的友谊，终生难忘，因为它已融进了我们的血液中。

同学感情，是最纯真的感情，没有索取，不要回报，有的是共同的进取；同学感情，是最美好的感情，不掺杂任何其他因素，为的是共同成长；同学感情，是最难忘的感情，它记录了人生成长中最美好的一段，最精彩的一段，这一段可能永远也回不去了，故显得弥足珍贵，刻骨铭心！若下辈子有机会，我们还愿意成为同学，成为同一个师门、共同商榷学问、激扬文字、指点江山的同学！

作者简介

董延寿

河南大学历史系 1982 届校友,南开大学博士,二级教授;曾任原洛阳师院历史系主任、洛阳大学副校长、洛阳理工学院副校长;河南科技大学硕士研究生导师,河南省学术技术带头人,河南省劳动模范。现任洛阳科技职业学院教授、副校长。

12 | 刘保明：怀念沙瑞辰先生

沙瑞辰

我有过许多老师，但沙先生的影响不仅让我认识了"理论"和"编辑"这两个词，而且引导我一生从事这两项工作，既当吃又当穿，成为谋生的饭碗。

沙先生1904年生，民盟盟员，河南大学体育系教授，全国体育文史委员会委员，体育教育家。1981年他给我们上体育理论这门课的时候，已是77岁高龄了。每次上课，他都是拄着拐杖步履稳健地从家里来到教室。

引起沙先生对我的注意，源于我的作业。每次课后，沙先生都要留几道作业题，限时完成。我们的作业，沙先生每次都要认真阅读，并圈圈点点，提出修改意见。

我的作业，常常能受到沙先生的表扬，因此，沙先生就记住了我的

名字，并且在课堂上每每受到沙先生的提问。有两次作业，沙先生都批阅道："逻辑性较强，文字严谨，有一定的综合能力。"

把这些作业完整地看，就会发现，他留给我们的作业，题目是连贯而系统的，加起来是一篇完整的论文。

逐渐地，我就明白了，沙先生是在以论文要求对我们进行写作训练，而他则以编辑的水准来阅读和修改我们的作业。这样的教学，不仅教我们理论课，而且在培养我们理论思维和论文写作能力，引导我们走向学术。而更加引起我重视的是沙先生的编辑学问，它为我开辟了一个新的天地。

当我了解到沙先生是《体育教学》期刊的主编时，就更加深了我对沙先生的敬佩。集理论教学和文字编辑于一身，这才是大师。

面临大学毕业，我可不可以当编辑？我把这个想法告诉了沙先生。沙先生很高兴我有这样的想法，他说，体育系很缺少做编辑的人才，能多有几位编辑人才，体育系就兴旺了。

这句话很深刻，他的意思并不是说让体育系的学生都去做编辑，而是说，体育系学生要有文化。于是，沙先生给我几篇文章，让我修改。他是考察我是否是当编辑的"料"。

我也学着沙先生批改我的作业那样，在人家的文章上面圈圈点点，删了又改。自觉不错了，便送还沙先生。沙先生看了说，你倒是下了功夫，人家的文章要认真看，有时要看两三遍才能看明白，把人家的论点、论据、写作技巧看透了才能动手编辑。

沙先生希望我多看文章，尤其是理论文章。看懂是最基本的，编辑眼界则要高于人。他并没有回答我将来是否可以去当编辑，却给我指出了努力方向。

这之后，我在《体育报》上有意选择一些文章，反反复复模拟训练编辑的基本功，不知疲惫，无论前途。

大学毕业离校的头天晚上，我去沙先生家向他告别。沙先生一看到我就说："我就觉得你要来跟我道别。"这真是心有灵犀呀！

沙先生告诫我："无论哪个学科、哪一门学问的教师，学好理论都是必须的，光有技术而没有理论，走不远；而编辑则是为他人作嫁衣裳，要坐冷板凳，默默无闻地作出奉献。"

我带着沙先生的指点和对未来的思考，告别母校，一头钻进这五彩斑斓的世界。沙先生无意引导我走上理论和编辑这条路，却给予我选择生活的能力。

转瞬之间，我竟然在这条路上不折不扣地行走了三十多年。

作者简介

刘保明

1957年生，中共党员，研究员，河南大学体育系1982届校友，获教育学学士学位。1982－1985年在河南大学体育系任教，2002年中共中央党校科学社会主义专业在职研究生毕业。曾任北京市教育科学规划领导小组办公室主任、《教育科学研究》杂志社总编辑，农工党中央宣传部巡视员兼《理论研究参考》主编，《前进论坛》杂志社副社长、副主编，医药养生保健报社社长。现任中国康复技术转化及发展促进会副会长。

13 | 常新萍：
为了一份深情的爱
——忆老师吴雪莉先生

　　人的一生总有一些遇见会带来异样的美好，刻印在生命中，并伴着你成长，一直滋养着你的心灵。我的老师吴雪莉先生（Professor Shirley Wood）就是我的生命中的这样一种独特的遇见，如一缕春风，一直在那里朝着你暖暖地吹着。然而，蓦然间，2022年4月7日中午，一条信息却瞬间把这暖风打散：老师的生命终止了！恰似一阵钟声，这信息瞬间敲醒了诸多片片段段的记忆，无限怀念涌上心头。

　　与吴老师的真正交集开始于20世纪80年代读研究生时的课堂上。当时的吴老师大概60岁，身体硬朗，神采奕奕，每每遇见，都是红光满面，笑容可掬。吴老师是西人面孔，生于美国，因为爱而来到中国，并扎根在中原的河南大学深耕细作。大学时就听过很多吴老师的故事，可能是因为习惯了的缘故，日常交往中并没有太在意她的不同外表，但那略带着一些蓝色的眼珠和充满着自信、坚定的眼神却深深留在了记忆中。当时，吴老师给研究生开设了英语写作、阅读技巧、分析阅读、英美文学、文学批评、戏剧、教学法课程，算下来有7门，工作量巨大，真不知那时的吴老师是怎么处理这么多课程的，但从不记得看到过吴老师愁眉苦脸。记忆中当时的自己有些懵懂，对新知识好奇却很贪玩，初期进入时的学习全靠着老师们的调节和引导来培养着对专业的兴趣。

　　如今回忆起来，发现当时的课堂，如果用现在的学术话语来描述，却是真正实现了多模态的效果。课堂上，由于没有其他辅助，老师们都会调动他们的全部能量来传递信息，他们的全身都成了信息源。吴老师的课堂就是这样的动感十足。直到现在，闭上眼睛，仍然能想起，吴老师在课上讲到中国戏曲时,立马做出样板戏《红灯记》中的小铁梅一手举着红灯、一手向下按的生动姿势,那种惟妙惟肖的活泼俏皮成了我们学习的最好信息输入。这些动作表情是那么生动、形象、温暖、可爱,胜过了一切的电脑视频。还有一次大雪后的一天早上,我们都安静地坐在教室等着上课,然后看着窗外在雪地上一扭一扭的吴老师终于到了教室,大家问:"Are you cold, Professor Wood?"吴老师一边抖着大红色的围巾,一边往桌面放着材料,笑呵呵地说:"No, no, no, I have so many stoves here."大家诧异。然后,吴老师又接着说:"You are all my little stoves."然后大家哈哈哈都乐起来。记忆中当时的学习,没有觉得是一件苦差事,即使有些苦,好似也被这乐呵呵的精神给驱走了,留下的依然是对知识的渴望和快乐。

做论文的阶段伴着苦恼和惊喜。在师兄的启发下,我决定选择探讨一下语言中的模糊性。想法虽有,但不知如何实施,于是找到了吴老师。令我意想不到的是,以文学研究为主的吴老师竟然给我提出了一连串的值得深思的语言学问题,并爽快告诉我:"你先写出来,我看看。"忐忐忑忑中,拿出初稿给吴老师修改,等我拿回时,已经是满篇红色。吴老师逐词逐句地修改让我豁然开朗,逐渐厘清了思路,才明白思想表达中的细腻要求,而那些伴随着语言使用调整而逐渐展开的世界,让我察觉出了语言的巨大潜能，并激起了我挑战自己的欲望。

后来离开了母校，我到了南方继续读书。没有想到的是，在艰辛的求学过程中，吴老师还是那么惦记着。如今，当我翻看着那些写着密密麻麻文字的小贺卡时，心中生出无限感慨。这些卡片上，有吴老师很多关于她的工作的述说，也有带着玩笑的婉转提示，还有不断的鼓励和期望。吴老师用她独特的亲近方式保持着对学生的关心、支持和鼓励。正是这些悄无声息的鼓励和提示让我持续努力着，不断用知识丰富着自己的生命。

因为一些学术活动，吴老师来过广州两三次。其中的一次，不记得是哪一年，但一定是读博期间。当时生活清苦，老师来到广州住在了广州白天鹅宾馆旁边的河南省办事处，然后，约我到她那里吃饭。老师知道我想念老家的面，当时请我吃了一大碗河南面，我吃得很香，但听到收款人说一碗面要几十元，我的心中着实吓了一跳，要知道当时人们的基本月收入也就几十元到一百多元不等！

多年之后，因为参加尤金·奥尼尔戏剧研讨会，吴老师再次来到了广州。此时的老师，走路显得异常困难，但是，她一定要亲自上门去拜访她的学界朋友。于是，我们就那么搀着她一步一步走着，一步一步艰难地上着一个一个台阶，就为了要亲自去看看老朋友！那份真诚，那份坚强，那份谦逊，那份乐观，深深刻在了我的脑海中，无法抹去。

安家在南方后，我总是忙碌着，没有太多机会返回看望老师，但老师的关怀和惦念一直在心中。偶有机会去看望时，每进家门，都会看到老师备好茶水，穿戴整齐地亲自迎接；而每次看望，吴老师的桌上永远都是摆着她正在阅读的书；每每见面，我们都会聊聊教育，聊聊学校的发展，聊聊个人的成长，聊聊社会的进步，聊聊家庭，聊聊未来。离开时，不管怎样艰难，老师都要努力扶着拐杖或轮椅亲自送到门口，用温暖的微笑送我离开。

2021 年 7 月 31 日，听说吴老师住院了，匆忙中，努力设法去医院看望了老师。看到曾经高大健硕的老师竟然瞬间变得那么羸弱，着实心酸。坐在床边，我呼唤着，老师转头看到了我，眼睛放着光，脸色红润，用力握了握我的手，我感觉老师状态挺好，放心地离开，却没想到这成了最后一面……

长大了，才明白，人，终归是要走的。吴老师的一生告诉我们，活着就要不停地追求，不停地丰富着生命，不仅让生命厚实起来，还要温暖起来，并要努力把这份厚实和温暖传递出去，散播给这个世界，来滋养新的生命，传递这因爱而生的爱，继续这因爱而生的坚强、独立、乐观、纯真、自信和执着。感恩老师曾经的关爱、帮助和鼓励，学生也会努力把这份爱继续传递下去，温暖更多的生命！

作者简介

常新萍

1985年毕业于河南大学外语系，获语言文学学士学位；1989年毕业于河南大学外语系，获语言学硕士学位；1996年毕业于广东外语外贸大学外国语言学及应用语言学基地，获应用语言学博士。现任职中山大学外国语学院，曾参加国家社科规划基金项目、国家教委人文社会科学研究"九五"规划博士点基金项目、广东省哲学社会科学"十五"规划项目、广州市教育科学"九五"规划重点课题等，主持中山大学校级和院级等共计近10个科研项目。

14 | 苗国富：我的大学

我 1985 年 6 月毕业于河南大学。河南大学对我而言，就是自信，就是力量，就是生命。

三次高考

每当高考时节，就想起了自己的大学路。我的大学梦，是在经历了三次高考后才得以实现的。三次参加高考的情景，刻骨铭心，至今历历在目，记忆犹新。

我的母亲是一个普普通通的农家妇女，今年已 85 岁，满头银发。我是慈祥的母亲苦心培养的一名大学生。三次参加高考的我，深深体会到孩子在母亲心中的分量。母亲平凡伟大，母爱圣洁无私。母亲给孩子的爱无微不至，孩子在母亲的心中最重。

我高中毕业第一次参加高考，是在本乡的一所高中，那是全国恢复高考制度后的第三年。记得考试的前几天，母亲总是给我做好吃的，还经常交代我：人是铁，饭是钢，考试更得吃好饭。考试 3 天，放心不下的母亲每一次都要把我送到高中门口。实际上，不需要送，因为我家就住在学校的后面，非常近。母亲一边走一边再三叮嘱："不要慌，不要紧，考不上没有啥。"头两天，我还满不在乎，当母亲送我时，跟没事一样。第三天，我在前面走，母亲在后跟，她还是那句话："不要慌，不要紧，考不上没有啥。"这时，我的心沉重了，眼圈也潮湿了，不敢回头看一眼日夜操劳的母亲，只是头朝前，对紧跟着的母亲说："妈，您回家吧，我知道了；妈，您回家吧，我知道了……"一进校门，我再也忍不住了，鼻子一酸，泪如泉涌。我理解心爱的母亲，母亲分明是从心底在喊："你一定要考上，你一定要考上！"但是，不争气的我，辜负了母亲的一片苦心，第一次高考落榜了。

再次参加高考，是1980年的7月份，我要跑30多里路到外乡的一所中学参加考试。考试临近，我总感到眼睛涩涩的，有点难受。去考点前，母亲硬是带我到本村的卫生院打了"预防针"，点了眼药，以防害眼，可还是没能阻挡"红眼病"天灾的降临。考试期间，眼前始终模糊一片，我哭着恳求监考老师给我弄盆凉水，多次从考场上出来用凉水洗眼，洗了进去，看不清了再洗，泪水和眼眵搅混在了一起。3天下来，母亲一边打起精神安慰我，一边心疼地流出了热泪。看着母亲脸上的泪珠，我没敢哭，但心如刀割。第二次高考以几分之差名落孙山。

功夫不负有心人，我第三次参加高考，终于以高出本科线10.5分的成绩被河南大学录取。这次高考，在离家60余里的县城，尽管母亲没能到考试现场，但在应试的日子里，我却一直觉得，我的母亲就在身边，母亲时刻都在看着我，好像她依然在对我说："不要慌，不要紧，考不上没有啥。"此时无声胜有声，母亲从心底发出的呼喊在我耳边震荡："孩子，你一定要考上，你一定要考上！"我随了母亲的愿，为母亲争了光。同时，也梦圆河大！

梦圆河大

1981年9月，人生跨出了一大步，开启河大的4年大学生活。

河大期间，点点滴滴，历历在目，终生难忘。

记得入学的时候，我是第一次坐公共汽车，第一次坐火车，第一次见到黄河，第一次远离家乡，来到了八朝古都开封。

在从火车站去学校的路上，遇到两个都在河南大学上学的学兄学姐。我向他们问路，他们非常热情地带领我们走，还非要帮我提包、拿行李，一边又不停地介绍河南师范大学的情况（1981年入校时是河南师范大学，1984年恢复河南大学），让人感到十分亲切和温暖。

到了河大门口，首先映入眼帘的是古朴典雅的学校大门，顿时心情激动，心潮澎湃，啊！真美！随着热闹的新生人流进入校门以后，学兄学姐满腔热情接待。宽敞的柏油马路干干净净，两旁的松树整齐划一，俨然像一个个精神抖擞的士兵列队两旁，欢迎每一位新生的到来。向前看，就是雄伟壮观的大礼堂进入眼帘，从未见过这么宏大美丽的建筑，太激动了。

大学4年，每年都有故事，年年都有收获。记得刚入校时，垃圾从宿舍楼垃圾道倒下来，总堵塞到一楼。有一天，看到一个学兄在宿舍楼下拿一个把子不长的耙子从垃圾道里往外掏垃圾。他累得头冒大汗，手上还鲜血直流。当时我就有疑问，他为什么在这掏垃圾？汗水和血流在了一起，还在干？后来我才明白，学生宿舍楼的垃圾多，垃圾道的垃圾经常被堵，所以就需要人在一楼下面经常掏。也清楚了，掏垃圾的是我们七九届的学生干部樊爱法同学。由此，我就暗下决心，一定要当学生干部，当一个像樊爱法同学一样一心为同学服务的、为大家奉献的、对大家有用的优秀学生干部。

很快，同学们推选我担任班长。半年以后又进入了校学生会，担任校学生会办公室主任。进入大三后，就担任校学生会副主席。

校学生会办公室坐落在学校的中间，是一个平房，面积不大，有50多平方，办公条件极其简陋，但我们工作起来真是满腔热情，力气总是用不完。校学生会从学生比较多的中文系、政教系、历史系、数学系分别产生一名学生会的主席或副主席，下设学生会办公室、宣传部、组织部、文艺部、体育部、生活部等六七个部门，共有30多个人。每天工作忙忙碌碌，跑个不停，很好发挥了学校与学生之间的桥梁和纽带作用。负责校园广播，组织文艺活动，开展体育比赛，为学校发展建言献策，等等，有声有色、富有成效。印象特别深的是组织全校学生食堂饭菜质量评议管理。我们组织校、系学生干部把各个食堂的饭菜分别打一份，集中校学生会评议，然后及时把评议结果反馈学校后勤处，推动改进学生饭菜质量。不定期开展评议反馈，学生和后勤都很满意，大大促进了学校的发展和进步。我们几个，每年都被学校评为优秀学生干部。

入党，是人生的一件大事。我是在河大入的党，当时学生党员并不多，要求也比较严格。记得入党前夕，数学系的党总支书记杨老师找我谈话，谈了入党动机、学习情况、思想情况、学生会的工作等，还谈到：家庭成员主要有谁？我回答：有父母，有一个哥哥，哥哥部队退伍在大队工作，大队利用他的能力为群众干点事。杨老师立即纠正道：不是"利用"，我们党从来不利用任何人做工作！老师的教诲，让我第一次真正经历了党的基本知识的学习和党内生活的锻炼，震撼很大，深受教育。

支部大会讨论预备期时，又是一次实实在在的党性淬炼。支部大会上，几位老师毫不客气、直接点出我有"挂科"现象等不足，说党员要起先锋模范作用，学生考试不及格，怎么发挥党员的先锋模范作用？意见振聋发聩，当场泪流满面，深感愧疚。这次会后，下决心把专业课程学好，再没有不及格。

1985年6月毕业时，我们年级120多人中，只有我和刘杰明同学两个正式党员，最终我们和辅导员王言书老师3位正式党员，组成了一个学生党支部。几十年过后，自己想想觉得，在河大能以党员的身份为党的事业贡献自己的一份力量，这是我为党做了一件很有益的事情。

回报社会

从1981年入校到现在，时光已经流过41个春秋。40多年来，位卑未敢忘忧国，始终没有忘记河大对自己的教育培养和滋润。我常给孩子们说，每个人都对大学生活充满憧憬，对大学生活充满期待和收获。我认为大学生活至少要有五个方面的收获：一是增长专业知识，二是充实社会经验，三是丰富百科知识，四是塑造良好品格，五是练好一手好字。这些为终究要走向社会的你夯实坚实的知识基础、文化积累、思想锻造、人生底色、生存能力。

40多年来，我作为当年的省委组织部的选调生，在省委党校集中培训后，先后在基层企业和市委机关工作。从事企业党委宣传部工作，市委宣传部城市宣传、农村宣传、精神文明建设和哲学社会科学工作。在河大图书馆抄录的周恩来同志的座右铭"政治坚定、业务精通、作风正派、身体健康"成了我坚定的追求和努力的方向。我先后在新华社、《人民日报》、《农民日报》、《河南日报》、《党的生活》、《思想政治工作研究》、《焦作日报》撰写发表文章200多篇。出版了《企业思想政治工作概论》《对党尽责 为民奉献》《转变领导方式 提高管理能力》《焦作经济社会发展研究》等书籍。制作 ppt 课件22个,成为焦作市委党的十九大和十九届历次全会精神集中宣讲团成员、"党的创新理论进基层"宣讲团成员。省委表彰为河南省优秀职工思想政治工作者,市委表彰为优秀共产党员、抗击非典先进个人,焦作市理论宣讲骨干、优秀宣讲团成员。

多少年后,不少同事对我说,你是河南大学的高材生,学的4年数学,可是现在从事哲学社会科学工作,不简单呀!其实,我心里始终在想:我是河大学子,只能为河大争光,不能为"铁塔牌"丢人。每当工作取得一点进步和成绩,生活顺利时,想起了河大,是河大给予了我一切。每当生活处于低潮,工作不顺心的时候,又想起了河大,想起了河大的人和事,想起了"自强不息"的河大精神。甚至有一次,身体有了小毛病,也认为我是河大人,河大是我的护身符,河大是自信、是力量、是生命,一定要战胜愁虑和痛苦。一位在市委担任主要领导的河大师兄曾对我说,打断骨头,我们也是连着筋。一定要把工作干好,为社会奉献,为党分忧,为河大增光,为河大添彩,做一个有益于社会的人。

河大是我做人的底气。我爱河大,永远爱我心目中的河南大学!

作者简介

苗国富

　　河南大学数学系 1985 届校友。先后任河南大学学生会副主席，焦作市橡胶一厂党委宣传部部长，焦作市委宣传部干事、副科级协理员、宣传科副科长、精神文明建设指导科科长、农宣科科长，焦作市社科联专职副主席、二级调研员（正县级），河南省社科联八届、九届委员，河南省传播学会常务理事，焦作市法学会常务理事，焦作市黄河文化研究中心副主任，焦作市社会组织评估委员会委员，焦作市社科专家人才库专家，河南理工大学特约研究员。

15 | 董玉山：
三年求学经历，终生难忘情怀

董玉山

  1997年，我通过全国研究生统考，顺利进入本科的母校河南大学的马列部，在职攻读硕士研究生学位。那年我34岁，已过而立之年，大学毕业参加工作也12年了。之所以又捧起书本，拾起英语，改换专业，考取思政方面的研究生，不是偶然地一时兴起。主要是因为，本科毕业留校在物理系工作，我没能从事物理教学科研工作，一直在做学生党建、科技开发、成人教育、教务管理等方面的工作，同时兼任形势政策课的教学工作。这门课是面向全校本科生开设的，经常要集体备课，还参与了教材编写工作。多年的党政工作经历、党建业务需求，让我逐渐萌生了一个考取政治、历史等文科方向研究生的梦想。期间，曾一度想报考近现代史专业的研究生，为此还专门购买、借阅了大量历史书籍，闷头苦读，好像还尝试写过一篇论述中国近代几次政治道路选择方面的小文章，刊发在学校内部刊物上。1996 年，我报考了北京一所高校历史专业的研究生，专业课分数奇高，但因英语成绩差 2 分，而失之交臂。翌年，我放弃外地求学的念想，并转报思政专业，成功考取了我校马列部的硕士生。

世纪之交的河南大学马列部，没有现在的规模，没有本科生，也没有博士生，每年招收为数不多的几个硕士生，当时的主要任务是为全校学位生开设教育部规定必须讲授的思政课。我们那一届同学只有 3 人，我是边工作边学习的在职学生；师弟来自开封一家国企，年龄也是一大把；还有一名女同学，印象也不是应届生。除了全校外语公修课，当时给我们上过专业课的马列部老师，主要是马树功、张德昌、孟彩云、张耀兰、赵连文等老师，他们人好，课也讲得漂亮，其中马树功教授是我的导师，这些年一直保持着联系。

时光如梭，岁月蹉跎。从 1981 年进入大学，至今已整整 40 年。前 20 年，在河南大学学习、工作、生活，从懵懂少年，到结婚生子、成家立业，永生难忘；2000 年来到上海，从内陆省份到开放前沿，从河南大学步入上海交通大学，一晃又是 20 载。回顾半百人生，在河南大学攻读研究生的 3 年，我上有老下有小，既是学生也当老师，有挑灯苦读的梦迹，也有快乐生活的絮念，是最值得追忆回味的一段人生经历。

回忆一下 20 年前的研究生求学经历，印象比较深的可以归纳为这么几点：

一是课时学习与自我研读相结合。研究生阶段的学习，除了少量正规的课堂教学外，大部分靠每个人自我学习。我记得，当时在马列部中规中矩的课堂讲授不是太多，学生也比较少，主要的教学方式是研讨式、交流式的互动教学。授课教师都是资深的教授，他们知识背景深厚，备课严肃认真，教学内容宽泛，语言严谨而活泼。课前，都要求我们阅读相关教学参考资料，大量的是泛读，也有少量要求精读、逐字逐句读、反复琢磨读。作为理科出身的我，这3年倒是真的读了不少马列原著，以前只是大致翻阅，没有真的用心研读。为了拿学位，当然也为了真的学点东西，我阅读了《马恩选集》《列宁选集》《毛泽东选集》《毛泽东文集》《邓小平文选》等原著。为了深入读、反复读，能在书上写写画画，我还自费购买了《马恩选集》《毛泽东文集》《毛泽东诗词鉴赏》等著作。特别是，我在图书馆深入研读了大量毛泽东的各种文献资料，对毛泽东思想的理解更加深刻，对中国革命的胜利更加感佩，对"左""右"思想观点的评判更加理性，对党史、国史的学习和对中国特色社会主义理论体系的学习更加自觉。记得当时要求我们两年内必须泛读几百本相关书籍、精读几十本经典著作，作为攻读本专业研究生的"底线"要求，可惜具体的书单没有留下来。也正是通过这段时间的研读，让我养成了注重学习原著、逐字逐句研读原文的良好学习习惯，终身受益。我在上海交通大学党委组织部工作13年，参与起草了大量党建、组织文稿，还撰写了不少文章，都得益于这一良好的研读习惯。

二是校内学习与社会实践相结合。理论与实践相结合，是我党的优良传统，更是我们学马列的必备素养。我是留校工作多年后又回炉读书的，师弟也是在企业工作了好多年又来读研究生的，我们这些大龄学生本身就是边学习、边实践的缩影。研究生阶段的学习不同于本科生，更加注重社会实践的磨砺。当时，我是在职攻读研究生，除了我自身的研究生学业，还要给本科生讲授思政课，需要占用大量业余时间备课、查阅讲课参考资料，其实也是理论与实践相结合。暑假期间，我还参加了马列部组织的集体外出参观交流活动，好像两个暑假都参加了，一次向西到了西安、延安等多处革命景点，一次向北到了北京、天津等地。亲眼看到历史遗迹，亲身感悟烽火硝烟，这与纯粹的看书学习完全不同，是一种难得的体验式学习。其实，利用寒暑假、节假日组织集体外出活动，还有一个特点，就是在较长时间的慢节奏的各种各样的活动交流中，特别是在一边慢慢走、一边漫无边际的闲谈交谈中，更能敞开心扉谈思想、谈心路、谈理想、谈人生，可以谈得更深入、更透彻，在交流共处中增进感情、升华思想，这是在一两个小时的较短时间内开个会、听个报告很难达到的效果。我在上海交通大学电子信息学院当过3年博士生、硕士生的辅导员,我就经常利用节假日、寒暑假组织学生到校外一些公司企业、政府机关,甚至农村田野进行社会实践活动,还组织学生到过河南、新疆等地考察学习,《人民日报》进行了报道,给学生留下了终生难忘的印象。

三是理论学习与课题研究相结合。研究生阶段的学习不同于本科生的一个重要特点是,研究生学习期间必须开展课题研究,必须撰写科研论文,而且至少要公开发表一两篇文章,这也是国内外著名高校对研究生的基本要求。要改变那种读个一两年书才动手写文章的想法,从接到录取通知书的那天起就应该思考3年研究生生涯,重点学什么,研究的切入点在哪里,做哪方面的课题,写哪方面的文章,当然最好能结合自己的兴趣志向和专业特点来思考。从一入学就要找机会参与课题研究,就尝试写文章、向相关报刊投寄文稿。研究生,学习是基础,文章是前提,没有公开发表的文章怎么可能顺利毕业。我们读书期间,参与了大量科研活动,包括编写教材、集体备课、申报课题等,也撰写了不少文稿。在导师马树功教授的指点下,我入学不久就初步确定了我研究生期间的研究重点是"毛泽东",围绕这个重点,我阅读了大量相关书籍、报刊文章。经过两年深入研读、反复思量,进一步把研究的切入点放在"毛泽东的科技思想"方面,又大量参阅了相关论文。半年左右的时间形成毕业论文——《论毛泽东的科技思想与实践》,再压缩凝练成7000多字的学术论文,赶在毕业前正式发表,因视角独特,被当年的人大复印资料(科技管理)全文收录,还获得学校最高奖——侯镜如奖学金,这也奠定了我顺利毕业的基础。我一直认为,知识掌握得是否牢固,是否学到了真本事,一个靠考试,一个靠文章,一个靠讲课。没有严格严酷的各种考试,没有公开发表的高水平文章,没有下苦功夫的备课准备,你说牢固掌握了相关知识、吃透了相关内容,那是不大可能的。通过研究生阶段全面系统有效的科研训练,可以让学生终身受益。我在交大图书馆书记岗位5年,每年都要公开招聘几名新馆员,一般要求知名高校硕士毕业,我把关的一个重要方面就是看应聘者的科研能力，看其研究生阶段是否广泛参与科研活动，是否有几篇高水平的学术论文或产出了其他方面的学术成果。因为，新时代的图书馆馆员，不仅仅是看守阅览室的值班员，更要成为一名研究型、智慧型馆员，不仅工作要出色，也要不断产出高水平的学术成果，否则这所图书馆也不可能成为支撑学校高水平发展的智慧图书馆，成为引领业界的翘楚和样板。

四是研究学习与职业发展相结合。我们之所以本科毕业后，又费劲巴拉去攻读研究生，不是徒其虚名，主要是为了更好就业，更好体现人生价值。所以，研究生阶段的学习，必须与日后的就业取向结合起来。我们学马列的，毕业就业的方向，无外乎企事业单位的党政机关、党务部门，这就要求我们必须具备扎实的马列功底。简单来说，我们必须做到真学、真懂、真信、真用。我们要真学、真懂，要下大功夫、苦功夫学，马恩列斯毛的很多原著都是大部头，相当多的篇幅也是很晦涩、很难懂的，不下功夫、浮光掠影、浅尝辄止的学习，不可能学深学透；要真信、真用，学马列不是装样子、撑门面，一定要信仰她、信奉她，一般民众对马列的信仰靠党的灌输、靠宣传鼓动，我们搞马列专业的，一定要从学理上、从根子上去信仰，不仅要做到浅层次的口头上的"所以然"信仰，更要做到发自心底的灵魂深处的"之所以然"层面的信仰，只有这样，我们在任何时候任何情况下，才能做到把话说圆、把理讲清，才可能成为一个高尚的人，一个对党、对国家有用的人，使我们不管从事什么工作、在什么岗位上，都能做出出色成绩，都能成就出彩人生。

五是业务学习与思想交流相结合。研究生阶段的学习，不应局限于所谓的读书学习、研究研讨，它不仅仅是学知识、写论文，而应是包括思想交流、情感升华、灵魂塑造在内的学习与生活相结合的令人难以忘怀的一段经历，否则这段研究生经历，就成了苦差事，我等也成了苦行僧。我记得，我和师弟、我们与导师之间都有很好的思想交流、情感共鸣，家庭之间、夫妻之间、孩子之间也常有交往，我们不仅学业上相互交流、相互鼓劲、相互切磋，我们生活上也相互交流、相互关心、相互帮扶，甚至夫妻间产生了矛盾、吵架生气，也能彼此劝解、宽慰抚藉，短短3年的学习交流、生活交往，也让我们结下深厚情谊，成为终身相互联络、有事没事都可随时拿起电话聊天神侃的全天候朋友。

我的研究生经历，是多彩的，记忆是终生难忘的！感谢导师的教诲，感谢母校的培养！

作者简介

董玉山

1985年本科毕业于河南大学物理系物理教育专业，2000年硕士毕业于河南大学马列德育部马克思主义理论与思想政治教育专业，现任上海交通大学图书馆党委书记。

16 | 夏　丰：
永远挥之不去的记忆

有些记忆可谓"从不需要想起，永远也不会忘记"。我于 1986 年 7 月毕业于西南师范大学教育系学前教育专业（现西南大学教育科学学院），同年 8 月，也就是河南大学教育系（现教育科学学院）恢复建系的第六年，我成为了学前教育专业的一名教师。

时光荏苒，记忆犹新。记得毕业之前我到西师图书馆检索文献，得知河南大学教育系已于 1985 年 9 月开办了学前教育专业，但专业教师比较缺乏，这对于河南籍的我真是大好消息。我们毕业时还处于国家统分状态，在不知道怎样才能走进河南大学时，我做了一个大胆的举动——直接给河大教育系主任写了一封自荐信，表达了自己希望成为学前教育专业教师的意愿。

时任教育系副主任的苗春德教授很快亲笔回复了我，并在信中告诉我，学前教育专业很需要我这样的专业毕业生，也真诚地欢迎我到教育系任教。当时激动的心情真的无以言表！当我把这个好消息告诉了时任西南师范大学教育系系主任的黄希庭教授时，他语重心长地对我说："你无论走到哪里，都要记得你代表的不仅仅是你个人，你还代表着西南师大，代表着教育系学前教育专业。"

带着美好的理想，带着黄主任的嘱托和苗主任的期望，1986 年 8 月，我第一次走进了河大校园，走进了"厚德 博学"（院训），"慎思 笃行 务实进取"（院风）的教育系，并正式成为了学前教育专业的一名教师。

当时恢复建系仅仅 6 年的教育系，老教授多、年轻教师多，中年教师相对比较少。老教授们看我们年轻教师时的眼睛里，总是充满了长辈的关爱和期待。他们对年轻教师的关怀，不仅仅停留在学业和工作上，更是深入到了生活的方方面面。至今都记得开学之前，时任系主任的王汉澜教授给我们新入职年轻教师提出的"苛刻"要求：必须提前将任课提纲细列出来，写够一定章节的教案，其中一节作为试教内容。

永远忘不掉试教前一天晚上的整夜无眠，即使是撑不住时的迷糊状态，也还是在不停地讲课和板书。那时没有电脑，没有打印机，教案全靠手写，教学全靠板书。试教时，王汉澜主任、苗春德副主任，学前教研室庞霭梅主任、魏明霞副主任以及学前教研室的老师们都在场。具体试教的内容现在已经模糊，但评教时的情景却一直记忆犹新。大家针对板书的格式、标题大小写和数码顺序等问题一一给予了严谨的指导。这些指导建议至今都植根脑海，也成为我日后指导学生，乃至批改幼儿园老师们教案时的修改标准，这个有价值的细节也一直陪伴我从大学教师到幼儿园园长。

正是老领导、老教授们的言传身教，以及他们给予的厚望和专业发展的需要，我们几位新教师在任职后的第二个学期便站上了讲台，开启了我们的大学教师之旅。但第一次走上讲台的我，却少了试教时的紧张而多了一份神圣感和沉甸甸的责任感。当年，年轻人居多的教育系在老教授们的影响下，学术氛围浓厚，人际关系和谐，无论是校图书馆还是系资料室，大家常常都可以彼此遇见，大家也都在为美好的明天努力着。如今，每每和幼儿园的老师们分享我曾经是河大教育系的教师时，那种自豪感和满足感依旧是油然而生！

虽然生长在河南，我却喜欢吃米饭，但教工食堂的面食居多。一个周五在系办公室不经意说到想吃家里的米饭，说者无意，听者有心，周日中午，办公室主任穆秀云老师就端了一盆蒸好的米饭送到了我住的单身宿舍。当时我忍了再忍才没让眼泪流出来，至今都能回味到那天中午吃到的家的味道。

在河南大学任职的日子里，除了日常的教育教学工作，我们的业余生活也很丰富，大家对校、院组织的活动总是积极响应并踊跃参与。1988年，我参加过河大教职员工演讲比赛并获奖；1990年，我作为教育系排球队员参加了全校的教工女子排球赛并荣获冠军，当时系里特别奖励了我们每位女排队员一人一本影集，30年来我还一直珍藏着它；1997年，我作为教育系的教师成员参加了学校的教职工舞蹈大赛并荣获二等奖。这些美好的时刻永远印刻在我的记忆里。

记忆的闸门一经打开，宛如撒欢的小鹿纵横驰骋，又将我带回与学生相处的快乐时光。我在河大教的第一届八五级的学生中有个别学生和我年龄相仿，课堂上我们是师生，课下我们更是同学和朋友。记得第一次带队去幼儿园见习，看我为学生布置工作，忙前跑后，园内有位老师直呼我"班长"，为了这个称呼我暗自高兴了很久。

河南大学教育系是我迈出大学校门、走向社会的第一个工作平台，我很珍惜在教育系工作的12年经历。人生有多少个12年？尤其是青春岁月、成家立业的12年。而我在教育系的12年，是知识从书本积累到落地运用的12年，更是开阔视野、厚积薄发的12年。今天的我永远感恩教育系，感恩教育系见证我12年的成长！感恩那从不需要想起、永远也不会忘记的教育系的人和事。祝福河南大学教育系40载风华正茂，再创新辉煌！

作者简介

夏 丰

广东省中山市精彩童年幼儿园总园长。1986年7月毕业于西南师范大学（现西南大学）学前教育专业，1986年8月至1998年8月曾任教于河南大学教育系（现教育学部）学前教育专业。现为中山市九届、十二届（现任）政协委员，南粤优秀幼儿教师，中国百佳幼儿园园长，中山市优秀教育工作者，广东省学前教育研究会十大金牌讲师，中山市东区幼儿园名园长。

17 | **赵宗道：塔铃声声颂师恩**

河南大学将在 2022 年 9 月 25 日迎来建校 110 周年，应河南大学洛阳校友会的倡议，回顾在河南大学学习时的点点滴滴，深感各位恩师谆谆教诲，对我一生产生深入骨髓的影响，遂以回忆文章抒发对老师的怀念，对河大的深厚情感。

一、如愿考取教育系

1984 年，县级机构改革开始。县体制改革办公室在配备科局级领导时，希望我出任县物资局副局长。那时候物资局负责木材、钢材、柴油、水泥等短缺物资的管理。领导谈话明确说明任命单位和职务。

在担任科局领导职务面前，我还是愿意担任教学工作的教师。在我婉言谢绝体改办领导好意后不久，1984 年 8 月初，我终于美梦成真，专升本成功，如愿以偿考入河南大学教育系二年制本科班。我压抑住心中的激动，在县教育局一直工作到 8 月 30 日，才和有关人员交接相关手续，到河南大学报到，开启我的大学本科学习生活。

生活转入新轨道：

> 联产承包已收官，体改开启新起点。
> 专科升本求学忙，争分夺秒七百天。

我们班被安排在公修课老师们住的一幢二层小楼，地点在数学系宿舍楼的东边。这幢小楼是双面楼，一楼西端南北相对的两个屋，作为我们班男生的两个寝室。二楼西边也有两个男生寝室，女寝室全部在二楼东边。

我住一楼靠门的地方，和安阳教育学院办公室主任黄顺祖相邻。小楼门口开在一楼中间，门坐北朝南方向。门口由两根立柱撑起的前檐，西边有一棵洋槐树，夏天时候出门向西上厕所不会被晒。小楼左前方是第五食堂，是教师用餐的食堂。学校特许我们在这个食堂用餐和打开水，给我们提供了很大的方便。中间是通向学校大门的大路。小楼西边是一条路，路西相邻便是数学系宿舍楼。

9月1日，河南大学教育系为我们举办了开班典礼。根据教学计划安排，我们二年制专升本班学习专业课和公修课共22门课程。教育学方面，学习教育学总论、教学论、德育论、比较教育、教育行政管理、教育统计学、中国教育史、外国教育史等课程。心理学方面，学习普通心理学、儿童心理学、认知心理学、教育心理学、实验心理学、心理测验、心理学史、解剖生理学等课程。另外，还有公修课现代教育技术、逻辑学、中共党史、共运史、马列论教育、小学教材教法等课程。只要这些课程全部合格，通过论文答辩，就能毕业。

教育系为我们配备最豪华教学阵容。王汉澜老师当年主编五院校教育学，他给我们讲教育学总论部分，后来王老师外出公务，由戴国明老师接替。赵天岗老师讲教学论，张耀先老师讲德育论。孟宪德老教授年近八旬，他曾当过吉鸿昌将军的秘书，老先生拿着放大镜给我们讲杜威的生平和教育思想。一位中年美女史宝生老师教我们外国教育史课程。儿童心理学是由一个身体清瘦然而很有精神的凌佩炎老教授讲授。普通心理学教学则是北师大毕业的、一个说话办事都很干练的中年美女讲师担任教学任务，名字叫何蔚。她的爱人姓丁，丁老师教我们心理测验。教育学教材用的是王汉澜教授主编的《教育学》，心理学用的是曹日昌教授主编的《普通心理学》，《形式逻辑》用的是河大马佩教授主编的教材，由一位姓葛的女老师主讲，她的课很受我们欢迎。一些教师任我们其他课程教学。此后两年：

朝闻塔铃迎日出，暮听蛙音声渐远。

> 晨练诵读如雀鸣，上午听课都提前。
>
> 认真作业记笔记，下午课余去阅览。
>
> 饭后交谈疑问点，周日泡在图书馆。

我们大家都拼命努力学习。公修课和其他年级同学一块上大课，专业课我们基本是本班上。课程时间大部分都安排在上午，偶尔下午有课。所以我们大部分时间是上午上课，下午自觉自习。晚饭前派人拿着借书证到图书馆阅览室占座位，这样保证晚上才有座位看书。

二、开阔眼界听讲座

到河南大学上课学习，是我梦寐以求的事情。当时整个社会都崇尚读书学习，我们有了到高等学校学习的机会，当然更是倍加珍惜。教我们课程的老师都知识渊博，工作也特别投入，认真负责。课堂学习之外，河南大学大礼堂常常有各系举办的报告、讲座，大部分的讲座、报告，我都会积极参加。美籍知名华人赵浩生先生、人民大学的高放教授、著名作家姚雪银等人的报告认真听过，还对他们的报告认真记录；也聆听过华东师大瞿宝奎教授、华中师大王道俊教授的报告，印象中还听过中文系汝阳籍宋之献教授的报告和历史系胡教授的报告；当时颇具盛名的于光远也到河大做过一场关于经济学的报告，那场报告座无虚席，去得晚的人就站在走道上。尤其是两场小型讲座给我刻骨铭心的感受，至今想起历历在目。

河大教育系教心理学的王丕、孙应康两位老教授，他们的研究成果丰硕，课教得好，因身体有恙，系里没有安排给我们上课。同学们早已耳闻他们大名，却无缘受教，十分遗憾。他们私下联系要来给我们做讲座。听一次大师演讲确实是一种享受，"听君一席话，胜读十年书"。大家迫不及待地想听一次他们的教诲，可是出于担心他们的身体，我们班长刚开始时拒绝了他们。他们又再次偷偷来和班干部协商，要给我们开两场讲座。实在是于心不忍，我们班悄悄地加了两次课，让大家现场聆听大师的教诲，领略他们的风范。

主编《心理学探新》的王丕教授，他患过脑梗塞，身体行动不太方便，语言也受到一定影响。他给我们开了一场讲座，从世界心理学研究现状、各种心理学流派介绍起，讲到国内华东师大与北师大为代表的南北方心理学研究重点的不同趋势，把苏联及东欧心理学研究方向与成果同美国西欧心理学研究方法与成果分别介绍，然后进行深入的对比分析。他用语简洁，高屋建瓴，把神秘的心理学世界推开一扇门，让我看到心理学研究的领域犹如万仞壁立，百年的研究取得林林总总的成就，但是许多领域才刚刚涉足，一些领域还在等待我们去探索，去完善。这场讲座取得极大反响，仿佛把心理学研究浓缩成微缩景观，我们对于世界心理学研究现状有了概括了解，对于国内心理学研究各领域进展有了清晰认识，极大地开阔了同学们的眼界。

17／赵宗道：塔铃声声颂师恩

另一位是著名的孙应康老教授。他到郑州开会，感觉身体不适，到省人民医院检查，确诊身患癌症。学校领导闻讯去看望他，积极为他联系住院治疗。他的身体还在化疗期间，系里领导要求他先养病，等身体好了再上课。孙老师闲不住，就和我们班长联系，悄悄为我们上课。他讲课深入浅出，每次都让大家听得入迷。从古代文盲女捎物传信，用"两个针，一个橡子，两个枣，一点石灰面"让丈夫回家（真真想，早早回。心理）；伍子胥过韶关一夜头飞雪（情绪）；孟姜女哭长城（想象）等娓娓道来，陈立教授把工厂红色刷为白色增加合格率（工程心理学），药品广告一半掉在外（医药心理学），"车到山前必有路，有路必有丰田车"(广告心理学)。林黛玉小心谨慎、爱哭（抑郁质），王熙凤见人就热粘皮（多血质），李逵遇事冲动、急躁，急性子不坐慢车（胆汁质），沙和尚处事沉沉稳稳，不慌不忙（粘液质）。孙老师谈吐幽默，他讲课犹如魔术师变魔术，总是不经意间把你带到一个新的境地，大家都听得如醉如痴。一位年近60岁的癌症患者，还在治疗期间，一次讲两个半小时，真不知道他是怎样坚持下来的。他们的敬业与奉献精神给我们留下刻骨铭心的印象，激励我们这个班45名学生努力学习。

三、严格考试复习忙

系里对我们这批学生也很关照，每学期举行期中和期末两次考试。考试时一般安排4个教师监考，防止有人考试作弊。监考的老师有两个是固定的，一位是我们的辅导员，也是系里党支部的肖书记，他平时对我们的要求比较严格。还有系办公室的穆主任，是一位中年女老师，说话办事都特别讲原则的那种人。严格的考试要求，是一种压力，也是一种动力。为了把每一次考试考出理想的成绩，我们在考试前使尽浑身解数，进行考试准备。真可谓：

斜坡绿地忙复习，饭后绕湖城墙边。
冬日白昼相对短，夜借雪光倚灯杆。
自己先行记和背，问题记住再交谈。
互相提问去巩固，内容压缩串要点。

夏天时候我们会围绕着铁塔湖转，行进间背和记。冬天时候就显得时间短了，没有办法，因为学校寝室晚上十点要熄灯。熄灯后为了继续复习，班里的同学会不约而同地穿上棉大衣，搬一个凳子，坐在路灯下看书。春天和秋天考试前，我们会在学校北边的铁塔公园，躺在公园斜坡的绿地上，先是拼命地读和记；接着是互相提问问题，加深对问题的理解；最后是把要记的每道题的内容压缩成适合记忆的几句话，再进一步从每句中找出利于记忆的要点，串成一句话。教育统计学、教育心理学、心理测验、实验心理学、现代教育技术等和理科相关的课程我们依然采用这种方法来记有关步骤，效果还特别好。

学校要求越严，我们越发愤读书。第一学期期末考试时，我们是隔一天考一门功课，复习时间紧，天气又下着大雪。白天大家都猫在寝室里复习，时间长了，总是要出来到厕所解手。我记得有一天上午，我出来房屋前檐向西走，心里想着复习的内容，根本没有顾上看路。突然间，感觉和谁撞了一下。因为弯着腰走路，头撞得很疼。我下意识地用手把额头揉了揉，同时强按捺住心中的别扭说："这天冷，可路不黑呀！"

说话间，我就抬头想看看对方。谁知一看，不觉让人啼笑皆非。原来是房屋前檐西边6米左右的那棵洋槐树，中间向东边凸起，然后树干上面的树枝又向西斜着长上去。它可真会弯腰，平常走路大家走到这里，都要用手摸一摸它，向它问好，然后从它一边走过去。今天我一是注意力集中在复习生理学内容上，二是外面下雪，有风吹着，忘记了这茬事。因下雪不大，加上距离很近，就没有打伞。为躲避风雪袭击，我就把大衣拉起，脖子缩在里面，这头一缩，腰一弯，正好和洋槐树凸起的地方成了一条线。撞住树是小事，我头上留下一个青淤色的包。过去读徐迟在报纸上发表的《哥德巴赫猜想》时，报纸上说陈景润撞电线杆，还向电线杆道歉。我当时半信半疑，认为那么大一根电线杆立在那里，怎么会撞上呢！现在自己直接撞了树，和树来了个亲密接触，留下一个淤血形成的青包，才深刻认识到那肯定是真的。我们班的一个班长，姓杜，他最早创造熄灯后坐路灯下学习的模式。半夜的时候说梦话，还是说复习的内容。管中窥豹，那时我们学习的紧张，复习时精神的高度投入，从中也可略窥一二。

四、参加研讨开眼界

河南大学教学方式不同于其他学校。第二学期时，孔子故乡曲阜县政府准备借助孔子诞辰2536周年，筹备在1985年10月举办孔子诞辰纪念大典，庆典仪式包括举行仿古祭孔乐舞，一些书画大家现场书画表演等。作为孔子故里的曲阜师范大学（当时叫曲阜师范学院），也决定在1985年5月举办孔子教育思想研讨会，并邀请河南大学教育系参加这次学术盛会。河大教育系对于这种学术活动很重视，系领导专门研究后，决定派刘锡辰等五位教师带领我们班对于中国古代教育史方面有研究兴趣的20名同学，于1985年5月10日到山东曲阜师大，参加孔子教育思想研讨会。研讨会上，刘锡辰老师就孔子教育思想对中国古代教育的影响，现代教育应如何借鉴与发挥孔子教育思想的作用进行了精彩而深刻的阐述，博得与会者的热烈称赞。会议对孔子在中国历史的地位，孔子与中国古代民办教育发展的关系进行了深入全面的探讨，并对孟子、荀子、老子、庄子等古代教育家在中国古代教育史上的地位，教育特点，教育贡献，认真深入地交换了意见和看法。来自各地的专家学者，都充分发表自己的见解。这种学术理论结合历史遗迹探讨学习，让我们用更宽的视野和更高的角度，接触到他们最新的研究理论，有效拓宽了知识视野和看问题的角度，初步培养学术研究的能力。我觉得这就是大学的精髓所在。曲阜师院历史系一位副教授带我们到曲阜"三孔"即孔府、孔庙、孔林，就着具体的历史遗迹或者历史文物对我们进行了详尽的介绍，使我们对孔子在中国古代传统文化的历史地位有了全新的认识。

在第三学期时，系里有目的地选拔 5 个同学，到南京师大参加一个心理研讨会。我们于 1986 年 5 月 10 日晚上坐车，那时火车速度慢，一直晃荡到 5 月 11 日下午 5 点多才到南京车站。

南京对于我是神秘的，因为第一次来，原先只是在书中了解南京的一些大致的情况。知道南京有玄武湖、莫愁湖；有中山陵、总统府；有南京长江大桥、燕子矶、秦淮河等蜚声国内外的名胜之处。晚上 8 点带着河南大学开的介绍信到南京师范大学报到，会议在南京师范大学召开。会议秘书处安排我们所在组的会议讨论和吃住都在南京教育学院。

当时国内心理学方面存在两大理论派别。长江以南的以上海华东师范大学为代表的心理学理论属于南派，他们多数在欧美学习或者进修、访问过。他们重视开展心理学实验，倾向实验结果的引领作用。长江以北的大学以北京师范大学为代表，大都是从苏联和其他东欧国家学习回来的学者，或者是国内培养的学者，他们思想上倾向接受苏联心理学研究成果，由于地处长江以北，故属于北派。在心理学研究方面，过去中国重视的是对苏联心理学理论的引进研究与阐释。现在我们有幸能够参加在南京举行的心理学研讨会，这使我们有机会接触南派的研究方法和研究成果，非常可贵。

机会难得，我们按照会议日程尽量参加所有的活动。当时的那次会议着重围绕美国心理学家布鲁姆《教育目标分类学》研讨。在20世纪50年代，布鲁姆提出心理学主要分为认知、情感、动作技能3个部分。布鲁姆费尽毕生精力研究"认知领域"的目标分类，他的认知目标分类学，可谓是教育目标分类的经典之作。

会议对于布鲁姆关于教育方面的理论进行了深入的探讨和研究，使我们进一步了解到在心理学基本理论以外，世界上不同国家心理学研究的方向和取得的成果。特别是不同研究人员采用不同的研究方法，取得的成果也不尽相同。虽然"曲径通幽""九九归一"，与会者从不同角度研究的路径、方法、成果都有可取之处。这些从实验中得出的主要研究成果，简称"目标教学法"。后来推行到全国，曾经风靡20世纪90年代。国内接触得早，理论研究和实验成果多，是我对那次会议的初步印象。会议中，与会者结合自己实验情况对于布鲁姆的理论进一步进行开拓发掘，进行理论验证，充实了我国心理学的研究成果，对于后来教学心理学理论的研究起到不可或缺的作用。

5月16日返程火车是傍晚开行，上午我们到中山陵，下午到玄武湖和燕子矶。挤时间走马观花瞧了瞧这几个景点，还在南京长江大桥留了一张影。

五、严苛导师刘锡辰

在河南大学，我跟老师们学到了知识，增强了能力，最重要的是学到了学术研究的方法。同时还从老师们身上学到了什么是师德，学会了如何做人。就以教我们中国古代教育史的刘锡辰老师来说吧，他读研究生时，师从北师大著名教育史学家毛礼锐先生。刘老先生对古代教育史内容极其熟稔，古文底子厚，教学上绝对没有说的。他就是有一个怪脾气，对什么事都特别认真，或者说是一丝不苟。

就拿我的论文写作来说吧，我们第四学期要写论文，我因为对于历史感兴趣，在河南大学教育系学习时，就用空闲时间去历史系蹭课。学校要我们选论文题目时，我就选了一个中国古代教育史方面的论文题目。五月底、六月初时,天气炎热,同学们的论文都开始交了。我的论文呢,只是按要求向刘老师先交了一个论文提纲和一份自以为是的论文草稿,刘老师还没有对我的论文提纲提意见。就在我自作主张动手写作时,刘老师来了,把我的论文提纲和论文草稿退给了我。出乎我和全体同学意料的是,刘老师那么大年纪,还亲自去图书室给我抱来一大摞有关这个题目的参考书籍。并且对于我的论文涉及的研究文章,全部用纸抄下目录。要求我先看完有关这个方面的历史研究,再动笔写。

刘锡辰老师这时年纪将近60。他得过中风,口稍微有点歪,一只眼睛也受牵连,有点斜,模样显得有点老相。刘老师平常衣着很朴素,上衣老是一件旧中山装。那天,同寝室的同学们看着刘老师不顾年迈的身体抱着那一大摞书,亲自到寝室来送给我,大家都很感动。寝室老大哥黄顺祖是安阳教育学院办公室主任,他和我连忙请刘老师坐下。刘老师说:"到图书馆借书,你们学生要受好几个方面限制,我借着方便,还可以多借,还书时间也比你们长些。所以就给宗道借了他写论文需要的全部参考书,方便他写论文时对于这个论文题目所涉及的各种已有研究,有一个全面的了解,避免写作时走弯路。好了,不打扰大家了。"说完刘老师就走了,连我们给他倒的茶都没有顾上喝一口。

刘老师刚走,老黄就说:"老赵,天下打着灯笼也难找这样的好导师啊!"其他几个同学对此也都很羡慕。大家看着刘老师那么大年龄给我抱来一大摞书,又听了刘老师的话,这会儿就像沸腾的油锅里加了一把盐,噼里啪啦地炸开了。听了大家对刘老师这种行为发自内心的赞扬,我说:"哥儿们,我真的没有想到刘老师会这样体贴我,也确实让我打心眼里感动。请放心,我一定不辜负刘老师的良苦用心,一定要把这篇论文写好。不然,可真的对不起我的导师啊!"别的同学都议论纷纷,有的说我运气好,碰上了刘老师这样的好老师。有的说,遇上刘老师这种为培养弟子操碎心的好导师,你要是不好好把论文写好,咋对得起劳心费神的刘老师啊!

我的论文题目是《论中国古代书院产生、发展和演变管窥》。论文写完，就马上去办公室交给了刘老师。两天后，我去看他对于我的论文的评语。他只是口头上从科研论文写作技巧上提出要求，书面上却一个字都没有改，就又把论文退给我，要我重新按照他提的要求再改写。六月中旬大热天，大家都交了论文，有的还知道自己的论文获了优秀，有的知道自己的论文获了良好。他们看到自己的论文过关，就高高兴兴地马放南山，刀枪入库，悠悠然准备毕业的事情了。我却被刘老师逼得坐在课桌前继续我的论文写作。天气太热，我只有穿背心裤头坐在那里苦思冥想，然后拿起笔对论文进行手术。第二稿写出来后，刘老师刚看完，就笑了。他要求我把论文再抄写一遍，然后他又写了一封推荐信，让我寄给《湖南大学学报》，我遵从老师的嘱咐照办。等论文寄走后，我才终于松了一口气。

爱因斯坦有句名言，是用一个简单的数学公式，清楚地阐明一条成功之路，即"$W=X+Y+Z$"。他说明W代表成功，X代表刻苦努力，Y代表适当的方法，Z代表少说废话。我想套用他的这个公式，只是我认为Y代表有一位高水平的负责任的老师，这是我从刘老师身上得到的最大感悟。因为我的论文在《湖南大学学报》1987年第一期发表了，而这些成就都和我的导师刘锡辰老师的指导分不开。论文发表后，刘老师又在百忙中给我写过几封信。一次是把湖南大学学报寄给我的稿费110元转寄给我。还有两次书信寄来，两次基本意思是希望我能够抽时间参加湖南大学岳麓书院文化研究所组织的纪念岳麓书院成立1030周年纪念大会，以及叮嘱我对于中国教育大百科全书书院卷修订词条提出意见。

我自河南大学毕业后，第一次是在1991年5月去拜访过刘锡辰老师。毕业后，一晃5年过去了。正好那年省教育厅在开封举办河南省教育理论中心教研组会议，我趁会议间隙到河大校门南边的教师宿舍看望刘老师。去看老师不能空着手吧，思来想去，想起曹操的名句："何以解忧，唯有杜康。"就到商店买了两瓶杜康酒，去看望刘老师。现在想想，真的太不成敬意。在刘老师的家里，我见到了日思夜想的老师。几年过去，老师的精神面貌和身体没有多大变化，真是可喜可贺。我们交谈了一阵子，因为惦念还要开会，就向刘老师告辞。临走之际，刘老师要我等一下，只见他从书架上抽出一本书，在上面题了几个字，原来是老师的新作出版了，他不忘送给我一本。我如获珍宝地拿起书，依依不舍地走了。第二次是1998年10月，我和同事到河大附中听课，下午听课结束后，我去看望刘老师，在老师过去住的旧居前，出来的人告诉我，刘老师那批老教师迁入河大东面的新教师公寓，不在这里住了。因为要赶火车的时间点，所以只好悻悻离去。

六、王汉澜倾心指导

在河南大学学习期间，王汉澜教授给我们上教育学总论，后来他有别的任务，学校安排戴国明老师接着给我们上课。1986年3月，王汉澜老师介绍我加入河南省教育学研究会，这是我参加的第一个学术团体。

我很高兴能参加这个学术团体，它让我接触了河南大学以外的全省搞教育学教学与研究的教师。通过论文交流、会议发言、小组讨论、论文发奖等形式，让我有机会聆听各级师范院校的研究人员从自己实际角度对教育学教材和教学发表自己的真知灼见。虽然以后我陆续参加省心理学会、实验心理学会、省电化教学实验研究会、省管理学会等多个学术机构，但是教育学研究会仍是我的最爱。因为在学术会议期间，王汉澜老师对我进行无微不至的关心和指导，使我刻骨铭心，永难忘怀。

我前后参加过四届河南省教育学研究会年会，每次年会都从老师们那里学到一些新的东西。尤其是我的老师王汉澜教授，每次相见都会从学术或者做人处事方面给我以谆谆教导，真的是"春蚕到死丝方尽，蜡炬成灰泪始干。"记得第六届年会时，国家和省里正好有一批科研课题可以申请。我们刚毕业，血气方刚，正值风华正茂之时，听到科研课题，都跃跃欲试，想申请一些自己认为有价值的课题。王汉澜老师找我谈了他的看法。

王汉澜老师说："你虽然工作时间不太短，也曾经在教育局工作过，但是作为刚毕业的学生，业务上还没有成熟，知名度还太低，主要的一个限制还在于你们处于基层学校。我的意见是不要去争取大的课题，你现在应该从小的课题做起，逐渐积累经验，同时也逐步增加知名度。发展到一定程度，再去申请较大的课题。"王老师还专门针对当时比较冷门的"扫盲"方面的科研课题，希望我能够去下功夫争取。对于能得到王汉澜教授的指导，我心里十分高兴，但在心中又觉得忐忑不安。一方面这是王教授专门找我谈的课题申请方向，其实也是从我自身各方面综合考虑的结果，对于我今后的发展将有很大帮助；另一方面是我过去见过扫盲验收工作中的一些虚假做法，感觉这项工作如果据实去搞将要得罪人。心里面对于是否去争取这方面的课题犹豫不决。

王老师认为一个人从事这项研究课题不太方便，他让我找一个同学一块搞这项工作。我就找在河大的同班同学徐春常，商议这个课题的争取。老徐的态度坚决而果断，他说："扫盲工作水分太大，遇到验收，就找一些初中毕业的人冒名顶替，只要招待好点，走时再送点纪念品就可以通过了。反正文盲多几个少几个都影响不了GDP，大家都是睁一只眼闭一只眼，心知肚明，不说罢了。如果别人验收合格，咱们去了以后来一个实事求是，恐怕不是得罪一个县的有关领导，还会连带得罪去验收的其他有关单位的人员，所以最好不去申请这种出力不讨好的课题。"徐春常的态度影响到我，最终我们没有按照王老师的指导意见去申请，而是申请另外一个课题。当然了，正如王教授事先预测的，我们这些无名小卒的课题申请基本上都是遭遇夭折。如果那次听王教授的指导，申请下扫盲方面的课题，不光有5000元课题经费，以后恐怕会积累更多的课题申请机会。

1992年中共十四大明确提出：我国经济体制改革的目标是——建立社会主义市场经济体制。1992年党的十四大报告中把建立社会主义市场经济体制作为我国经济体制改革新的目标，中国社会主义市场经济体制于此正式确立。1993年5月在濮阳召开河南省教育学会年会，市场经济条件下的基础教育如何发展，大家争论不休，主要观点是市场经济条件下高校可以将技术出让，学生个人学费也会增加，国家也会给高校一定经费保障。可是基础教育国家和各级政府将减少经费投入，基础教育将迎来一次寒冬。

这种看法得到与会者大部分人的认同。大家普遍对于市场经济下的基础教育捏一把汗，认为中国基础教育将会停滞甚至于倒退，会议发言与会议交流论文充斥着这样一种悲观的看法，用哀鸿遍野形容绝不为过。第一天会议结束后，王汉澜老师约我晚上到他在宾馆的房间去聊天。其实市场经济已经像一颗原子弹，把每个人的思想都彻底颠覆了。王老师说："主要谈谈你与他们的不同之处吧，咱们可以开诚布公地说说自己的想法。"

我对王汉澜老师说："市场经济体制是中共中央定下来的路线，既然中央定下来的调，理解的要执行，不理解也要执行。面对市场经济，各级教育无法躲避，更不能置身事外。经济基础影响上层建筑，教育也无法独善其身。在市场经济的大潮流中，各级教育只有适应市场经济，从中找出自己的发展点才行。"看王老师没有反对的意思，就接着谈我的看法。

"外国教育史和比较教育这两门课都清楚介绍资本主义国家实行市场经济体制，世界上资本主义国家的教育毫无疑问都是在市场经济的制约下发展的。他们有国家或者地方政府出资举办的公立学校，来保障义务教育的普及与落实。他们更有一些比公立学校条件更好的私立学校，这些学校经过百十年的发展，教学水平与声誉都很高，受到一些经济富裕人员的青睐。外国基础教育发展的历程足以说明，市场经济对于基础教育不像我们想的那样可怕。其次，资本主义国家的教育除了国家和大财团出资外，还接受社会人士和宗教团体的捐赠与赞助。从这个意义上说，部分地方基础教育经费投入渠道还有可能会加宽。"

我看了看王老师，他点了一下头。我接着说我的看法："市场经济是柄双刃剑，单纯认为实行市场经济体制就会对中国基础教育带来办学困难的看法不全面。因为在市场经济条件下，人们的钱投入的方向是多方面的，但是有一条不变的法则，就是'资本逐利'这个市场经济最本质的灵魂是不变的。市场经济一方面会让地方政府的钱投入到更容易产生利润的项目上，进而影响到基础教育，经济投入会有所下降；但另一方面也必然会有一部分有钱人，甚至是外国人，不管出于何种目的，他们会把自己的钱投入到学校教育上来，即兴办私立学校。资本主义国家如此，我们现在实行市场经济，也必然会催生一批民办私立学校的诞生。私立学校开办会缓解基础教育的办学困难，还会和公立学校展开竞争，在公立学校群中产生一个鲶鱼效应。这对公立学校办学是一种促进，或者是一种直接威胁吧。当然，实行市场经济，如果中央对于基础教育没有直接的硬性规定，基础教育的经费会受到一定影响，个别地方基础教育会受到严重影响，学校的办学水平，教师的工作积极性也会受之干扰。不过，不会从根本上威胁到一个地区整体的基础教育。"

说话间，王老师递给我一杯茶，对我说："你的看法有新意，继续谈谈你对市场经济对基础教育影响的看法。"

我说："我国实行的是社会主义市场经济体制，简单地说，这种市场经济和资本主义市场经济还是有一定区别的。我国的经济成分中，国有企业经济占大头；资本主义国家中，私有企业经济占大头，这是有区别的。国有经济成分比重大，国家就可以调度这部分经济来投入它认为重要的部门，譬如事关国计民生的国防，或者是科技，也可能是教育。当然，从目前看，高等教育可能会经济形势好一些，他们有国家的项目投资，必要时可以提高学生学费。总之，他们有多重手段可以增加收入。可基础教育要落实义务教育，也有义务教育法在起着作用啊。"我说到这里，停下来，想听听老师的看法。

王老师说："市场经济一旦全面铺开执行，我们教育界面临的还有教材的重新编写，教学大纲的重新修订等许多工作。"他顿了一下接着说："不过，实行市场经济，我们的政治思想教育工作需要改革了。因为过去我们强调社会主义价值观，强调学生个人思想品德的形成与判断同市场经济在许多方面不相容，现在的社会主义政治体制，如何与市场经济接轨，这会促使师生价值观方面的更新，接触到一些新的矛盾，譬如以金钱来煮酒论英雄的市场规律，锱铢必较的商品运营模式，如何体现社会主义社会的价值观，这会让我们彷徨、矛盾、犹豫，或者无所适从。"说到这里时，王老师停了一下，喝了一口茶。我赶忙起身，拿起热水壶给王老师的茶杯又续上水。

稍停片刻，王老师又接着说："市场经济会自觉体现金钱至上的价值观念，他同社会主义突出奉献精神，突出集体和他人的道德意识如何融合，还是一个需要深入研究与实践的问题。先富带后富，然后共同富裕的理论如何从理论变为实际行动，社会主义制度所形成的为国家、为集体、为他人的社会主义价值观，和强调个人利益、个体小单位的利益的市场经济道德观，如何从对立中找到一条相融合的路子，这些都在考验着各级领导的智慧，也让塑造学生灵魂、做学生思想工作的教师处于风口浪尖。资本主义国家为了制衡个人私欲的过分膨胀，使金钱在国家限定的范围内发挥作用，使用法律来约束它，让他在法律的框架内运行。这种个人与金钱，个人与国家，个人、金钱与权力的契约关系，越来越细化，越来越完善化。我们实行社会主义政治体制，如何在法律层面把市场经济带来的金钱价值观、道德评价标准进行处理，确实是任重而道远啊！"

我从王老师的话中悟起我国社会兴学办教育的优良传统，就接着王老师的话题说，老百姓有一句俗语，叫做"能过去兔子就能过去鹰"。我国自古至今就有兴学办教育的优良传统，从孔子办私学，武训行乞办学等事例来看，社会变革时代，如果学校遇到经济困难，相信群众和有识之士一定不会袖手旁观。所以嘛，我对实行市场经济体制一定会让基础教育衰败的论调持怀疑态度。再说我们现在的一些大企业都办有自己的学校，这些学校有的会走向衰微，但有的也会走向繁荣。我觉得，随着国家对于资本准入领域的放松，有一点可以肯定，基础教育领域会随着市场经济发展，逐步产生一大批私立学校，它们随着教育政策的调整，逐步完善，从而形成与公立学校共存，成为我国基础教育的一部分。

王老师说："还有一个问题，那就是公立学校经费投入会保持在一个比较低的水平，但还不至于关门，办不起学。而企业办的学校就不同了，其中有些会受到大的影响。因为有些企业经营观念落后，产品比较单一。现在进入市场后，会因为工艺落后，新产品研发跟不上，企业经营会遇到很大困难。这些企业在市场经济竞争中，绝对处于劣势。随着产品积压，卖不出去，工人收入降低，生活一步步受到影响，企业技术人员和技术工人会自谋出路，跳槽到其他经营效益好的企业。随着人才的流失，这些企业自身生存都成问题，企业办的学校，尤其是初中和小学经费投入将会弹尽粮绝。这些学校的老师和学生将真正成为市场经济的直接受害者。"我听了王老师的分析，深为老师深远的眼光和严谨的分析所折服。当然也想进一步听听王老师对我不成熟看法的意见。

王汉澜老师说："你的看法有新意，我希望你把自己对于市场经济与基础教育的关系再梳理一下，写成一篇具有自己特色的论文。"我看了一下手表，时针指向夜里十一点。我站起来向王老师道别，依依不舍地离开老师住处。夜深了，我躺在床上久久不能入睡，一个年过六旬的知名学者，对自己的学生从思想和学术上时时注意培养，从方法上指导，从方向上引领，用心之良苦确实是我受益匪浅。也为我以后的教书育人工作树立了榜样。

王汉澜老师很注重教育理论的宣传与普及。教育学研究会每次开会，他都安排一到两次的教育理论讲座。由一些大师级教授为地方教师开出一些专项知识讲座。我的教育经济学就是旁听原安阳师院院长岳庭耀教授的讲座学习的。像河师大的赵锡成老师，他的课程论就对我产生很大影响。其他教授也开过一些教育统计学、教育评价学、比较教育等讲座，这些讲座都是他们的研究特长，讲起来高屋建瓴，深入浅出，深受听课教师们欢迎与赞誉。

生活就像流淌的水流，浪花一起一伏间，一眨眼三十多年过去了。不知刘锡辰老师、王汉澜老师以及当年教我们的其他老师们现在生活怎么样。不过只要想起河南大学，总会在我的脑海中出现他们孜孜不倦地研讨学问，丝丝入扣地分析推理问题，耐心细致回答我们询问的身影。每每此时，总在心里为他们祈祷，希望他们健康长寿。

2022 年 4 月 2 日

作者简介

赵宗道

男,1953年生。祖籍巩义竹林镇,洛阳市孟津区游王村人。1970年10月参加工作,1986年河南大学教育系毕业,大学文化,中学高级教师。曾任中国教育学会会员,河南省小教进修中师中心教研组成员,洛阳市进修中师教育理论中心教研组组长,孟津县直中学副校长,孟津进修学校副校长。获洛阳市优秀辅导教师,孟津创先争优先进个人,河南省校长远程培训先进管理个人。

18 | 宋 伟：
从实践走向高等教育学研究

2020年是河南大学重建教育学系40周年。40年前的1980年，河南大学恢复中断了37年的教育学系，开始招收第一届学校教育本科生，重建教育系。经过40年数代学人的不懈努力，目前拥有教育学、心理学两个一级学科博士学位授权点，教育学、心理学两个博士后科研流动站，教育学、应用心理学、学前教育学、教育技术学4个本科专业，120多名教职工，教育学学科在全国第四轮评估中取得B+的成绩。40年来为党和国家培养了一大批优秀管理人才和专家学者。我们觉得，在重建教育学40年之际，应该做些纪念活动。受疫情影响，不宜举行其他活动，教育科学学院班子会上商量，决定举办"恢复建系40周年征文"，欢迎广大院友书写自己对教育科学学院的认识和情感，将来结集出版，也是教育科学学院文化建设的成果。为此，我专门撰写了编者的话。征文活动受到广大院友的支持和欢迎，通过微信公众号推送一批，对于宣传河南大学教育科学学院产生了较好影响。很多同事一直建议我也写一篇文章，经过思考，以自己的学术之路为切入点，通过自身是如何走向高等教育学研究的，完成"征文"这个答卷。

1987年7月，我大学毕业即被组织上分配到河南大学科研处从事科研管理工作。当时，对于什么是大学的"科研管理"，毫不清楚。"科研"这个词，对于我就是一个陌生的概念。刚参加工作，正赶上河南大学建校75周年，科研处负责组织全校迎接校庆75周年的系列学术研讨会，要求各个系上报学术研讨会的计划和实施情况。科研处领导交代我的一个具体任务就是，把全校各系上报来的拟举行的各类学术活动，包括举办学术研讨会、专题学术报告会的时间、地点、报告人、主持人、学术报告的主要内容等信息，汇总一个小册子，统一装订印刷，分送校领导和各个系，以便于查阅和参加会议。我收集上来这些信息，编印了一个64开的校庆学术活动汇总，用红色的铜板纸做封面，印成一个精美好看、便于翻阅的小册子。这是参加工作后第一次接触科研管理工作。

我在河南大学科研处工作了15年，历任科研科副科长、科研处办公室副主任、主任。工作之后，明白了科学研究管理的主要内容，对科研选题申报、科研经费管理、科技成果鉴定与转化、科研成果评奖、学术道德与学风建设等各个环节，都有了基本的认识。值得庆幸的是，在科研处工作，接触最多的人就是全校搞科研的各个学科的教师。在为他们服务的过程中，自己也学到了很多知识，受到了很深的影响，也逐渐走向自己的科学研究的道路。

从年少时养成的勤思考、爱读书写作的习惯，为参加工作之后自觉转向科学研究提供了可能。从科研管理中遇到的实际问题出发，查阅文献，结合具体管理工作的实践，进行思考和探讨，尝试给出一些建议。显然，这种探讨恰恰就是科学研究的具体实践。通向科学研究的道路，首先要感谢全国高等学校科研管理研究会。那个时候，在全国高等学校科研管理界，有一个学术组织"全国高校科研管理研究会"，是全国高等学校科研管理部门开展工作研讨、提高高等学校科研管理水平、交流管理经验的重要学术平台。研究会在业务上受教育部科技司指导，每两年举办一次全国性的大型学术研讨会，针对当年的管理热点，确定会议主题，向全国普通高等学校科研管理部门发布征文启事，号召全国高校从事科研管理的人员参与学术研讨活动。每次全国性学术年会，都有教育部科技司的领导莅临指导。

1991年，从省教委科研外事处获悉了全国高校科研管理研究会要召开三届二次学术年会的通知，我提交了一篇文章《关于加强高校科研队伍建设的若干思考》，当时还是手写、复印，投寄给研究会秘书处，竟然被学术年会录用，并应邀参加当年11月份在重庆大学举办的全国高校科研管理研究会学术会议。那是我第一次参加全国性的学术会议。会后沿长江坐船顺流而下，从重庆到武汉，两天一夜的时间，沿途领略了两岸的风光，也是唯一一次坐船欣赏长江三峡两岸的风光。当年的三峡景色如今大都被三峡水库淹没。那一年河南高校参加会议的一共4人，还有郑州大学的王锋老师，河南师范大学科研处、河南理工大学科研处各一位同志。

会议规模比较大。380多篇应征论文的作者中，有180多人参会。从会议通信录看，25岁的我应该是那次会议参会者中年龄较小的。就是在那一次的学术年会上，我结识了来自华东师范大学的薛天祥先生，他是研究会的副理事长，因为到的比较晚，所以被会务组安排在我们所住的松林坡招待所的同一个套房内。一同住的还有来自山东省教委科技处的韩处长，人豪爽得很，一见面都给人留下深刻印象。还有来自山东理工大学（后来与其他学校合并，这个学校就不存在了）科技处的李振汉处长。会务组为理事长们都留有专门的房间，所以，当晚薛天祥先生就搬到别的房间去了。

薛天祥先生到会后，我们曾简单地交流过。此后，我连续参加了三次全国高校科研管理研究会学术年会，也就和薛先生相熟了。后来，薛天祥先生对我开展高校科研管理研究，给以鼓励和指导，也希望我能报考他的高等教育学的博士研究生，为我不断在工作中开展科学研究，带来极大力量。唐安国先生还给我寄来了华东师范大学招收高等教育学硕士进修班的招生通知。薛天祥先生还让我多和正在跟随他读博的房剑森先生联系，欢迎我能进入他的师门。后来，因为其他原因，一直未能如愿。有一年，薛先生还对前来报考他的博士研究生的周倩（现为郑州大学社科处处长），认真地提到我，认为我的研究基础很好。这令周倩记忆深刻，以至于多年之后，我和周倩初次相遇，他还念念不忘向我说起薛先生对我的评价。这让我对薛天祥先生的垂爱，更加感念。

全国高等学校科研管理研究会每次学术年会都要从提交的学术论文中，评审出15篇左右优秀论文。后来几次的学术年会，我的论文都被评为优秀论文奖，这给我很大的鼓励。此后几次全国性的高等学校科研管理研究会学术年会，先后在承德、南昌、南宁等地举行，河南一直都是我和郑州大学的王锋老师参加。每次参会，不仅学习到了很多高校科研管理的理论知识、管理经验，还结识了来自全国高等学校一大批优秀的科研管理的领导和专家。

1993年，河南省高校科研管理研究会换届的时候，我作为河南大学科研处科研科副科长，在教育厅科外处曲兵、孔凡士几位领导的大力支持下，出任河南省高校科研管理研究会的常务理事、副秘书长。

现在想来，如果从学科划分的话，我从事的高校科研管理研究，显然属于高等教育学科的研究范畴。只是那个时候，自己觉得应该属于自然辩证法，属于科学学的范畴，也就是科技哲学范畴。这显然是一个交叉学科，从哲学的角度讲，属于科技哲学；从管理学的角度，属于科学学与科学技术管理，是行政管理的学科范畴；从教育学的角度讲，是高等教育学学科范畴。

在科研处，自己一直关注的是高校科研管理有关问题，先后发表多篇文章。1996年，那年我30岁，当年发表各类文章11篇，其中在《科技日报》理论版发表的长文《论科学研究中的道德问题》，很有代表性。后来，我向省教育厅科研外事处的孔凡士等几位领导汇报，由省教育厅科外处资助，利用《河南大学学报》的平台，开设一个"科学学与科学技术管理"专栏，每一期发表2篇文章，依托这个平台，扩大河南大学乃至河南省教委在全国科学学与科学技术管理领域的影响，为将来河南大学申报"科技哲学"硕士学位点创造条件，奠定基础。这一建议得到了孔凡士和科外处领导的大力支持，这一活动持续了好几年。

从1993年开始，我关注素质教育和高考改革的问题，并完成了一部书稿，1995年9月和湖南文艺出版社签订了出版《中国教育大写意》纪实文学的协议。湖南文艺社颜家文先生负责这部书稿的统筹，要求我在这个书稿的基础上，进行修改，最好采访一些国内著名的教育专家。1996年的暑假，我拿着湖南文艺出版社开出的介绍信，到北京去。没有买到卧铺票，坐一夜硬座，休息得很不好。虽是夏天，可是低估了列车上空调的制冷效果，车厢里很冷，一夜一路上冻得不行。第二天早上到北京西站下车后，安顿好住处，上午就赶到教育部，拜访刚去教育部工作的王定华博士（现任北京外国语大学党委书记）。

我在王定华博士的宿舍内，采访他对于素质教育的认识和看法。虽然此前，我并不认识他，但是他还是热情地接待了我。中午我们还在教育部边上一个小胡同里的一家小餐馆简单吃了饭。王定华博士建议我去拜访一下时任全国教育学会会长的张承先生。他通过张承先生的秘书和张承先生约好了时间。第二天，我应约到教育部对门的张承先生家的四合院里拜访张承先生。院子里有一棵很大的国槐，将整个小院遮盖。已过80高龄的张承先生和我这个30岁的小青年，素昧平生，竟然给我谈了两个多小时对素质教育的认识。遗憾的是，那时我没有带相机过去，没有和张承先生合影留念。临别，张老进里屋，拿出来一个自己手写的一篇文章的复印件，送给我让我参考，题目是《再论教育与生产劳动相结合》，至今我还珍藏着这个手稿的复印件。张老是"文革"初期中央派驻清华大学的工作组组长，后期受到冲击。改革开放以后曾任教育部党组书记、副部长，从正部级岗位退下来后，担任全国教育学会会长。访谈张承先生的文章，发表在1996年第3期《河南教育学院学报》上。

后来经过王定华兄介绍，我又去拜访了在教育部教育发展研究中心工作的郭戈博士，在教育部办公厅工作的何秀超主任。此前，和在教育部工作的这几个河南大学的校友都不熟悉，在王定华兄的大力引荐下，先后冒昧拜访他们，得到了他们的大力支持，想来当时也是有勇气的。后来，河南大学进入省部共建，多次陪领导去教育部汇报工作，和这几位校友接触得多了，真切感受到他们对母校发展的关心和支持。尽管《中国教育大写意》这部书稿最终没能出版，但是，撰写这部30多万字的书稿，却为自己积累了扎实的文字功底，又让我对教育改革、素质教育等社会热点问题，有了深层次的思考。

在科研处从事行政管理工作的同时，我承担了新设立的广告学本科专业的课程传播学概论的讲授任务。当时负责历史系教学工作的杨海军副主任，还有历史系主任程民生先生，都曾给我很大帮助。我连续给他们广告学本科专业的学生，讲授传播学概论，从传播学的理论入手，以新闻采访与写作为主要讲授内容。广告学专业首届本科生王刚，家是青岛的，对新闻学很有兴趣，多次去我家里看我，他在大三时考上了南京大学的新闻学专业的硕士研究生。听说后来和他的同班同学张云共同创办了一家很有影响的公司，发展得很不错。

基于自己的科学研究成果，1999年，我申报副教授，35岁以下申报副教授，需要单列，还需要破格。那一年，河南大学已经具备副教授的评审权了。但是破格和单列的话，还需要到省里参评，并参加省高评会的答辩。所谓单列，就是不占当年河南省给河南大学副教授的指标，如果通过省高评会评审的话，河南省再单独给学校增加副教授指标，并且评上后即聘任、兑现工资。当然，评审的难度可想而知。当年我顺利评上副教授。

2000年，河南大学当年要申报行政管理硕士学位点，因为我已经有副教授职称，而且我的研究成果，正好归属到科学学与科学技术管理的范畴，属于管理学科。因此，申报单位邀请我参与行政管理硕士学位点的申报，开了几次会议，向申报单位提交了我的研究成果目录供他们使用。该学位点获批后，牵头人曾到科研处给我说，学位点获批了，你需要准备一门课，给研究生上课，将来也是我们学位点的导师。但是，最后竟然没有了下文。再后来，学校申报科技哲学硕士学位点的时候，哲管院邀请我参加，我仍然积极参与申报。

2002年，学校成立发展规划中心，我担任副主任，正赶上教育部倡导各个高校要编制"三大规划"的工作。我全程参与并作为组织单位做好服务组织协调工作，在学校领导的大力支持下，完成了河南大学"三大规划"的编制工作。后来我把编制"三大规划"工作的经历，形成了一篇文章《坚持科学发展观把河南大学带向美好未来》，在《河南大学校友通讯（33辑）》（河南大学出版社2005年10月出版）刊发。

2003年，河南大学获批科技哲学硕士学位点，我成为设在哲学与公共管理学院科技哲学硕士学位点的导师之一。当时，马列部也准备设置科技哲学硕士学位点，牵头人张纯成教授多次到科研处办公室和我家里找我，劝我加入马列部科技哲学硕士学位点的建设。我想，已经答应了郑慧子教授，不好再参与马列部科技哲学硕士学位点的建设了，对张纯成教授的多次邀请表示感谢。我从2004年开始招收科技哲学硕士研究生。

2005年暑假或者是五一假期的一天，天已经很热了。因为假期，我正在办公室看书，接到时任教科院副院长刘济良教授的电话，说是教科院准备申报高等教育学硕士学位点，请我参加，并邀我到金明校区教科院他的办公室面商。我打的过去，在办公室商量了一些具体事情。当天中午，天特别热，刘济良教授开车到开封市的西北郊外，当时有一个叫"小渔村"的地方去吃饭。记忆中，刘济良教授还自带了一箱张弓酒，同行的还有其他人。这是我首次参与教科院学位点建设工作，随后向教科院提交了自己的科研成果目录，还有其他材料，以自己的科研成果为高等教育学硕士学位点的获批作出了贡献。

后来，高等教育学硕士学位点获批之后，要开始招生。当时的高等教育学硕士研究生的导师组，按照申报时的成员，我自然进入。又邀请时任河南大学党委副书记郑邦山教授，时任河南大学研究生处处长张德宗教授，一同参加高等教育学硕士学位点建设。刘黎明博士师从华东师范大学叶澜教授获得博士学位，刚回到教科院工作，院里让刘黎明博士负责高等教育学硕士学位点工作，她也参与到高等教育学硕士学位点建设中，导师组由4人组成。

那年，因为教育经济与管理既可以在教育学一级学科硕士学位点下设置二级学科，也可以在行政管理一级学科硕士学位点下设置二级学科，河南大学教育科学学院和哲学公共管理学院各自设立教育经济与管理硕士学位点。教育科学学院要组建教育经济与管理硕士学位点，须有3个以上副教授职称的团队才能设立。李桂荣博士负责组建教育经济与管理硕士学位点，给我打电话，请我参加教育经济与管理硕士学位点的导师团队。当时导师组是3个人，李桂荣博士，程秀波副教授和我。

这样的话，我曾一度担任科技哲学、高等教育学、教育经济与管理3个硕士学位点研究生导师，因为当时研究生招生指标相对富裕，导师不多，我同时在这3个硕士学位点上招收硕士研究生。这是因为我在学术研究上的一系列的成果积淀作支撑，且都对这几个学位点的申报和建设作出了贡献。后来，研究生指标没有增加，学位点和导师组人员在增加，学校也要求，一个导师最多不能超过两个学位点。我于是把主要精力集中到高等教育学上，逐渐退出了科技哲学和教育管理两个硕士学位点。

在行政管理岗位上，自己一直不间断地围绕工作开展科学研究，形成了较为稳定的研究方向，积累了一定的研究基础。在担任校长办公室副主任时，自己在繁忙的日常工作中，不间断开展科学研究。其中为了撰写《存在与本质》这篇文章，先后修改16遍。每一遍，都打印出来，在纸质稿上认认真真地用红笔修改。完成后寄给《教育研究》，3个月时间就发表了。2006年11月份，我获批教授职称。

我曾在校办担任副主任，分管文秘工作。2007年，在河南大学迎接本科教学评估工作时，本科教学评估报告和校长报告的撰写任务，也放在了校办。作为参与者和组织者，与其他几位同志一起，历经3个多月，完成了10万多字的本科教学评估报告和2万多字的校长报告的撰写任务，为顺利通过本科教学评估作出了贡献。这项工作，使我对本科教学工作有了基本的把握和认识。评估结束后，我完成了一篇文章《千淘万漉虽辛苦，狂沙吹尽始到金——河南大学本科教学工作水平评估自评报告写作侧记》，发表在河南大学教务处主编的《高等教育研究》第十一辑上（河南大学出版社，2008年3月）。

科学研究对于我来说只能在繁忙工作之余的节假日和晚上时间进行。经过多年的积累，我的研究领域逐渐稳定在高等教育管理范畴，尤其是高等教育区域布局的宏观管理上。2008年暑假，在省委领导下，全省开展"解放思想大讨论"，我学习了省委全会精神，认真分析河南高等教育系统如何解放思想的问题，从历史角度分析河南高等教育发展滞后的原因，提出了必须借助"解放思想大讨论"的机会，加大改革力度，真正推动我省高等教育事业的发展。在酷热的暑假，我和研究生共同完成了3万多字的研究报告《以思想的大解放实现河南高等教育的大跨越大发展》，用大量的数据、图表来说明河南省高等教育在国内的真实地位，分析形成的历史原因，提出发展的建议。经过反复思考，觉得这样的研究报告，只有得到省委主要领导的重视，才有价值，而不是简单的公开发表，于是在 2008 年教师节前夕，我直接寄给了时任河南省委书记徐光春同志，徐书记收到后作出重要批示。有省委书记的批示之后，这篇文章略作修改，全文发表在《河南大学学报（社科版）》2009 年第 1 期。学报当时能发表 3 万多字的长文章，应该感谢时任学报编辑部副主任王华生先生和编辑部主任程民生先生。后来围绕这个主题，先后发表 10 多篇文章。

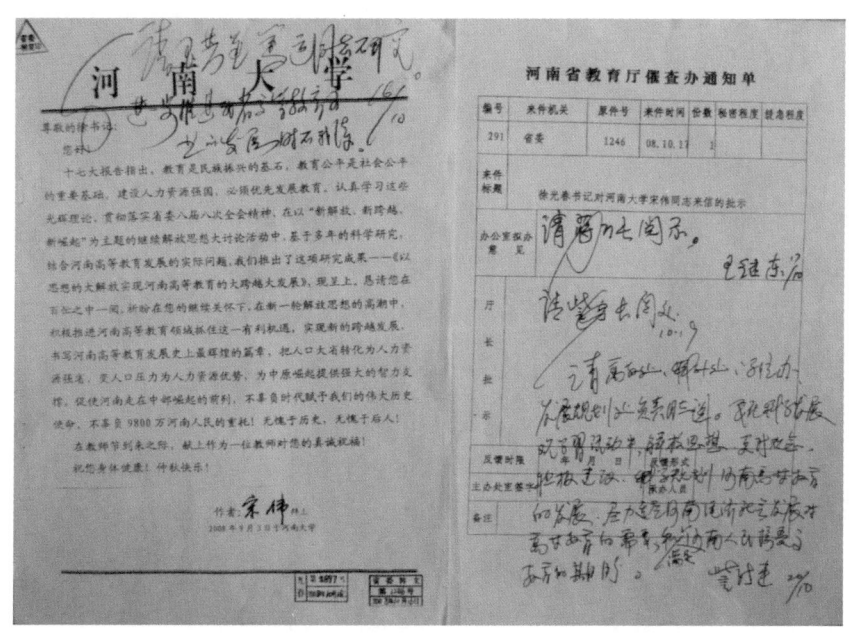

完成这篇研究报告的同时，正是河南大学积极申请进入省部共建的关键时期。在学校党委、行政领导下，我执笔完成了《河南大学省部共建 2008－2015 年学科发展规划》，作为教育部专家组论证河南大学进入省部共建的主要材料。河南大学历经艰难进入省部共建，为下一步的快速发展注入新的动力，也为后来进入"双一流"建设行列，奠定了基础。

2008 年 11 月，学校党委任命我为河南大学党委研究生工作部部长，

2010年开始兼任河南大学"211工程"与省部共建办公室主任。学校依托教科院，集中全校力量，申报教育学一级学科博士点的时候，经过反复论证，我作为6个申报方向之一的"高等教育学"方向的牵头人，参与教育学一级学科博士学位点的申报，顺利获批。按照河南大学的文件，我是直接认定为高等教育学博士生导师身份。考虑到高等教育学学科在河南省还没有，在设置招收生专业时，积极建议设置"高等教育学"二级学科方向，得到了学院和学校的支持。当时学校党委书记关爱和教授，也认为设立高等教育学博士学位点，对于河南大学乃至河南省都很有意义，支持设置高等教育学二级学科方向并参与进来，在此深表感谢。

后来，尽管我的工作岗位多次变动，但我从未间断在高等教育学学科的研究，并努力做好河南大学高等教育学学科建设工作。2013年我担任河南大学研究生院副院长、河南大学学科办主任，2014年12月担任河南大学发展规划处处长。期间，我师从大连理工大学党委书记张德祥先生在职攻读教育管理博士学位，获得了大连理工大学管理学博士学位。2015年我获批一项国家社科基金教育学一般项目。目前，共发表学术论文100多篇，出版专著4部。2020年11月，当选中国高等教育学会高等教育学专业委员会第七届理事会常务理事。

2017年，我参与河南大学世界一流学科建设方案的起草编制工作，在短短的一个多月的时间内，与其他同志一起，从零起步，克服困难，加班加点，顺利完成。后来我认真回顾了河南大学历经20年艰苦奋斗，不懈努力，从不言弃，追求一流的过程，完成了一篇30000多字的文章《砥砺奋进二十年华章再著双一流》，发表在内刊《高等教育规划与管理》2017年第二期。后来也参与了国家有关高等教育文件的起草，参与了《河南教育现代化2035》的编撰等一系列社会服务工作，将自己研究成果转化为国家、省市的教育政策，把科研成果的论文写在中国大地上。

值得一提的是，我在2002年担任发展规划中心副主任的时候，创办了《规划与发展》内部刊物，2017年在该刊创刊15周年的时候，我担任发展规划处处长，积极努力，申报了河南省委宣传部核准的内刊刊号，更名为

《高等教育规划与发展》，目前已经走过了将近20年的历史。我担任党委研究生工作部部长的时候，在2009年主持创办了《新研究生时代》这个内部刊物。在一届又一届的研究生努力下，目前这个刊物已经走过了十多年的路程。2014我在担任发展规划处处长的时候，又开启了编撰《河南大学年鉴》的先例，从2014年开始，目前也还在继续编撰下去。我期望这两个刊物和《河南大学年鉴》都能一直继续办下去，为河南大学的文化建设作出积累。只有历经岁月的洗礼，在沧桑蝶变中，才能彰显厚重与深度。伴随岁月的轮回，在历史的沉淀下，也才能体会到，文字这东西，既有温度，也有硬度。

2018年，学校中层换届时，学校党委任命我担任教育科学学院党委书记。这个消息对我来说虽然意外，后来想想也算是自己学科归队了。来到河南大学教育科学学院工作之后，学校党委很快配齐了院领导班子，在学校党委的领导下，大家共同努力，2019年教科院获得了教育学国家一流专业，心理学博士后流动站，完成了河南省优势特色学科"教育学科"的评估验收，并取得好成绩。当年我们教育学、应用心理学、学前教育学、教育技术学4个本科专业都在全省位居第一位。2020年我们积极申报"教育专业博士学位授权点"，应用心理学、学前教育学、教育技术学3个本科专业申报国家一流专业，教育学、心理学两个学科积极参与第五轮学科评估工作。我们期望教育科学学院4个本科专业全部成为国家一流专业，期望获得教育学专业博士学位授权点。2020年，河南大学教育科学学院招收研究生380多人，4个本科专业招收本科生192人，研究生招生数远远高于本科生招收数，按照美国卡内基基金会对大学分类的标准，河南大学教育科学学院进入了研究型学院的行列。

教育科学学院目前所取得的成就和地位，是几代学人不懈努力奋斗的结果，也是各个学科发展共同汇聚在一起的结果。虽然我换了工作岗位，但是从事高等教育学研究的学术阵地和平台还在河南大学教育科学学院，今后依然会积极投入到河南大学高等教育学科的发展建设之中，也会继续为之努力奋斗。

我们深信,河南大学教育科学学院未来的发展会更加美好,前途会更加辉煌。也真心祝愿河南大学高等教育学科的研究事业,能够继续取得新成就,继续保持河南省高等教育学科研究的领军地位,为河南高等教育事业的发展,作出应有贡献。

作者简介

宋伟

男,1966年生,管理学博士、教授,高等教育学博士生导师。1987年毕业后分配到河南大学工作,历任河南大学科研处科研科副科长、科研处办公室主任,河南大学发展规划中心副主任,河南大学校长办公室副主任,河南大学党委研究生工作部部长、"211工程"与省部共建办公室主任,河南大学研究生院副院长、学科建设办公室主任,河南大学发展规划处处长,河南大学教育科学学院党委书记。2021年1月担任新乡学院副院长。

19 | 和学新：难忘的大学学习生活

2020年是河南大学教育系（现教育科学学院）恢复建系40年。40年来，河大教育系取得了突出的成绩，桃李满天下，学科建设成就斐然，而且学科建设主要是依靠自己土生土长的师资和培养起来的人才通过艰苦奋斗不断努力发展起来的，在业界有着良好的声誉，被称为"河大教育系现象"。毕业生也很受欢迎，一些有影响的高校的教育学类专业很愿意接收河大教育系的毕业生去读研。回想自己的成长，不得不说离不开母系老师的教诲和引领，也始终以河南大学教育系的本科毕业生而自豪。

我是八五级的。那个时代，大学是精英化教育，对身体素质的要求是很高的，虽然不考体育，但理工农医类的专业设置了很多身体素质方面的限制。我高中学的理科，高考填报志愿时才知道理科的专业选择有很多限制，由于眼睛近视能够选择的专业很有限，不像现在很多专业可以文理兼收，而且也没有那么多的限制了。看完招生简章，发现能选的有数学、学校教育等少数几个专业，学校教育专业是文理兼收。因为看到了政治教育、物理教育、音乐教育等专业名称，明白这些专业是培养政治、物理、音乐等学科的中小学教师的，学校教育专业是干什么的是不知道的。当时的招生简章不像现在介绍得很清楚，根本没有专业介绍。于是就猜想学校教育专业应该是培养教导主任和校长的吧。记得填报了数学和学校教育两个专业，拿到通知书时，看到是学校教育专业，就这样进入了河大教育系。现在看来，也没什么兴趣不兴趣，人还是有很大可塑性的，虽然开始不明白，但只要学起来，沉浸其中，终会有所收获的。

我们入学那一年，是河南大学建校73周年。记得学校的校庆活动还是很隆重的,从现在来看应该逢5年或逢10年才大庆,不知道为什么那一年的校庆那么隆重,因为举行了很多学术活动,好像是个大庆,印象比较深刻。在校庆的宣传册和出版的《河南大学校史》中,就有关于李秉德先生的介绍。先生是作为学校的著名校友介绍的,记得当时印象深刻的还有王鸣歧教授(时任复旦大学教授,校庆时回到了学校)、姚雪垠先生(长篇小说《李自成》的作者,校庆时也回到了学校)等。李先生是教育系1930年代的毕业生,而且毕业后还在学校工作过,做过学校图书馆馆长。因为是教育系毕业的老学长,所以印象比较深刻。他出席了那次校庆活动,后来成为了我的硕士导师。

  回想起来还是有很多有趣的事。"郝英海,李英林,张歆劭,刘志军,王留根……"每当回想起大学时代,这个点名的顺序总是首先从脑海里跳出来。最近在年级微信群里说起这个事,辅导员王瑶老师也是哈哈大笑的表情。王瑶老师是我们前两年的辅导员,八一级的刚留校,工作既认真又负责,给我们的空间比较宽松自由,和我们的关系非常融洽。记得刚开始时每天早上到宿舍楼敲门督促同学们早起跑步锻炼。她还精心组织了很多课内外、校内外活动,比如大一时组织到少林寺、洛阳等地旅游,现在应该叫研学旅行。开封作为古都,可玩的知名景点很多,我们的不少活动是在一些景点开展的,黄河边、龙亭公园、相国寺、包公祠、禹王台,等等,记得第一次是在禹王台公园开展活动。那里有个牌楼题名是"古吹臺",因为是繁体字,应该是从右向左读,我们宿舍的一个同学望文生义,从左向右读成了"壹吹古",还给家里写信云云,闹了笑话。这是他后来给我们说的,我们也不时拿这个事来说笑。这些活动的开展,让我们彼此尽快地熟悉了起来,也很快地投入了学习。还有一件趣事是,教我们人体解剖生理学课的李新旺(现首都师范大学心理学院教授、博士生导师)老师,在上了一段课后进行了一次小测验,孙春晖、朱桂琴和我3位得了满分,李老师在课上说全是女生,引起了同学们的笑声。

  从苗春德老师、王瑶老师、王北生老师、赵国权老师、汪基德老师以及前几届学长们的回忆中,发现给我们年级任教的老师与前几届没什么大的差别,用王瑶老师的话说都是大咖级的师资。王汉澜先生虽然没有给我们上过课,但我们的教育学总论、教育统计学、教育测量学等课程的讲义或教材都是他主编的,接受的教育思想和理论体系应该是他的。有些老师的教学还是印象比较深刻的。比如,戴国明老师在教育学总论课上不时会说起当时政府对教育投入的态度"先工交,后财贸,剩多剩少给教育";赵天岗老师的教学论课,讲义是他自己编的,多次带我们到中学听课,我们的课程作业是写小论文,他还选出了一些有新意的给打印成册发给大家;苗春德老师的中国教育史课在结课时把线索梳理得很清晰,逻辑性很强,使得我们对中国教育史知识有了整体的把握;李申申老师对我们很关心,除了课堂教学,还给我们安排了到电教馆看电视剧《寻找回来的世界》;印象深刻的还有当时在读研究生的朱国仁、杨捷、许绍康、刘金平、刘永芳等在我们班的教学实习,朱国仁、杨捷讲授的是外国教育史,许绍康、刘金平、刘永芳等讲授的是普通心理学。从内容看,他们很认真,他们每次讲课,我们都会记很多笔记,一是因为教材里没有,二是内容很系统,有的还是很前沿的……虽然不少课程的教材是老师们自己编写的讲义,但同时也给我们购买了现在看来也是有代表性或在业界公认的高水平教材或专著作为参考读物,如王策三先生的《教学论稿》、南京师范大学编写的《教育学》、厉以宁的《教育经济学》等。

除了课程学习,河大教育系很重视学生的科研能力的培养,鼓励学生积极参与和主动开展研究活动。王瑶老师在大二时曾邀请他的大学同学,当时正在读研究生的郭戈(现为人民教育出版社总编辑、研究员、《课程·教材·教法》《中国教育科学》《教育史研究》主编),为我们做了一个大学生如何做教育科研的学术讲座,有意识培养我们的科研兴趣。郭戈大学期间发表了多篇论文,科研成绩突出。这个讲座对我影响很大,应该说起到了教育科研启蒙的作用。记得他在讲座中提到,研究一个问题要把这个问题的方方面面研究透,要做系列研究。他讲的其他内容不记得了,但这个建议却给我留下了深刻印象，我后来的一些研究基本上就是这么做的。1989年我大学毕业到西北师范大学跟随李秉德先生读硕士，他那时在跟随李先生读博士二年级，我们就进一步熟悉了，教育研究方面对我的帮助和影响就更多了，我公开发表的第一篇论文的初稿曾请他指导过，他应该是第一读者，直到现在我们依然联系不断，也不时与他谈起那个讲座对我的影响。

我的大学时代，教育实验已经开始成为基础教育改革的热点了。教我们小学语文和小学数学教材教法课的王菲和谢励武老师在开封市县街小学开展教育整体改革实验，王瑶老师带领郭少凡、郭清丽、赵惠玲、赵明军、苏平和我等几个同学帮着做点教育测量方面的工作，主要是使用陆志伟修订的比纳智力量表对学生进行测试，为实验提供一些数据。这个活动使我们几个有了教育研究的实际参与感，也强化了我对教育统计、教育测量的兴趣，我硕士选择教育研究方法专业也与此有关。那时对理论并不是很重视，倒是对量化研究、实证研究很感兴趣，与现在刚好掉了个个儿。

大学 4 年，我还做过两门课程的课代表，这得感谢我们的班长王广军同学。一门课是扈涛老师的教育统计学，一门是汪基德老师的 BASIC 语言。做课代表，主要是收收作业，发发作业，这两门课还要给同学们分发计算器和上机操作分组，在这个过程中也与任课老师拉近了距离。扈涛老师那时是河南省高考改革方面的专家，给我们上课时鼓励我们参与高考改革命题方面的研究。我们班的柳学智、孙春晖、刘志军和我都写了论文，柳学智、孙春晖、刘志军还获了奖，柳学智、孙春晖两位同学还受邀到西安参加了全国的高考改革方面的学术会议。本科生受邀参加全国性学术会议，那个时候应该很稀少，这个在学校产生了很大影响，为教育系争得了荣誉。

那个时候，国家处于改革开放的大好时代，市场经济的意识已经萌发，但教育系的学风并没有受到多大的影响，同学们的学习还是很认真很努力的。我们几个经常到图书馆和教室上自习和读书的同学被有的同学亲切地称为"学者（学习的人）"。毕业时被称为"学者"的几位大都考上了研究生，而且跟随的基本上都是名师。刘志军的导师是河南大学的王汉澜先生，柳学智的导师是西南师范大学的黄希庭先生，孙春晖的导师是西南师范大学的杨宗义先生，黄保德的导师是华中师范大学的郭文安先生，程鹏的导师是河南大学的张庆云先生。现在各位都是所在单位的骨干，有的还是厅局级领导。

回忆大学的学习生活，师生之情、同学之谊，是满满的幸福，是沉甸甸的收获。感谢河大教育系老师们的辛勤培育和教导，也祝愿河大教科院在"双一流"建设中取得更好的成绩，在未来的发展中越来越好。

作者简介

和学新

　　河南大学教育系 1989 届校友，天津师范大学教育学部副部长，教育原理研究所所长，基础教育学校改进研究中心主任，教授，教育学博士，博士生导师，主要从事教育学原理、课程与教学论、教育政策等方面的教学与研究工作。天津师范大学教育学原理专业学科带头人、教育博士学校课程与教学方向带头人，天津市高校学科领军人才，天津市优秀教师，中国教育学会教育学分会学术委员，全国教学论专业委员会副理事长，全国课程专业委员会常务理事，教育评价专业委员会常务理事。

20 | 陈向阳：河大回忆

想来，我与母校确有一份缘分。1984年7月，母校恢复河南大学校名，我以2分之差的高考成绩与母校失之交臂。1987年9月，借河南省高教改革的一缕春风，我又以插班生的身份进入这所中原大地上的巍巍学府，在外语学院度过了两年紧张愉快的读书生活。我读了3年专科，在面临毕业分配、多数毕业生即将到乡镇中学报到的前夕，接到了河南省第一次遴选应届专科毕业生到本科院校继续学习的通知。机会来得突然、宝贵，颇有梦幻之感，故十分珍惜，决心考研，大有一心只读圣贤书、两耳不闻窗外事的样子。浮现在我脑海里的母校，与四季寒暑无关，与学风和师德紧密相连，总有一丝惠风和畅的温馨，带着发自内心、历久弥新的感激与怀念。

一

长者的宽容，这是老师们给我留下的印象。遴选面试中，主考老师，一位貌似严肃的中年男士问了这样一个问题：你愿意当教师吗？我如实回答了NO。全程问答用英语进行，对于其他问题的答复我已记不大清楚，但对这一否定的回答记忆犹新，因为回去后，对家人和亲友们报告考试情况，他们都对此表达了担忧。毕竟河南大学是师范类大学，对一个不愿当教师的考生，不予录取也在情理之中。好在我被录取了，被编入1985级英语1班。入学后我才知道，班主任就是面试的主考官——史传高老师。后来又发现，史老师其实是一个相当和蔼的人。

外语学院的老师们，性格和风格不尽相同，但对学生的关爱是相同的。因为我一心考研，并且确定了北京外国语学院美国社会文化研究专业的主攻目标，我在校期间的学习安排，大抵是随既定课程走，同时准备着考试。后来考期临近了，往往选择逃课，对正常的期中和期末考试也采取应付的策略。四年级第一学期，徐有志老师给我们上英国文学课，因为是几个班一起上课，在阶梯大教室，我便以为有机可乘，躲起来看美国历史去了。两次课后，同学们转告，徐老师在课堂上责问那个叫陈向阳的学生为什么不来上课。我受了警告，赶紧乖乖地坐到了大教室。课下，徐老师找到我，很和善地说，知道你考研，准备任务紧张，可以坐到一边看自己的书，但课还是要来。一番话，让我放下了忐忑的心。1989年上学期，外语学院组织1985级学生在巩县进行教学实习，我分在县教师进修学校任教。徐老师担任我们的指导教师，还抽空教我们跳交谊舞。让我惊奇的是，他不仅男步跳得好，还可以以优美的女步带着人跳。实习结束时，我简直可以随着老师跳出完整的三步和四步了。只可惜，离开开封后，那段简短的舞蹈经历也彻底画上了句号。

二

同学们来自全省各地城乡，对于我来说，那些来自桐柏、固始、修武、洛阳等地的同学们所讲的家乡话或普通话，总是带着一点点遥远的神秘感，而这种小小的神秘感激发着我与他们相识并了解其背后那个他乡的欲望。和同学们相处，结下的是深厚的友谊。尽管自己来得晚，同窗仅两年，但对青春洋溢的人们，这并不构成障碍。尤其难忘的是爬嵩山。男女十几个同学，在巩县实习期间的一个周末，晚上在郭店镇集合，包了一顿饺子大快朵颐，第二天早上五点多开始爬山。目标是少林寺，正像《朝阳沟》里唱的，翻过了一座又一座山，走过了一道又一道洼，直累得上气不接下气，但大家的精神状态始终不失活泼、乐观。到了下午四五点，大家实在太累了，于是决定拦一辆车回去。两三次拦车失败后，大家决定改变策略，由两位女同学站在路边拦车，男生们躲到石头后面。这一招果然奏效，第一辆卡车便停了下来，于是男女生们一拥而上，大家挤着乐着结束了疲劳的一天。毕业27年了，那些情景还历历在目。至今，我还珍藏着途中大家在小溪旁的一张合影,每当看到,便觉温馨。

三

只谈母校生活的美好和温馨是远远不够的。河南大学是一所百年学府,虽然命途多舛,饱经沧桑,但辗转播迁,弦歌不辍,至今仍耸立于中原大地,并焕发勃勃生机,成为省部共建的"双一流"建设高校。靠的是什么?我认为,是她弘毅厚重的品质。

穿过明伦街,走进学校南大门,随着东西两排斋房徐徐而过,来到学校的标志性建筑——大礼堂前。你的脑海中,泛起的一定是宏伟、庄严、古朴、典雅这样的词汇,油然而生的是一种历史的厚重感。在河南大学历史的天空上,遍布着范文澜、冯友兰、罗章龙、邓拓、姚雪垠、梁光烈等闪光的名字,可谓群星璀璨。这样的一所大学,会于不知不觉间把敬畏与低调融入你的血液,把浩气与自信融入你的生命。

最让我感念不已的是母校为假期留校复习的学生发放生活补贴,不限总额,按实际人数和天数,每人每天8毛钱,由生活委员统计,报上去就发。与很多同学一样,我也有幸享受了。20世纪80年代末,市场经济已呈野火烧不尽春风吹又生的燎原之势,有的大学已经开始向留校复习的学生收取住宿费了。多数不收费,却也为管理的便利,把教室和宿舍封闭起来。河南大学能这样做,在当时全国的高校中,即使不是独一无二,也属凤毛麟角。8毛钱也足以让一个节俭的农村学生免于饥饿了。这体现的是母校的一种人文情怀和传承,一所大学真正的风骨。

感恩母校,感谢外院的老师们。回首往事,古城开封的岁月,确是自己人生中十分重要的一个阶段。成为一名铁塔学子,我无疑是幸运的。两年学习,终身受益。

作者简介

陈向阳

  1966 年 3 月出生,河南民权人,中共党员,河南大学外语系 1989 届校友,北京外国语大学英语系美国社会文化研究专业硕士研究生毕业。1992 年 4 月至 1995 年 11 月,在北京外国语大学任教。1995 年 11 月调国家教委(教育部)工作,先后在基础司、驻英国使馆教育处、人事司工作,2007 年 11 月任教育部人事司国外人事工作处处长,2011 年 8 月任教育部人事司干部监督处处长。2015 年 2 月任山东大学党委副书记、纪委书记。

21 | 王保喜：
别梦依稀咒逝川，河大三十二年前

三十二年前，也就是1985年9月，我作为1985级新生进入河南大学外语系俄语班学习。1989年本科毕业，考入中国人民大学国际政治系双学士学位班，毕业后留在北京工作。岁月如梭，光阴似箭，转眼三十多年已成过往。接到《外院往事》编委会老师的电话，说河大外语学院配合"百年河大，百年外院"活动，拟组织编撰"百年外院"系列丛书，其中有本《外院往事：河南大学外语学院校友忆往》，邀广大校友撰文。放下电话，我感到十分高兴，也十分忐忑，不知能否写好，且以此文聊表心意。

之于母校，我们就像离家的孩子，离得越远、越久，思念越深。

能考上河南大学，我感到十分骄傲和自豪。记得那年暑期，我到林州第五中学查询高考成绩和录取情况，拿到了河南大学的录取通知书，我欣喜若狂，老师和同学们纷纷祝贺。一高兴，我就到外乡同学家去玩了，当天也没回家，当时家里也没电话，我也没告诉家里，这可把在家等消息的父母和全家人急坏了，他们担心我考试失利万一有什么想不开的，就发动亲戚朋友到处找寻。现在想起来当时做事确实欠妥，少不更事。

从1912年河南大学前身河南留学欧美预备学校开始，河南大学几经更名，历经河南留学欧美预备学校、中州大学、国立开封中山大学、河南大学、河南师范大学，1984年，恢复为河南大学至今。河南大学起步较早，基础扎实，实力雄厚。在曲折的发展过程中，随着学校迁徙和院系调整，不少名校如武汉大学、中南财经政法大学、华中师范大学、华中农学院都和河大有着深厚的历史渊源，它们有些院系是从河大分出去的。在河南省范围内，河南大学派生出河南农业大学、河南医科大学、河南政法干部管理学院等，可以说河南大学是这些大学的母体。河大秉承"明德新民，止于至善"的校训，着力培养"勤学善思，明理笃行"的优秀学子。建校100多年来，先后培养了约60万各类专门人才。

印象中的河南大学，校园既古朴，又清新。古朴的有典雅肃穆的校园大门、隔墙耸立的巍峨铁塔、蔚为壮观的大礼堂、画栋飞檐的七号楼，还有一字排开的东十斋房；具有现代气息而别有洞天的外语楼、地球仪冠顶的地理楼、藏书无数的图书馆、展翅欲飞的物理楼、别墅风格的留学生楼。这些独特别致的新老建筑，标志着母校的历史悠久与日新月异。校园内百花盛开，争奇斗艳，姹紫嫣红，大礼堂前面的主干道两旁树木青翠葱茏，小礼堂边上的小花园里绿藤缠绕，幽静无比。美好的校园环境无时不在启发着我们的灵感，带给我们美的享受。我们刚入校时，先是在图书馆旁边的一个小院子的平房里上课，后来新的教学楼建成后，我们是第一批入驻的学生，当时新的办公楼不多，感觉好气派。这是多年前的印象了，现在的河大校园变化一定很大，听说新校区建设得更加漂亮，气势恢宏，大气磅礴。

河大4年，正值人生最有生气的时候，我们青春在飞扬。4年间，我们有奋斗的艰辛、成功的喜悦，有紧张的学习岁月，更有尽兴的游玩时光。我是1985－1989年在外语系读俄语专业的。河大外语系的基础很好，有着雄厚的师资力量，如大名鼎鼎的吴雪莉教授、逻辑严密的张今教授、文学功底深厚的刘炳善教授。当时，教我们俄语的老师有韩振华、周忠和、黎鉴堂、杨宗建、马中平、晁光伦、梅锡铭、杨育桥、任思明、郭天相、陈长发等。他们都是语言文学大师，学术功底深厚，教学经验丰富，有的治学严谨、一丝不苟，有的幽默风趣、谈笑风生，有的大处着眼、不拘小节。记得当年周忠和老师给我们列了不少俄罗斯名著，如《战争与和平》《安娜·卡列尼娜》《罪与罚》《静静的顿河》等，尽管当时我们掌握的词汇量没那么大，读原著还不那么容易，这些名著仍然深深吸引着我们。刚学俄语时，有个颤音不少同学发不好，郭天相老师要求我们在宿舍仰卧床上反复练习，以至有时候说梦话还在发这个颤音。杨宗建老师认真细致，经常把要干的事情记在纸条上，说"好记性不如烂笔头"，这一点让我们受益匪浅。当时课堂上，走神、看课外书、搞小动作是常有的事，没少惹老师生气。老师们悉心教育我们4年，为我们倾注了大量心血，他们的教学育人使我们终身受益。现在有的老师已经驾鹤西去，我们默默地祝愿他们天堂安息！大多数老师依然健康，韩振华老师已经年逾九旬，其他老师也大都在85岁左右。听说周忠和老师和晁光伦老师还经常打乒乓球，我真的为他们感到高兴。一日为师，终身为父。作为学生，我们衷心祝愿老师健康长寿，幸福平安。

河大4年，我们是幸福的。那时候，学校住宿安排得很好，我们每月都有34斤粮票、17.5元的生活补助，随时都能洗澡。印象中开封市当时物价也不高，尤其是夏天西瓜很便宜。学校有音乐系、美术系、体育系，这些文体艺术系经常组织文艺汇演，大礼堂每周都会播放一到两次电影。课余，同学们有的打球，有的下棋，有的跑步，有的游泳，生活丰富多彩。外语系的整体氛围和谐，老师关心学生，学生尊重老师，同学关系融洽。

河大4年，我们是努力的，也是有收获的。同学们并没有因为考上大学而放松学习，整个外语学院学习氛围浓厚，为了考研或找工作，大家挑灯夜战，当时外语教学楼前面有一阶梯教室，夜里好像不关门，尽管那时候冬天没有暖气，但通宵达旦刻苦学习的人还是蛮多的，所以河大外院每年考取研究生或出国留学工作的大有人在。同学们取得好的成绩，离不开在河大学习时打下的扎实基础，离不开河大老师的辛勤培养。谢谢您，河大！谢谢您，河大老师！

在外语学院领导的指导和关怀下，我们也成立了河大外院在京校友会，校友们经常聚会，回忆河大往事，畅想母校未来，为母校的发展献计献策。

百年河大，百年外院。愿母校河南大学不断发展壮大，愿外语学院教育事业再上新台阶。

2017年秋于北京

作者简介

王保喜

河南大学外语系 1989 届校友,现为国家能源局信息中心处长、高级经济师。

22 | 梁 静：
母校回望 最美遇见

　　近日北归回乡，9岁的稚儿对于这个爸爸妈妈都曾经就读的学校充满了好奇，说实话32载没回母校，对于河大变成了什么模样我也颇有好奇的成分。在校友会秘书长刘波老师的协调帮助之下，今年7月，我们开启了河大母校的亲子之行。

　　从东门入，因为是暑假期间，校园很安静，映入眼帘的是九曲逶迤的长廊栈道和一望无际的湖面，铁塔静静地矗立在远方的天际线上，无言。但我回忆的闸门却轰然洞开，我仿佛看到了16岁初入校园的我在校园中穿梭徜徉，笑得阳光灿烂的样子；仿佛看到了自己为了能够去铁塔下背书从学校后墙的缺口狼狈而出的窘态；仿佛回到了那在铁塔湖上泛舟的清逸时光。

　　大礼堂前的中轴线承载了我大学时代的所有的大事件，南门前的林荫道是一定要走一遍的。我一边走，一边给孩子介绍我们上课时的主楼，吴祖谋教授就是在那里，在迎新会上拉了一首我迄今为止依然主观地认为是最好听的小提琴曲，无限贴合"陌上人如玉，君子世无双"的绝美学者形象，从此执着地主导了我的审美导向；学五楼里，李煜昌教授带着我参加一桩当时轰动一时的重大案件的辩护，不畏权贵，仗义直言，法庭辩论结束时观众抑制不住鼓掌的那一刻，使我对公平正义有了朴素但深刻的理解，贯穿了我以后的职业生涯；那个在非上课时间我最多光顾的电教馆，在那里我领略了《飘》的魅力，见识了雨果的《悲惨世界》，震撼于托尔斯泰《战争与和平》的恢宏。我就像一个小白，如饥似渴地在那个百家争鸣的时代了解知识，接受信息，消化分歧，梳理自己的见解，与不同的意见激辩和碰撞，进而与不少同道中人结下了一生的友谊。

东西斋房和东操场是我在校时最喜欢溜达的地方。激扬躁动的青春总是奇妙地在斋房悠扬的琴乐声中得到抚慰和治愈，而东操场，这个收藏了我等多巴胺和内啡肽的运动之地，也同样见证了多少人的初恋。年轻女孩子和年轻男孩子纯净透明的爱恋，并没有随着时光而流逝，而是被封存在了此地。

已经过了知天命年龄的我突然后知后觉地庆幸，我16岁到20岁最好的年华定格在这里，我与这个世界最深刻、最神秘的联系是在这里；河大与我之间，不只是4年学习生活的物理积累，我的青春，我的世界，是从这里开启的。如果说家庭给了我生命的基因，河大从精神层面给了我们走向世界的起点和背书，给了我面对世界的自信和底气。

站在校史馆前，我百感交集。曾经作为教授颇为看重的弟子，毕业后30年间辗转于多个城市，尝试过多种职业，许是因为业绩平平的缘故，始终有种惶恐和惭愧。今天，当我站在这里，那些纷乱的纠结莫名其妙地消失了，代之而来的，是内心无比的安适和宁静。如果把母校比作浩瀚的星河，我愿是能够贡献光亮的那一颗；如果母校像花园，不管我是银杏也好，是女贞也好，能够用绿叶提供一隅荫凉，用年轮记载星移斗转、风轮雨幕，惊艳也有，沧桑也有，最宝贵的，是那份独特和真实。

最后，我和儿子在校友可以认养的树林里选了4棵树，代表我们家庭的一家4口。我愿意把我的所有祈愿具化成这一棵棵的树，见证母校一年胜过一年的繁荣，陪伴母校一日又兼一日的风雨，更愿意把我跟母校的这种血脉固化在我的家族基因中一代代地传承下去。一棵树可以是一个从0到1的契机，可以是以后长长故事的开始，可以是河大走向更多视野的媒介，作为河大的学子，这是我的使命，更是我的荣光。

感恩母校，今生最美的遇见，是您。

作者简介

梁　静

　　河南大学法学院 1990 届校友，香港城市大学工商管理硕士。曾任开封市规划院办公室副主任、开封市新区法制办副主任，开封市金盛热力有限公司副董事长，开封市工商联副主席，2017 年任香港金辉集团 CEO。

23 | 李欣欣：
那些年，那些人，那些事

前言

按照原计划，这两天应该是河大教育系（现教育科学学院）八六级毕业 30 年聚会的日子。一场突如其来的新冠肺炎疫情，打破了我们的计划，聚会取消了。看到教科院恢复建系 40 周年征文，想想写点什么吧，却一时不知从何下笔。翻出 10 年前毕业 20 周年聚会时写的两篇文章，聊表思校之情，也是对我们毕业 30 年无法聚会的纪念。

教育系八六级集体记忆

2010 年 8 月 20 日至 22 日，河南大学教育系八六级毕业 20 年聚会，成为我生命中注定不能忘怀的日子。

8 月 20 日中午，当我匆匆地扒拉几口饭，匆匆地赶往上海虹桥机场的时候，我其实还没有过多的期待相见。我只是把这次 20 年同学聚会之行当成很平常的一次出差而已。

但是，当我过了安检门，飞机晚点的消息在候机大厅响起的时候，我忽然有了一丝急躁和不安。尤其是当王萍发过来短消息说她已经替我订好了房间，我更加焦急起来。

飞机晚点，是我近期出差经常碰到的问题，已经司空见惯。但这一次却不同，我竟然担心起迟到这件事来。同学聚会，我却迟到了，不好不好，真的不好。

飞机从下午 2 点 35 分一直推迟到将近 6 点才起飞。刚下飞机，便接到张文婷的电话，她也帮我订了房间。一时间，我被王萍和张文婷感动了。那些在一个宿舍里共同生活了4年的点点滴滴，一下子涌现在脑海里。

赶到中州金明酒店的时候，已经快晚上9点了。我被一股巨大的热情所包围，王国申一定要替我拿包，张文婷还记得我的胃不好，让我赶快吃东西。真的，我已经好久好久没有体会到被除了家人之外的其他人这么真情的关照了。

晚上9点多的时候，吕老师（吕云飞，教育系八六级辅导员）来了。听说他是从外地出差赶回来的。吕老师没什么变化，还是那个很帅的吕老师。张敏这时有些激动，泪水涟涟。我也有些想哭，赶紧拿一块饼塞进嘴里，忍住了。

晚上，和张文婷住一起，说不完的话。那个在大学时就像大姐姐一起关照我的文婷，依然保持着这种作风。一进房间，她便忙着烧水；看到我不敢对着空调吹冷风，赶紧给我换了床；说我刚下飞机可能比较累，便让我先去洗澡；躺在床上东聊西聊，不知不觉已凌晨1点多。想到第二天还有活动，这才忍住话题，进入梦乡。

8月21日早上，吃完早饭便在酒店大堂里等待老师们的到来。当刘先锋陪着老师们一个个走进大堂的时候，我有些不敢相信自己的眼睛。这些20年前在讲台上传道授业的老师们，腰板不再挺直，走路不再一阵风，说话也不再声如洪钟，两鬓已经斑白的他们真的老了。当我双手握住李申申老师的手，一时不知道该说些什么。很喜欢听李申申老师的课，思路清晰，声音响亮；她就住在我们女生的楼下，便经常到她宿舍里看电视；她还曾经接错过我的电话，让我的先生当时的男朋友顿时不知所措，一直到现在还是同学们拿我开涮的笑料。

座谈会上，老师们陆续入座，我端详着坐在对面一排的他们。他们的动作，他们的说话风格，他们的朗朗笑声，并不因为岁月的增添而有所改变。记得很帅的程凯老师能够用左手写板书，漂亮的粉笔字在黑板上构成一幅美丽的图案；赵国权老师没有来，当时的他和我们这些叽叽喳喳的女生像好朋友一样，每每考试完还请我们到他家里吃他太太做的饭，香极了；还有吕老师，我们的辅导员，没少为我们这群捣蛋鬼操心，曾经背着我一路小跑往校医院跑,而我却连一声谢谢都没有对他说。

同学们一一介绍自己毕业20年来所走过的路,做专业的也好,没做专业的也罢,大学4年所学的心理学和教育学真的没有白费。老师们听着我们的介绍,脸上荡漾着满意的笑容。我知道,作为老师,没有比听到学生们在各自岗位上有所成就更让他们高兴的事了。虽然,我们的成就有大有小,但在他们眼里,都是他们最好最好的学生。

下午,回到明伦老校区。那古老的大门风采依旧,校园中心那条通往大礼堂的博雅路比以前更增添了几分儒雅;博雅路两旁河南留学欧美预备学校旧址等一批古建筑现在是全国重点保护文物,它们默默地诉说着河大悠久的历史;河大标志性古建筑大礼堂前面的广场比以前更开阔了,这里曾经留下过我们年轻时代多少美丽的倩影……

学五楼还在,这个三层的红砖建筑,墙上依稀还保留着那个时代的白色标语,站在学五楼门前,大一的时光仿佛就在眼前。这栋楼现在更名为河大第五学生公寓,名字虽然变了,但排序仍旧是"五"。学一楼拆了,大二到大四期间,我们一群女生曾在这栋楼的二楼居住,半夜三更踩着吱吱呀呀的木质楼梯,咚咚咚地上楼,在打着蜡的红色木质地板上跳舞吵闹,与住在楼下的年轻老师们斗智斗勇,并在周末排着队用老师的洗衣机洗衣服。想想看,有多少学生能够像我们这样幸运,能够和老师们住在同一栋古老的木质小楼里呢!

还记得刚入学时的军训,我们在烈日下趴在铁塔湖边练习射击瞄准,一趴就是一个多小时。那个说话不清楚的军人小班长,把"立正——稍息"连起来喊的时候,发出的声音便成了"领——烧鸡",让我们大笑的同时真想吃烧鸡了。有一次打靶完毕,我偷偷向连长多要了几颗子弹,谁知拿到宿舍后提心吊胆,总担心它们会爆炸,赶紧又跑到连长宿舍还给了他。

图书馆是新建的了。大学毕业的时候,最依依不舍的便是藏书丰富的河大图书馆。我曾经说,离开开封,最不舍的便是河大的图书馆和鼓楼夜市的开封小吃了。当现在网络发达,面对着电脑便能阅读到各种书籍的时代,我仍然很喜欢读纸质的图书,那种从书上散发出来的缕缕纸香和丝丝墨香是网络永远都不能带给我们的最美好的享受。

走过大礼堂，远远地便看到了古老的铁塔。与河大一墙之隔的铁塔公园就像是河大的后花园，当时体育系的学生们总在这墙上打一个门洞，河大的学生们便通过这门洞到铁塔公园看书游玩，谈情说爱。虽然，铁塔公园管理处见洞就堵，但过不了几天，就会有一个新的门洞出现，防不胜防。现在，这里开了一个真正的大门，铁塔公园成了河大真正的后花园。

走进铁塔公园，这个在北宋时期由琉璃砖修建起来的佛塔保存完好，精美绝伦。曾经，我们沿着塔窄窄的楼梯，登上铁塔遥望河大风景；曾经，我们站在铁塔下，聆听由铁塔六角上悬挂的风铃发出的清脆铃声；曾经，我们翻过古老的城墙，到铁塔湖里游泳；曾经，我们依靠着铁塔那铁一样的琉璃砖身，默默地祈祷幸运之神的光顾……

8月22日，吃罢早饭，同学们开始陆续离校，重新返回各自的工作岗位。9点半，当我正准备走出酒店，远远地看到吕老师来了。我停下脚步，再也忍不住内心的酸楚，给吕老师一个离别拥抱，哭了。

再见了，我亲爱的母校；再见了，我亲爱的吕老师；再见了，我亲爱的同学们。真心地期待着下一次的再聚首。

怀念学五楼

毕业20年聚会，最让我意想不到的是学五楼仍在，并且依旧在学生公寓里排行第五，依旧是住着美丽的女生们。

走进明伦校区的时候，几位女同学还在讨论着当年住在学五楼时的情景。沿着校内熟悉的道路一直往那个方向走，一下子便看到了这栋红砖修建的三层楼。急走几步跑到门口，看门的阿姨不让往里进，我们只好伸着脖子往里面看了看，站在门口拍照留念。

木门已经很破了，门口的地上，放着一块"男士止步"的小木板。红砖墙上，依稀还保留着那个时代的白色标语，旁边钉了一个"第五学生公寓"的牌子。与旁边新建的大楼相比，它已经有些破败，但红色的砖头却显得格外地好看。

24年前，我就住在这栋楼的105宿舍。大一时吕老师要求早上跑步，真的是不想起床啊。尤其是冬天，外面冷飕飕的。但想想吕老师那张严肃的脸，又不敢不起床去跑步。记得当时吕老师和男生们住得比较近，听说很多男生起床后到吕老师那儿报个到，就又回宿舍钻进了被窝里，不知道是真还是假。

那时候我经常回我姨妈家住。有一次吕老师一大早到宿舍检查晨练情况，大家都刚刚起床。看到我的床空着，被子叠得整整齐齐，便问我去了哪里。室友们异口同声：她跑步去啦！等到我早上从姨妈家直接去十号楼上课的时候，遇到吕老师，他第一句话便是："早上跑步是好事，以后要叫上其他同学。"弄得我一头雾水，到后来知道了事情的原委，我对我的室友们深表感谢。这是大学期间吕老师唯一表扬我的一次，还是个误会，现在想起来我还惭愧不已。

学五楼后面有一条校内商业街，小卖部里卖沙琪玛、三刀等我们当时爱吃的点心。于是隔三差五的，我们会拿着饭票去换这些点心吃。甜甜的，好吃极了。现在，有时候在超市里还能看到这种点心。有一次买了一点吃，却再也吃不出好吃的味道。拿给女儿吃，她更是不屑一顾，很纳闷我为什么对这种并不好吃的点心念念不忘。

第一个寒假结束返回学校的时候，宿舍里每个人都带回了各自家乡的特产和妈妈做的好吃的东西。友谊宿舍的李富生从家里带回一大塑料桶白葡萄酒，送给我们宿舍。于是大家把桌子上的书纷纷扔到了床上，吃了一次丰盛的晚宴。

当时的学五楼是学校里管理比较严格的学生宿舍楼，晚上10点钟就锁门了。大一的元旦，友谊宿舍的男生们来我们宿舍打牌，不知不觉已过了十点半，他们干脆在这里打了一夜的牌。第二天早上，看到窗外白雪皑皑，兴奋地大叫。一夜未眠的我们竟然跑到操场去跑步，在雪地里激动地蹦来蹦去。

那时候开始学跳舞，二楼的女生们总是在宿舍里练习跳舞，弄得我们不得安生。于是，住在上铺的我便拿着一把长长的扫帚，站在床上咚咚咚地戳头顶的楼板。就这样，楼上的跳跳停停，楼下的停停戳戳，楼上楼下进行着无休止的战斗，似乎其乐无穷。

学会了跳舞，一大群女生就一起到各个舞场里串场。好像是离体育系的体操房比较近吧，那里便成为我们常常光顾的地方。这种一大群串舞场的风气一直保持到大三，总是在各个舞场里来了又走了，相当的惹人眼球。

还有教育系的女排，因为八六级女生的加入，一下子成了学校的强队。从大一到大三，教育系女排在全校比赛中夺了三连冠。大四时我们不参加了，教育系女排便再也没有了昔日的辉煌。

转眼间大一结束，教育系八六级女生全体从学五楼搬到了学一楼。在后面的三年里，似乎就再也没有走近过它，也没有注意到它红色的砖墙上曾经写有这样白色的标语。时隔二十多年，当我再一次走近它的时候，我似乎才真正看清楚它的样子。或许，这就是人性普遍的弱点——拥有的时候并不知道珍惜，一旦失去，才发现曾经的拥有是如此美丽。

后记

2019年11月17日，河南大学上海校友会教科院分会校友论坛在中国留学生博物馆举办，河南大学党委常委、副校长许绍康，河南大学教科院党委书记宋伟等专程从河南大学来到上海参加校友论坛。许绍康在讲话中说，看到校友们在各行各业取得的成就，感到由衷地高兴，希望大家在上海积极努力，创出佳绩为母校争光。

河南大学上海校友会教科院分会校友论坛能够在我馆举办，对我来说是莫大的荣幸。许绍康一行参观了博物馆"天下归心"展览，我向大家介绍了中国留学生博物馆的建设发展情况，以及对河南留学欧美预备学校的研究情况。中国留学生博物馆是在中共上海市委组织部指导下成立的全国第一家留学生博物馆，致力于研究留学生历史，传承留学生文化，弘扬留学生精神。而河南大学的前身——1912年成立的河南留学欧美预备学校，是研究中国留学生历史不可或缺的重要内容。从这一点上来说，我与河南大学的缘分可谓不浅。

2019年11月17日，河南大学上海校友会教科院分会校友论坛在中国留学生博物馆举办时合影

100多年过去了，如今的河南大学已成为首批国家"双一流"学科建设高校。作为河南大学教育科学学院的毕业生，我为母校的发展感到无比自豪。借"恢复建系40周年征文"之机，感谢母校对学生的关心关怀，祝母校越来越好，祝教科院越来越好，祝老师们工作生活顺遂，祝学弟学妹们学业有成、前程似锦……

作者简介

李欣欣

　　河南大学教育系1990届校友。毕业后任南阳晚报社记者，曾荣获"南阳市十佳记者"荣誉称号，多次获全国新闻大赛一、二、三等奖。现任上海中国留学生博物馆执行馆长，研究馆员，策展人。致力于博物馆学研究、中国留学生文化研究，独著《中国民办博物馆经营探索》，参编《中国留学生在上海》《留法四十年》。

24 | 王建政：我的大学

"红日照遍了东方，自由之神在纵情歌唱……"每当我听到这样的旋律，就会有一种特殊的、激情澎湃的感觉。我不是"老革命"，但每每听到这些抗日救亡歌曲，都会让我想起我的大学——河南大学。

1988年9月初，怀揣着录取通知书，我走进了开封这座七朝古都，走进了梦寐以求的大学校门。那时候的河南大学是10路公交车的终点站，从火车站开始，一路经过包公祠、鼓楼广场、汴京公园等景点，直到河大的南门外。进了校门，迎面是一条宽阔的马路，直通那座伟岸、古朴的大礼堂；马路两边有一丛丛艳绿的美人蕉，一座座斋楼依次掩映在苍松翠柏之中；从校园里即可看到远处耸立的千年铁塔，校园东墙便是那斑驳的古城墙，还有紧挨古城墙的铁塔湖。

因为历史悠久，河南大学楼舍典雅，端庄秀丽，极富人文气息。走在校园里，不时还会传来悠扬的琴声和歌声。那时候，学校有音乐一系、音乐二系、美术系、工艺美术系等艺术院系，这些院系的女生有的打扮得花枝招展、活力四射，有的素面文静，不时可见她们怀抱古琴，优雅恬淡地从身边走过。我们私下里常说中文系"文里文气"、外语系"洋里洋气"、历史系"古里古气"、体育系"流里流气"……当然还有我们生物系"傻里傻气"。

生物系的确没有底气，因为就在我们进校门的前一年即1987年，生物系才又恢复建制（据说是河大历史上第三次建立生物学科），每年才招收40名左右的学生，一遇到重大集体活动，八七级和我们八八级的学生就要倾巢出动，为系里站台、排练节目和表演演出，当看到中文系等学系黑压压人群一大片，心里就发怵，直犯嘀咕："我们能比过他们吗？"但现在回忆起来，当时我们还真没有认输过，虽然人数少，但是同学们都认真排演、练习，《在太行山上》《黄水谣》《解放区的天》等歌曲就是在那时纪念"一二·九"运动的歌咏比赛中学习的。多少年后，参加工作的我能够在单位举办的革命歌曲演唱会上引吭一曲，同事们都以惊讶的目光看着我："你怎么会唱这些歌曲？"我总自豪地说："我是老革命喽！"

那时候生物系的底子薄是全校出了名的，分析化学实验课要到东操场边的新化学楼去上课，无机化学实验课要到七号楼附近的老化学楼去上课，但这似乎并没有影响到我们的学习。从无机及分析化学课上学到的知识，对我在毕业后能够顺利地适应工厂的化验、分析、试验等工作大有帮助。比如，我可以独立地装配、矫正和修理分析天平，还曾根据实验室水池边的"水老鼠"（真空泵俗称）原理，独自设计喷射式真空泵，等等。

生物系虽然是刚刚建立，各种课程却样样不少，老师们也都尽心尽力、尽职尽责。教动物学的是帅气的郑合勋老师，教解剖学的是卢书香、柳爱莲老师，教生化的是蔡兴元、翟国堂、董发才老师，教遗传学的是张大卫、胡玉欣、李锁平老师，教植物生理课的是卜芸华、宋纯鹏老师，教生态学的是王根轩老师，教细胞生物学的是郭曙光老师，教植物学实习课的是王磐基、苗琛、尚富德老师，教昆虫学的是谷艳芳老师，教微生物学的是杨淑全老师，教动物生理学的是王天仕老师，教微生物学实验课的是马钰老师，等等。记得教植物学的老师是饶广远、郭延平夫妇，很多时候他们两口子齐上阵，同时出现在一堂课上，那叫热闹哟！我至今还清楚地记得他们讲授侧柏与卷柏的区别：卷柏不是树，它是一种草，生命力强，极其耐旱，俗称"九死还魂草"……

当然，还有其他许多公共课程，比如高等数学、物理学、大学语文、大学英语、音乐欣赏等等。那时候，我并没有感觉到这些课程有什么重要之处，但现在回想起来，它们对我一生的影响还是非常深远的。比如，高等数学课主要包括三部分——微积分、线性代数和概率与数理统计，一般人认为微积分最重要——因为那是牛顿、莱布尼茨发明的，但走入工作后

会发现用途最广的还是概率与数理统计，而要进行当今世界前沿的数学、物理学和化学研究，最基础的应该是线性代数和集合论。幸亏大学期间粗学过概率与数理统计和线性代数，使得以后的工作和再学习中没有遇到过无法逾越的专业壁垒。大学语文和音乐欣赏课也培养了我们的文学素养和人文精神，多少年后，依然记得音乐欣赏课上老师播放《在中亚细亚大草原》《美丽的沃尔塔瓦河》《骷髅舞曲》《嘎达梅林》等中外名曲的情景。毕业后到淇河之滨工作，每每来到淇河岸边，看到那清澈见底的河水，就想起了"关关雎鸠，在河之洲""瞻彼淇澳，绿竹猗猗"等名句，而不是一上来就发出"哎呀妈呀，这水真清呀"的感慨。

多少年过去了，回首当年在河南大学生物系学习的岁月，感触颇多。就是那段时光培养了我独立的学习精神，使得我在以后的岁月中无论遇到什么困难都愿坦然面对，无所畏惧；就是那段时光锻炼了我观察世界的目光，教会了我怎样独立地看世界，从此不再人云亦云；就是那段时光，拓展了我体验生活的视野，使得我每每遇到挫折时就会想起在河大校园里感受到的苍劲与悠远，就会意识到自己在历史的长河里渺如沧海一粟，没必要为一时的逆境而心灰意冷。我清楚地记得大学毕业前老师说的话——"大学交给你的不是钥匙，而是配钥匙的方法。"所以，河大没有交给我金钥匙，但我在那里装上了金手指。

大学毕业后，我偶尔还会回到河大校园，不为别的，只是想去听听那草地上的读书声，去看看那绿荫掩映下的古朴与宁静，去重温一下那段逝去的难忘时光，去体会一下那个曾经的精神家园。不知什么时候，大礼堂后面的书店一条街搬迁到了学校西门口，站在大礼堂后面也没有再听到礼堂里的架子鼓声和"我的心在等待，永远在等待"的呐喊，当年街角不停播放着《走过咖啡屋》的咖啡厅也不知搬到哪里去了。但不管怎的，书店毕竟留下了，因为那是大学的标志。几年前我曾到南方某著名大学出差，逛遍整个校园，随处可见超市、操场、东南亚料理和小吃店，但居然没看到一家书屋，我就借问一个学生："同学，咱们学校的书店在哪里？"他的回答让我大吃一惊："我们学校没有书店。""那平时怎么买书？""可以上当当网啊！"当时我就想，当一所大学没有了书店，那还叫大学吗？如果说当当网可以代替书店，那不如说"网易公开课""万门大学"可以代替哈佛、耶鲁、牛津和剑桥了！

当我第二次真正重返河大校园，已经是大学毕业10年后的事情了。2003年，我又回到了河大，这次不是逗留，而是再次以学生的身份回到了当年的生物系——今天的生命科学学院。生物系已非往日可比，整个系（学院）在宋纯鹏老师的带领下，开始了腾飞的脚步。在研究生院集体课上，公共课的老师总是说你们宋院长怎么着，言语间充满了敬佩，生物系再也不是当年那个让别的学系看不上的小不点了；教科学史的老师也在课堂上大讲李约瑟难题，鼓励同学们要"像生科院一样敢于开拓、敢于创新……"

仔细想来，再次回到河大后的3年学习中，最大的收获除了跟随宋老师等人，在专业上取得了长足进步，还有就是跟着科学史任课老师的思路对中国科技史的反思了。换一种眼光看世界，真的会有一种全新的感觉。我深深感到，虽然中国文化博大精深，但西方文化同样有弥足珍贵的、值得我们学习的精髓。2500年前，当西方古希腊的苏格拉底、柏拉图、亚里士多德等哲学家在著书立说之时，中国的文人先贤孔子等人也同样在讲经立道。此后的一千年间，中华文明一直领先于西方。但中世纪后的西方世界，经过文艺复兴和思想启蒙运动，产生了近现代人文思想，而中国在"诸子百家"之后几乎没有大的文化创新。所以，近代西方迎来了工业革命，而中国无可奈何地落伍了。19世纪末的洋务运动和戊戌变法也没有改变中国的落后状况，直到近30多年来的改革开放才扭转了这种局面。

回顾生科院近年来的飞速发展，正是以宋纯鹏老师为领军的生科院集体艰苦奋斗、踏实创新，才换来了举国瞩目的成绩。走着走着，有的人就走散了，但宋老师等人一直坚守阵营，并为争取河南大学进入"双一流"建设高校行列，立下了汗马功劳。从某种意义上说，生科院并没有换人，而是更换了思想。生科院人凭着不同于以往的崭新视角审视着世界，迎接着未来，改写着生科院的历史，同时也与其他河大人一道，改写着河南大学的历史。

回头发现，河南大学依然是我们心中的圣殿，河大生科院依然是我们永恒的精神家园。

作者简介

王建政

1992年本科毕业于河南大学生物系，2006年硕士毕业于河南大学生命科学学院，随后考入中科院大连物化所读博士，从事腺病毒免疫学、生物医学材料等研究，2010年进入河南天冠企业集团从事技术研发工作。

25 | 马凤岐：我的大学

不是每个人的大学都像高尔基的大学那样非同寻常，但大学总是每个人生命中的重要时间。

我 1988 年进入河南大学教育系读书，1992 年毕业，屈指算来，入学已 32 年，毕业亦已 28 年矣。28 年碌碌匆匆，未及停顿回顾，以致对大学生活的记忆已碎成片段和点滴，但这些片段和点滴，却早已沉积为头脑中永不消退的"钙灶"，成为我精神和生命的组成部分。

从中师到大学

我是中等师范学校毕业后进入大学的。中师毕业生一般直接进入工作岗位，但有很小比例的毕业生可直接进入大学，大学毕业后回到原就读的中师任教。这些学生不参加全国统一高等学校招生考试，而须通过其所在中师的考核，并参加省教育管理部门组织的考试。他们不能像参加全国统一高考的高中毕业生一样自己选择就读的大学和专业，每年每所中师毕业生直接升入大学的人数（不超过毕业生总数的 1%）、升入的学校和就读的专业，是在选拔程序开始之前已经确定了的，学生可决定是否参与选拔。我中师就读于开封市第二师范学校，1988 年约 160 名毕业生，有一个名额可直接升入河南大学教育系读书。我有幸得到这个名额，成为教育系 1988 级一名学生。

由于我来自农村，是改革开放后村里第二个大学生和家中第一代大学生，对大学和大学里的专业一无所知，村里人只知谁家孩子念了大学，至于在大学学什么，并不知晓亦不关心。若非学校和专业早已确定，我或许会随便填报一个专业，可能不是教育学，或者也不是河南大学。在中学时,我更喜欢自然科学,小学和中学老师都说我文科不好,尤其不会写作文。但当时,我愉快地接受了组织安排,进入教育系学习。

入学不久,有同学从教育系转出,进入计算机和法律系学习。当时挺不理解他们为什么要换专业,后来才体会到,处于不利条件的学生的一个重要不利因素是有关教育的信息缺乏,完善的信息服务是教育公平的一个重要条件。当然,后来发现,教育学是一个挺有意思的学科,似乎还适合我。

专业课程学习

来自中师的学生更熟悉和适应大学生活,因为中师生活与大学相似——不像高中生那样起早贪黑、刷题模考,而从容一些,自由时间多一些。对专业学习也比较容易适应,因为在中师上过教育学、心理学课程,也参加过教育见习和实习。但大学教育与中等教育毕竟有很大不同,前者是一种探索性学习,是要直达知识前沿的,而后者则倾向于把教学内容当作确定不变的真理,虽然这些内容未必真是确定不变的真理。马平老师的教育原理课令我第一次体会到大学学习与中学学习的差异,意识到对学习内容,不只是理解、记忆和使用问题,还可以进行讨论和追问。在中师学教育学,讲教育受经济社会发展制约,对这些知识,是要逐条记忆和背诵的,而马平老师则以非常不同的方法处理这些知识内容,她与我们逐条检讨,分析其合理性、适用的条件和可能的风险。这完全颠覆了我以前对知识和教育的认识,原来,知识不是用来记忆而是用来讨论和批判的。马老师还让班上王秋丽同学讲"教师"主题,王秋丽讲的一些内容我至今记忆犹新——她说,医生和教师同为专业工作者,但医生的社会地位和经济收入为什么比教师高呢?是因为医生职业的专业化程度更高,入职要求更高、更严格。她这个说法,现在我还常讲给学生。这个经历给我留下深刻印象:师生之间不只是知识授受关系,还能相互交流、相互启发,令我在二十多年的教育实践中,从不敢轻视学生的想法和意见。我也认识到,没有人能独占真理,在真理和理性面前,人人平等。

教育专业的课程很多样化,这使我第一次看到教育事业的复杂性,见识了教育知识的无边无际。除了马平老师的教育原理,还有程凯老师的教学论、刘济良老师的教育论。在教学论课程中,我知道了布鲁纳强调掌握学科基本概念和基本原理是知识学习的捷径,知道了发现学习的意义,知道了布鲁姆的教育目标分类学;在教育论课程中,我知道了德育过程的多端性,知道了马卡连科的《教育诗篇》和集体教育、苏霍姆林斯基的巴弗雷什中学和对教师的一百条建议。

不仅要学习教育学,还要学习教育史。苗春德老师当时是系主任,教授我们中国教育史。苗老师让我见识了一位学者教师的样子,他以学者的方式对待课程内容,向我们展示了对知识的挑剔眼光和谨慎态度。杨捷老师和李申申老师教授我们外国教育史,学期末杨老师带我们回顾一个学期的学习内容,不拿教材,不用任何参考资料,所有知识点都在他头脑中,从头至尾,滔滔不绝,令我们吃惊许久,毕业后还经常与同学一起回忆那一幕。李老师不仅是"经师"且是"人师",她对教育事业、对知识、对信念的忠诚,令我们敬仰。毕业6年后,1998年在深圳大学参加学术会议,见到李老师,就某个问题与同学与李老师争论,她对信念的忠诚,更令我们敬畏。

在深圳大学与李申申老师合影(1998)

王北生老师的马克思恩格斯论教育课程给我最直接帮助。王老师在课上讲到马克思的《临时中央委员会就若干问题给代表的指示》，后来，我参加北京师范大学教育哲学专业硕士研究生入学考试，4个题目，其中一个即是阐述这篇文献中的教育思想。凭着课程学习时留下的记忆，连蒙带编，竟写了一两千字，也还着边际。还有教育与心理统计课程，扈涛老师讲授，这门课程我学得不好。扈老师给我们讲，河大教育系本科生使用统计学方法完成的论文与全国学者同台交流，令我们惊叹不已。这门课程展示的统计学思想方法对我影响至深至远，是我观察和理解世界的重要思想方法。汪基德老师的 BASIC 语言课，虽然后来没有直接用上，但对提升思维的逻辑性和系统性帮助甚大，对解决工作和生活中的实际问题影响甚大。

还有普通心理学、教育心理学、发展心理学等心理学课程，这些课程使我知道了最近发展区、发展关键期、智力和非智力等教育中的重要概念，并在一定程度上为我建立科学思维奠定了基础。记得四年级时，在张庆云老师心理学课上，可能是因为见我们自命不凡，张老师警告我们，说"别觉得自己已经了不起了，知识无尽头，你们对知识的理解肤浅着呢；在科学研究方面，你们不过将入门还未入门"——估计张老师认为我们根本"还未入门"，为了不太打击我们，才勉强加上"将入门"。当时听了有点不服气，但慢慢体会到，张老师的话很实事求是。对知识的理解是有不断深入、不断融会贯通的过程，科学研究更是一件困难和艰辛的事情，需要长时间的规范训练，需要投入时间、精力和生命。

自由与宽松的气氛

令我眼界和思路大开的，不只是专业课程学习，还有走进社会和泡图书馆。上大学之前，我已在开封读了4年书，中师的同学都已工作，不上课的时候，我就骑自行车到处跑，串遍了开封大小街道和很多角落，也去过很多乡镇；到同学工作单位，与他们聊天，听他们介绍教学中的体会，他们多数是农村中小学教师，使我对学校、对教育、对社会、对城市和农村都有更多了解和理解。1990年暑假，响应系里号召，我完成了《开封县教师队伍状况调查报告》，到县教育局和一些学校查阅很多一手数据。我另一个爱好，是泡图书馆和看电影。除了完成功课，不太看教育学专业书，喜欢哲学、历史学、政治学和自然科学，这是中学时形成的爱好，也受经历和观察社会事件激起的思考和疑问的牵引。留下印象比较深的，有阿庇安的《罗马史》、冯友兰的《中国哲学简史》、科恩的《布哈林政治传记》，以及电影《音乐之声》《阿甘正传》《茜茜公主》等。至今记得，《布哈林政治传记》中说，法国大革命中，革命者一起攻破巴士底狱的时候，他们有共同目标，并未意识到彼此差异；但这之后，在建立新国家过程中，革命者才发现，他们对新国家、新社会的理想竟如此不同，甚至水火不容，以致在革命者之间，发生了比他们与旧制度之间更为激烈冲突和更为惨烈的斗争——作者以此说明俄共早期领导人之间的政治分歧和权力争斗。《音乐之声》和《阿甘正传》是我看过的最好的电影，前者是纯粹的美和善良，后者教人以简单的方式及忠诚和执着应对复杂社会。

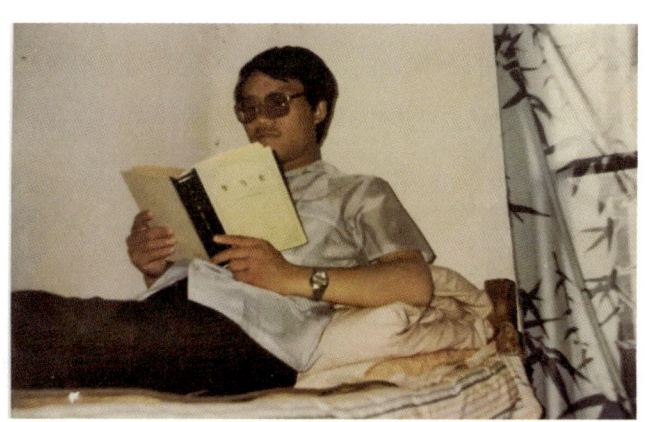

社会观察和阅读对我观察和理解社会、对我的生活态度产生深远影响，也令我认识到教育实践复杂的知识背景和社会背景，只有从广阔的知识视野和社会视野，才能更全面和深刻地理解这种社会事业。张庆云老师说本科生在科学研究方面尚未入门，的确如此。然而，大学积累的知识基础、形成的思考方式等，影响深远。后来念教育哲学专业研究生、做教育政治学研究，与大学经历都有关系。有没有因外出、泡图书馆逃过课？肯定有，而且次数不少，这全赖教育系自由和宽松的学习气氛，甚至我们有点被宠坏了。从宿舍到教室，步行约七八分钟的路程，宿舍的同学总会磨蹭到上课5分钟前才出发，常迟到。一次，下午开班会，过了开始时间快5分钟了，我们宿舍同学排着队，咔咔……咔咔……，走进教室，李社教老师终于忍无可忍，质问我们为什么迟到，我们耍赖说睡过头了，李老师无可奈何地说："你们就不能弄个闹钟？！"自由和宽松气氛，似乎不经意、不用心，但我相信，这是系里老师的精心设计。严格的课程学习标准与学生自由发展的平衡，是大学教育一个很值得研究的问题。后来，我自己管理基层学术机构、管理学生，才体会到系里老师的良苦用心。回忆大学经历，努力学着老师们的样子，在保证学生基础知识学习、基本方法训练达到标准条件下，尽可能给他们自由发展空间，鼓励他们追求自己的理想，鼓励他们在学术上批判和质疑——以致我评论一个学生的质性研究做得像新闻报道，他怼我"你到底懂不懂质性研究？！"实践证明，大学自由和宽松的氛围是正确的、有效的，河大教育系培养了很多优秀人才，我曾负责的基层学术机构也有不少优秀毕业生，老师们的宽容和认真给毕业生最深的印象。

向同学学习

如果回忆成长过程中对我们影响最大的10个人，相信很多人列出的名单中，会有同学的名字。我当时住学校东北角的学七楼314宿舍，北临铁塔，东临铁塔湖，前两年我们7人同住。丁玉欣年龄最小，睡我下铺，象棋和围棋都下得很好，处事淡定从容；周思绪篮球打得好，而且常有一些新奇的思路。可惜，二人都已不在人世，我们永远怀念他们。其他各人，各有个性，各有智慧。第三年起，徐士才搬进314宿舍，他才华出众，在经济学、政治学方面的一些见地，至今令我钦佩不已。比如，他说，商品的价值不仅取决于商品生产需要的社会必要劳动时间，劳动对象即自然资源本身以及对资源的占有也是有价值的，这些价值也应该加诸于商品价值。这是一个有深刻含义的思想。忽视劳动对象只计算社会必要劳动时间不易解释很多具体经济和社会现象，而且，随着人口增加和对自然攫取的增加，自然资源承受力日益成为重要问题。

学七楼314宿舍8位舍友（1992）

宿舍每天晚上关灯后的"卧谈会"是最天南地北、漫无边际的头脑风暴，话题从学校和学系的趣事轶情，到时事政治、社会思潮，以及恋爱经验谈，各式各样，一些影响一生的想法，是在"卧谈会"中形成的。"卧谈会"中斗嘴和争论不可避免，且常很激烈。一次，徐士才与宿舍其他7人争论，急了，说"你们这些牛"！——我猜，他本来是想用"猪"这个字的。此后一段时间，"我们是牛"成了宿舍的标志性用语。其实，大家关系挺融洽的。记得有一件T恤衫，似乎我们宿舍多人穿过，包括我，但一直不知是谁的。教育系1988级三个专业，学校教育、心理学和学前教育，约90名学生，大家一起学习，一起集体活动，相互之间学到很多，建立了一生的友谊。大学是什么？大学是教师和学生组成的学术共同体，河大教育系是这个共同体的基本组织单位。我曾经在这里，遇到敬业的老师和优秀的同学，他们在我生命中留下无法磨灭的印记，伴我终生。

作者简介

马凤岐

　　河南大学教育系 1992 届校友，广州大学教育学院教授，博士生导师。曾任汕头大学教务处处长、汕头大学董事会董事，广东省督学，曾获霍英东教育基金会高等院校青年教师奖（2006），全国高等学校科学研究优秀成果奖（人文社会科学）（2015）。

26 | 田虎伟：
河南大学教育系教我"三多"学习法

我出生于河南省豫西南偏远山区贫困县的一个农民家庭。小学教育阶段，任课教师几乎是清一色的农村代课教师；初中教育阶段，任课教师基本上是经过中等师范教育或培训转正而来的中专教师；高中教育阶段，任课教师以师范专科毕业为主。由于接受基础教育中的师资力量薄弱和个人努力程度不够等原因，使得我方言较重、口头表达和人际沟通能力欠佳等，养成了沉默寡言的性格。然而，1988年通过普通高考，我进入了河南大学教育系学校教育专业学习，使我人生第一次能够近距离聆听苗春德、程凯、扈涛、王北生、李申申、汪基德、赵国祥、赵俊峰、王菲、刘济良、王滨、赵国权、杨捷等众多著名专家学者的教诲，接受教育系良好教风学风的浸润，教我要多读书、多思考、多写作（以下简称"三多"学习法），助力我成长。

中国教育史、教育名著选读，教我"大学之道，在明明德，在亲民，在止于至善"、"博学之，审问之，慎思之，明辨之，笃行之"；马克思恩格斯论教育，教我"教育是社会上层建筑的有机组成部分，教育与生产劳动相结合是培养全面发展人的唯一途径"，尤其是王北生老师语重心长地谈到自己通读《资本论》等经典约40遍，才觉得有些心得和理论积淀；儿童发展心理学、教育心理学，教我遵循青少年身心发展规律，注重关键期教育；外国教育史，教我要有国际视野，多开展比较分析；教学论，教我教学技能、教学方法与策略；教育统计学，教我注重用统计数据说话，增强论证的说服力；教育科研方法，教我教育研究设计，埋下了我从事教育科研的种子；写作导论，教我明晰不同文种的区别，根据写作目的采用相适应的表达形式……时光流逝至今 20 余年，仍然萦绕心间，如在眼前。

教育系八八级刘伟、马凤岐、肖琦、焦春林等同学属于中等师范学校保送生，天资聪颖，综合素质好，多才多艺，皆属学习楷模，但作为标兵太过高远。室友赵明河、李中亮等，勤奋好学，善于思考，勤于写作，不断有小作品发表，对我影响和触动很大。

心动不如行动。在教育系所营造的浓厚学习氛围熏陶下，我爱上了读书，恋上了思考，热上了写作。我通读了当时学校图书馆收藏的心理学家、精神分析学派创始人——西格蒙德·弗洛伊德（S. Freud）的主要作品，例如，《歇斯底里研究》《梦的解析》《日常生活心理病理学》《多拉的分析》《图腾与禁忌》《自我与本我》《焦虑问题》《幻想的未来》《精神分析引论新编》等，喜欢上了性格心理学和社会心理学，利用当时河南大学出版社与图书馆举办书评大赛的契机，以人格心理学和历史唯物主义理论为指导，又精读了中国新文学运动中唯一的一部"学人之书"——《围城》，撰写了"方鸿渐其人——评《围城》主人公"，分析了方鸿渐（一个旧时代地主阶级出身又经受现代西方教育熏陶的知识分子）主导性格成分：妥协性、软弱性、虚伪性和不学无术，获得了大赛二等奖。在通读辽宁教育出版社 1988 年出版的"教育决策论系列丛书"的基础上，利用所学的科研方法知识，撰写了《人文社会科学研究中应重视方法论指导》的小论文，被学校中文系主办的刊物刊发。另外，在学期间，还有数篇杂文在《教育时报》等报刊发表。

正是由于教育系教我的"三多"学习法，以及这些点滴的积累，激发了我此后坚定走向学术道路的勇气和信心，在 1992 年临近毕业之际，我毛遂自荐，通过公开竞聘，自主争取到了一个一级分配名额（当时大学毕业生属于国家包分配）——豫西农业专科学校的科技写作课教师岗位。此后，我在工作岗位上，坚持使用"三多"学习法，不但很快适应了工作岗位的需要，而且陆续完成了硕士、博士学业，2010 年顺利晋升为教授、硕士研究生导师和河南科技大学的中层管理者。

至今，我不但坚持使用河大教育系教我的"三多"学习法，而且发展为"三多"学习工作法，并传承给我的学生和同事们，延续着母校母系的"魂脉"。

作者简介

田虎伟

1969年生，河南淅川人，博士，教授，硕士研究生导师。1992年毕业于河南大学教育系，获教育学学士学位；2002年毕业于华东师范大学，获教育学硕士学位；2007年毕业于华中科技大学，获教育学博士学位。现任河南省高等学校人文社会科学研究重点基地——高等教育与区域经济发展研究中心学术分方向带头人，河南科技大学社科处处长。

27 | 张占武：
学三楼里的青葱岁月

学三楼，是我们的大学生集体宿舍楼，高四层，"L"形建筑，我们住在一层，尽管毕业离开母校河南大学30年了，但是，学三楼让我魂牵梦绕，她的激情与平淡，她的风风雨雨，沉淀着我们这代人的金色年华与难忘岁月。

近水楼台的"楼王"

学三楼坐落在母校河南大学明伦校区西南方，始建于1981年，她外形奇特，南邻南大门和校医院，往北穿过一片小树林，便到了学五食堂，东邻政教系大楼，再往东是外语系大楼和地理系大楼。我们把她称为河大的"楼王"。当年，校园大，不少同学买了自行车。但是，我们住在学三楼，离我们的地理教学楼近在咫尺，不需要自行车，因此，也不用担心时有发生的"自行车被盗"事件。

我与我们的学三楼颇有缘分。1988年，我从临汝师范毕业考入母校河南大学地理系，那年6月份，我收到录取通知书，按照通知日期，8月30日，父亲陪着我提着大包小包的行李来校报到。谁知，学校开学日期竟改到了9月12日，我们足足来早了12天。当时，交通不发达，原路返回太麻烦。地理系负责接待的是杨新民老师，也是带我们这届的辅导员，他热情地接待了我们，安排我们临时在学三楼住下。我和父亲无事，就经常逛校园和开封城，不几天，便对校园尤其是这栋楼的周边十分熟悉了，自然也发现了它地理位置的优势。

开学后，我和同班同学被分到了学十一楼。新宿舍比不上"楼王"便利，却胜在"景"和"静"。一墙之隔便是铁塔公园，如果说学三楼是核心区域的"楼王",学十一楼则算得上闹中取静的"塔景房"。因为远离闹市,上课吃饭来去却不方便。当时,有一个八六级政教系的同乡郑红建住在学三楼,我俩父母是老相识,红建对我非常照顾。午休时间短,放学后我经常找红建吃饭,饭后就挤在他宿舍里休息。没课时,我也会早早从教室里出来,去红建宿舍等他。他宿舍有一位同学经常不上课,一学期上课的次数,一双手就能数得过来。所以,不用担心宿舍没人,进不去的小概率事件我从来没碰到过。

20世纪80年代,读了大学就意味着"铁饭碗、包分配",大家心理上相对松懈。地理在高中属于文科,在大学却被归为理科,院里坚持让我们学高数。刚开始,我们怎么也不明白地理和高数的关系,上课基本上是"身在曹营心在汉"。好巧的是,高数课还经常被安排到后两节。学生食堂12点开饭,老师说有两种学生特别引人注意:一种是11:30就迫不及待敲着饭缸等吃饭的,一种是废寝忘食忘了饭点的。"民以食为天",我属于第一种。尤其在高数课上,通常不到11:30,下面的同学就已跃跃欲试,一只手放在书桌下的饭缸上"蓄势待发",另一只手还心不在焉地握着笔"装模作样"。我们这些小动作被明察秋毫的老师识破,老师就说:"你们是地理系的学生,除非今天这里发生地震,否则,我一定讲到12点。"大家一下子像泄了气的皮球,握着饭缸的手也遮遮掩掩地收了上来。

河大校风一向严谨、朴实,老师对学生极其负责。为帮助学生树立正确的人生观、价值观,老师们在课后去学生宿舍指导学习生活是经常的事。很多时候,老师觉得不过瘾,还常把同学们叫到家里接着"教育",我们也能"因祸得福"蹭上一顿可口的饭菜。张道一老师后来回忆说,占武去我家蹭过不少饭呢。那个年代,老师对学生的关心确实细致入微。

在老师耳提面命的教育感染下,很多同学慢慢摒弃了浮躁的心态,变得积极上进,有一些同学立志考研,树立了更加远大的人生志向。既要奋发图强,"楼王"的优势在这个时候显现出来了。大三宿舍调整,我因此从"塔景房"搬回了"楼王"。这么一来,因为离教室近,节约了路上的时间,用在学习上的时间就更多了。晚自习时遇到刮风下雨天,住得远的同学索性就在宿舍自习。当然,在宿舍学习的弊端是注意力容易分散,学着学着就被某本"藏"在宿舍的畅销小说吸引去了。我搬到学三楼后,经常风雨无阻地去自习,学习成绩大幅提升。学三楼和地理楼都在当时贡院考棚范围内,尤其是地理楼,位于考棚中心地带。自习时,每每想到脚下这片土地曾经也是某位状元的福址,学习劲头更足了。

经过持之以恒的勤奋学习,同学们领悟到自然地理、人文地理不仅与高数密不可分,还与历史、中文、政教、外语、生物等学科颇有关联。譬如,大二时,我们便与生物系同去连云港实习,考察海洋地貌及海洋生物的多样性。由此可见,学好地理,必须具备跨学科的知识能力和思维能力。

学三楼还有一个特别之处,它是一个"大杂烩"。刚开始住着地理系、政教系多个院系的学生,而且男女混住。一楼还零散分布着几间研究生和教师宿舍。宿舍调整后,有生物系、计算机系、地理系三个院系不同年级的学生入住。

张志强是八七级地理系的洛阳老乡,他们的宿舍在学三楼一楼,我们在二楼,我俩经常去对方宿舍串门。通过志强,我认识了马良师兄,马良当时是八七级班长,还是地理系马列主义小组组长,我经常跟着他去小组学习。后来,马良师兄成了我的入党介绍人。当时,能入党是一件无限荣光的事情。

还住"塔景房"的时候,除了串门找红建,我还经常往学三楼跑着送信。那时通信技术不发达,大家主要靠信件联系,每次来送信,同学们都满怀期待地蜂拥而至,无形中增加了我与其他学科同学的交流机会,也为相互之间请教问题提供了便利。现在想来,我们那时候也算"上知天文,下知地理"了。

地理这门学问,除了知识性,还有"地理头脑"的学性,也就是常说的思想方法。学地理的人,看问题有地形、地利、空间的一套思维框架,谈出来的东西都能落到实处,这就是所谓的"地理头脑"。地理系由于涉猎广泛,毕业后,同学们分布在政界、学术界、金融界、商界等各行各业,所到之处,地理思维都有用武之地。

"大杂烩"里的活动中心

说起"大杂烩",我们宿舍就住着两个年级、三个专业的学生,经常有各自的同班同学来串门,自然而然成了"大杂烩"里的活动中心,我们宿舍也因此养成了多年不关门的习惯。这一习惯有两大"好处",一是开放包容,乐趣颇多。另一个则是老师到访的首选对象。

当时,每天吃食堂的我们,如果哪天能吃点儿特别的,就会觉得非常新鲜、满足。因此,在宿舍"开小灶"便盛行开来。我们班信阳的同学经常在宿舍里做炖菜,热气腾腾的炖菜加上腊肉的香味弥漫了整个走廊,这时候,常客们通常会"闻香"前来,你一勺子,他一筷子,吃得热火朝天。

开小灶之外,课余最受欢迎的活动当属打麻将了。我们宿舍常常人声鼎沸:几张拼起的书桌,这头吃着炖菜,喝着汴京啤酒谈天说地;那头麻将噼里啪啦打得起劲;更有坐在上铺的同学将麻将桌战况尽收眼底,以"上帝视角"当起指挥官的。有时候,这边收音机里播放着有关"海湾战争"的时事新闻,那边就有人研究起伊拉克、科威特的地势、气候,煞有介事地做一些关于战事的"神预测"……难得遇上周末,大家都精力旺盛,想玩得尽兴。通常情况下,只有老师突然到访,才能让他们着急忙慌地收拾"案发现场","逃窜"回各自宿舍,让这个"活动中心"获得片刻"安宁"。

南大门的小商贩开张时那叫一个热闹。尤其夏天,叫卖声从宿舍开启的窗户里飘进来,不绝于耳。有时候,我们甚至能闻到飘进来的食物香味。往往这个时候,我和几个同学,便从校医院的小道抄近路出去,大快朵颐地吃上一顿。

除了"热闹、乐趣多",同学们喜欢光顾我们宿舍的另一个重要原因就是我们宿舍有望远镜。"罗盘、望远镜、放大镜、地质锤"四大件是我们地理系的标配。那时候,大学里的男生青春萌动,男女相处还比较羞涩,交流较少,男生也更好奇女生下课后会干什么。我们的望远镜因此成了同学们争夺的宝物。

激情迸发的时代

当时，学校里这样流传：地理系土里土气，中文系文里文气，政教系官里官气，外语系洋里洋气，历史系古里古气。但是，我们这届地理系彻底颠覆了"土里土气"的刻板印象。

相比"被历史改变命运"的 70 年代，80 年代是一个压抑、沉闷、枯燥气息散去，思想与激情迸发的时代。浪漫主义悄然化入年轻人的平凡生活，"交际舞会"成为大学生活里最流行，也最受欢迎的社交活动。

地理系学风严谨，再加上"土里土气"的名号，系里并不支持我们办舞会，大家却没有就此消停。"十年磨一剑，今朝试锋芒"。我们宿舍作为"活动中心"，长期以来积累的"人脉"在这时有了用武之地。没有场地，我们就借政教系的场地。中文系女生知性文艺，外语系女生新潮前卫，都是男生心目中的女神。这两个系的"常客"就负责邀请系里的女生到场，我们的舞会因此蓬荜生辉、熙来攘往。当然，我们的宝物"望远镜"也常常成为利诱男生邀请女神的重要筹码。

除了在组织上有一套，要想掌控主场，还得有战术。交际舞会通常一举办就是一通宵。政教系出门一拐便是学三楼。当时，我们常常跳到一半先回宿舍休息，等到下半夜其他同学累得四仰八叉坐在地上时，我们却精神焕发再次返场，顺利成为舞会下半场的焦点。

别看我们邀请起女生来安排的头头是道，但是，真到了台面上就"怂"了。所以，那时的交际舞会男生跟男生跳，女生跟女生跳的情形并不罕见。王曙辉师兄后来回忆，他们那届政教系的学生大多来自农村，性格保守内向。一到舞会，男生们一个个恨不得把头勾到裤裆里，倒是个别女生胆子大，主动邀请男生。这样的好事师兄也碰着了，他说，他当时吓得夺门而出，逃得比兔子都快，以至于毕业 20 年聚会时，当年主动邀请他的女同学还不愿搭理他。师兄现在回忆起来，说很惭愧，但是，却无比怀念当初的青涩。

除了交际舞，在那个激情迸发的年代，压抑已久的文艺界百花齐放，越来越多的文艺作品涌现出来。尤记得，学生餐厅经常在饭点儿播放迟志强的歌曲《铁窗泪》，这对我们来说可是件新鲜事。后来，崔健、齐秦、罗大佑让民谣和摇滚在大学校园里火热起来，经常有留着长发的男生在走廊里嘶吼齐秦的《狼》，那声音，在这栋"L"形建筑的回声效果下，愈显浑厚。

感念师恩

学三楼的缺点是离澡堂远，洗澡不方便。尤其冬天，洗完澡，好不容易暖热的身子，这么一趟走回去，又冻得打哆嗦。所以，我们经常一两个星期撑过去，实在邋遢得不行了，几个人才约着一起去次澡堂。

有次在澡堂，我们一边洗，一边聊得起劲，猛得看见一个熟悉的身影，我心里咯噔一下：那不是李润田校长吗？学生都赶到周末洗澡，一排排淋浴头哗啦啦开着，整个澡堂云里雾里，一时间我也不敢确定。犹豫了一阵子，还是耐不住好奇，一点点挪到那个身影旁半米远的位置，小心翼翼把头探过去：

"请问，您是李校长吗？"

"嗯？是，我是。你们也来洗澡呀？"

这个声音熟悉又亲切，天呐！竟然真的是李校长。我心里暗自嘀咕，原来校长也来澡堂洗澡啊！随后，李校长一边洗澡，一边询问我们的学习生活状况，勉励我们好好努力，有什么困难及时向学校反馈。现在回忆起来依旧觉得温暖。

多年后，一次去省里办事，遇到八五级政教系曙辉师兄，他回忆起另一件关于李校长的事情。那时，课余娱乐活动少，最令人期待的就是大礼堂放映的电影了。有一天，师兄和另一位同学没买到电影票，又特别想看，就一直在大礼堂门口徘徊，想看看有没有人退票。结果等到电影开场也没等到，正打算败兴而归时，遇到李校长带着小孙子过来看电影。李校长一看两人垂头丧气的模样，便明白怎么回事了，二话不说，把自己的票给了曙辉。曙辉进去后回头一看，李校长的小孙子正躺在地上打滚哭闹呢。曙辉至今记得这件事情，时隔多年，仍对李校长心怀感激。

2019年教师节前夕，我专程去看望95岁高龄的李润田校长。老人家身体硬朗，每天坚持走路半个小时。小院子里，是我年初从嵩县带来并栽种的碧桃、女贞、牡丹，都已生根发芽。这次前往，我专门请了一位做绿化的朋友，帮忙把李校长的小院子重新布置了一下，使它更好地保持四季常青，绿色满园，生机盎然。

学三楼二楼拐角处，我们宿舍正对面，是程秀波老师和他爱人的宿舍。由于位置原因，这个房间狭小且没有窗户，用程老师的话说，"晚上一团漆黑、白天漆黑一团"。夏天，男生经常穿着背心、大裤衩在走廊里晃悠，程老师的爱人因此很少出门，我们也很少看到小黑屋的门开过。要是哪天门开了，绝对是因为老师实在忍受不了我们宿舍的吵闹，出来提醒我们小点声。这么一来二去，我们和程老师也熟络起来，知道他是宣传部的，分管校报和广播站，我们常常利用"邻里邻居的私交"，把年级活动的宣传稿从门缝里塞进去，不出意外，第二天就可以在学校广播里听到了，有时校报也会刊登。后来，程老师在散文集《静都偶记》里，有一章的标题叫"将别黑屋"，道出了乔迁新居的喜悦以及将别黑屋的不舍。

李小建老师居住的教师公寓也临近学三楼。大四寒假，我留在学校准备考研，李老师趁便让我帮他看家。我因此不用来回往自习室跑，也不会因为人来人往分散注意力。说是帮老师，其实也方便了自己。学校一放假，里里外外能吃饭的地方便不多了，好在师母离校前给我摊了几十张煎饼。我每天就着热水吃煎饼，倒也过得自在，学得高效。李老师的小儿子李力特喜欢粘着我，我经常带他偷偷买一些老师平时不许他吃的零食，这小子也聪明，回去后就把小零食藏在门口的纸箱里。可惜"一山更比一山高"，他这点小把戏常被李老师识破。

我们也会主动去老师家拜访，但绝对是"无事不登三宝殿"。一到期末考试前夕，同学们就会凑钱买个西瓜或买盒红梅烟，派几个人去老师家"套重点"。当然，"送烟"是颇有讲究的。首先，要在老师家当面拆开最外层的包装膜，拆包装的同学要得站在最显眼的位置，最好是再把撕下来的

塑料包装捏得噼啪响，好引起老师的注意。拆开后，给老师点上一支，再把剩下的放在老师正跟前。这些"套路"都是从学三楼里住着的高年级同学那里学到的。目的是为了告诉老师，这烟是专门为他买的，我们可是不抽烟的"好学生"。现在想来，这些小心思，老师只是看破不说破罢了。

有些老师也会用"年轻人"的方式教育我们。比如冯天才老师，有一次，为了管教我们，问敢不敢跟他拼酒？拼不过，以后就得老老实实学习。我和张宏伟、王洪彦几个人一商量，盘算着运用车轮战术，不信几个人喝不过老师一个人，于是，便抱着必胜的决心前去应战。谁知，最后以惨败收场，老师一个人把我们统统撂倒，我们喝得烂醉如泥，几个人互相搀扶着，东倒西歪地"逃"回宿舍，一睡就是一整天。愿赌服输，从此，我们便不敢违背冯老师的管教。

当时，河大的王才安书记、李润田校长、王发曾副校长都是地理系的老师，他们工作繁忙，仍亲自授课，对待学生循循善诱、平易近人。地理系老师们治学严谨，心系学生，师生情真诚炽热。我所记起的这二三事，不过是那个年代师生情谊的一点缩影。时至今日，我们仍时常探望老师，希望能继续亲近老师，感念谆谆师恩。

毕业多年，河大学三楼的学子们遍布世界各地。2020年年初，我到哥伦比亚大学访学。曾住学三楼的河大美国校友会原会长，八六级地理系胡世雄师兄及中文系八五级贾新峰师兄热情接待了我。偶然间得知河大地理系原系主任冯景兰教授，1921年考入哥伦比亚大学攻读硕士学位，我与几位校友专门到哥大地理系游历一番，感受老系主任学习、生活过的地方。现就职花旗集团的尚楠学姐闻讯也驱车五百多公里前来相聚，杯酒下肚，便聊起我往学三楼送信的往事。在学三楼结识的八八级生物系袁泽春同学，邀我到加拿大游玩，由于时间有限，遗憾未能应邀。通过微信"云聊天"，泽春提起当年我为了教他跳舞，不得不走女舞步的事情。回忆起与学三楼相关的点点滴滴，我们依旧滔滔不绝，恍惚间又回到那个赤诚的年少时代。

大四快结束时，大部分同学工作已经确定，互相请吃道别已成风气。那年5月的一天晚上，同学们又相邀一起去南门外喝酒。由于天天喝酒，没多久，几个人便喝倒了。回来时摇摇晃晃，倒头便睡。睡到一两点醒来，才发现某同学没回来。大家吓一跳，怕他出事，赶紧跑出去寻找。沿路找了一圈也没找到，快到学三楼门口时，突然听到一阵酣声。借着门口微弱的灯光，我们发现一人正抱着法桐树睡觉。走近一看，正是该同学，我们的心一下放松了。当时，他嘴里还念叨着某位女同学的名字，两只胳膊越抱越紧，原来，他把树当成梦里的那个女生了。有个同学想把他的手掰开，还真掰不动。我们太瞌睡了，不管他了，让他抱着树睡吧。

岁岁年年，学三楼里的学生走马灯似的流动，唯一没变的是门口的几棵法桐树。它风里雨里，依旧茁壮成长，枝繁叶茂。

作者简介

张占武

　　河南大学地理系1992届校友，正高级经济师，享受国务院特殊津贴。现任富士康工业互联网股份有限公司副总经理、监事，中国劳动学会副会长。

28 | 秦 军：
梦里的校园 追梦的起点

河大，是我梦里常常回去的地方；那里，也是我开始追梦的地方。

90年代是一个心灵骚动的时代，也是一个梦想疯长的时代。出国热、下海潮……无数中国人心中充满了对崭新未来的憧憬，对美好生活的期盼。

伴着街头巷尾"恋曲1990"的歌声，我们走进美丽的河大校园，开始了浪漫多彩的大学生活。

追梦，从这里开始。

那时的我，自认为是一个时髦的"文艺青年"。出于对文学的热爱，入学不久，我便萌生了在年级办一张文学小报的想法。和几个志同道合的同学一商量，马上得到了积极响应。很快，征稿启事传达到了每个同学，第一批作品也收了上来，创刊号出刊在即。

即将出生的孩子，需要一个响亮的名字。

在大家讨论起名的时候，有一位女同学（我现在记不准是谁了）说，文学是我们共同的梦想，青春又是一个爱追梦的年纪，不如就叫"寻梦园"吧。

定下了名字，我找系党总支的娄书记题写了报名，文学小报《寻梦园》就这样诞生了。我们对梦想的追寻也就此开始。

那时候几乎没有什么文印设备，小报的"出版"全靠手工作业。每次我把大家写好的稿子汇总起来，筛选后手绘一个简单的版式图，然后交给写字好的同学一笔一画地抄写到整版的大白纸上。我记得当时负责抄写的是余永金和李升斌，"写"出一期小报要耐着性子加上好几个夜班，个中的辛苦可想而知。

因为学业的原因，文学小报仅仅出版了几期就无奈地停刊了，但我追梦的脚步却由此开始，再也没有停下。

因为《寻梦园》，我从此养成了写作的习惯。每天晚上10点宿舍楼熄灯之后，我会拿出准备好的笔和本，借着手电筒微弱的光亮完成"作业"。

为了学习写作，我还养成了看报的习惯。学校大礼堂门前两侧的阅报栏，是我每天必去的地方。从西向东，《人民日报》《光明日报》《中国青年报》《中国教育报》《河南日报》《开封日报》《青年导报》……一一看过去，差不多要花一个多小时。

后来，写的东西多了，我便开始尝试着投稿。最初是《河南大学报》，我还记得发表的第一篇稿子是《雷锋精神在这里扎下了根——教育系开展学雷锋活动纪实》。也是因为写稿的原因，我当了系学生会宣传委员。

第一次在公开出版的报纸上看到自己的文章，也是在大礼堂阅报栏。我至今清楚地记得，发表在《青年导报》，文章题为《心灵的馈赠》，一篇短小的随笔。虽然比豆腐块大不了多少，却令我心潮澎湃，站在那里足足盯着看了十多分钟，激动的心情仍难平复。

这之后，我的作品开始频频见诸报端，《光明日报》《中国青年报》《中国教育报》等大报上也出现了我的名字。

写稿给我的大学生活带来了许多快乐，却也惹过小小的"麻烦"。一次我看到街头散发的小广告上错字连篇，就有感而发写了一篇杂文发表在《开封日报》上。文章见报没几天，发广告的小老板看到文章后竟然打电话到学校找到我说要约我谈谈。头一次"摊上事"我有些不知所措，思前想后决定拉上身材壮硕的同学翟立军给我壮胆一同去赴"鸿门宴"。好在最后虚惊一场，对方非但没有为难我俩，还请我们在相国寺门口的"加州牛肉面大王"吃了一顿。

随着文章不断发表，追梦的我也越来越有自信。那时候学校有一张学生自己办的报纸叫《河大公寓报》，看到编辑部招聘编辑记者，我积极报名加入，成了一名忙忙碌碌的报人。写稿、拍照、编稿、排版、印刷……

几乎所有的课余时间都用在了办报上，但那时丝毫不觉得累，反而感到无比的充实和快乐。

我至今清楚地记得自己的第一个采访对象是学校党委副书记，地点在书记的办公室。随后发表在《河大公寓报》头版头条的文章是《建设文明校园 公寓是重点——专访校党委副书记张放涛》。

这可以看作是我记者生涯的起点。

4年的大学生活匆匆而过，转眼到了离校的时候，心中满是深深的留恋和不舍。我把在学校骑了几年的自行车留给了留校任教的同学李世平，也是想在校园里最后留下一点我的痕迹。

毕业时，因为手里厚厚的作品剪贴本，我被特招入伍，在部队从事新闻宣传工作，如愿成为了一名军事记者。后来又调入军事杂志社，负责编辑出版工作。

因为部队工作的原因，毕业后再没有回过母校河大，但校园里的一草一木、一房一屋却常常出现在我的梦里，从未淡去。

也许是受我的影响，儿子也喜欢文学，高中选择了文科。2019年，儿子考入了中央戏剧学院文学系，仿佛是在延续我的追梦之路。

接到录取通知书不久，我和妻儿一起回到了日思夜念的母校。不知是想找寻梦中的记忆，还是想找寻追梦的起点。

当年住的学四楼还在，宿舍里已没有了青春活力的学子，而变成了一个个温暖的小家。

站在108寝室的窗外，我仿佛看见那个靠在床头挑灯奋笔的少年，宛如就在昨晚。身边的儿子也在向窗里张望，不知他是否看见了我当年的模样。

河大，我的母校！

我曾在此挥洒青春，也曾在此放飞理想。

虽然相伴短暂，但注定会对她一生难忘。

即使身在远方，也会永远在心里把她牵绊、在梦里把她珍藏。

作者简介

秦 军

河南大学教育系 1994 届校友，毕业后先后供职于总参谋部某军事院校、总后勤部某军事院校、国防大学、中央军委后勤保障部杂志社等单位。多次参加全国全军重大典型宣传，在中央人民广播电台、中央电视台、《人民日报》《解放军报》《光明日报》《中国青年报》《科技日报》《法制日报》《工人日报》等媒体发表各类新闻稿件 500 多篇，两次荣立三等功。

29 | 武　冰：梦回河大

1990年9月的一天，一位衣着朴素、扎着马尾辫的女孩提着一只空荡荡的皮箱，孤身一人站在河大门前。古朴庄重的校门气势恢宏，让人肃然起敬，门楼上"河南大学"几个字底蕴十足。

进了校门便是宽阔笔直的大道，大道两旁茂盛整齐的红叶李像迎宾的队伍矗立两旁。沿着宽阔的大道继续往前走，不久，一座雄伟的大礼堂进入眼前。大礼堂前的广场上熙熙攘攘，有的在驻足观赏，更多的在合影留念。

在学长的引领下，一直走到大礼堂后面一座朴素的楼前，那就是我们的宿舍楼——学五公寓。来自四面八方、性格迥异的6个女孩共住一室，开始了4年的大学生活。

走进食堂，面食的种类令人目不暇接，多得让人眼花缭乱。虽说食堂以面食为主，但仍有一个窗口常年提供米饭，虽说数量不多，但还是细心地照顾到了来自南方的同学。教室在不远处的教学楼里，很多课程是在实验室上的。上人体解剖课时，掀开尸体上白布的一刹那，女生们吓得不由自主后退的情景多年后我仍记忆犹新。为了写毕业论文，呆得最多的地方是微生物实验室。

自习有两个好去处，阶梯教室和图书馆阅览室。这两个地方十分安静，几乎没人讲话。但这两个地方往往人满为患，去晚了一般没座位，这样就要背着书包一个一个教学楼去找。所以一般情况下是我和郭玉萍商量好，一个人去打热水，一个人去占座位，放上书包或者一本书或者一瓶矿泉水就表示有人了。我课余呆得最多的地方是图书馆。通常周末找一个临窗的位置，看书累了，站起来欣赏一下窗外的美景，或对着暖暖的阳光伸个懒腰，真是莫大的精神享受！

打开水要到开水房，开水房有固定的开放时间，晚饭后排队打开水成为校园一景。因为人来人往，所以开水房也是学校信息交流的窗口，开水房的墙壁上经常贴有各种海报，信息众多，五花八门。我就是从海报中获得了很多的信息，由此参加了许多活动。其一参加了学校的书评学社，并且坚持了3年。其二听了一些讲座，例如插花讲座。其三参加了一期交谊舞培训。交谊舞培训班是一位学长办的，异常火爆，办了很多期，我参加时好像已是二十几期，收费合理。其四沾中文系的光，在科技馆二楼录像厅蹭看了很多名著，如《飘》《围城》等等。其五到大礼堂看了好几场电影，例如《红高粱》《菊豆》《大红灯笼高高挂》《秋菊打官司》等等。其六听了一些演讲，例如彭一清的演讲，他好像还被河大聘请为名誉教授。我自己也有幸登上过一次大礼堂的舞台。那是纪念"一二·九"运动55周年进行的全校大合唱比赛，第一次化妆、第一次站在聚光灯下，大家紧张、兴奋，但都很卖力地唱。也在大礼堂观看过校园歌曲大奖赛，集体为参赛的尹君同学加油。除此之外我们班也组织了几次像模像样的集体活动，像秋游、野炊等等。印象深刻的是诗歌朗诵。梁燕的《致橡树》扣人心弦，我也朗诵了余光中的《乡愁》，虽然多次预演、感情到位，但由于普通话不够好，同梁燕相比就是小巫见大巫。尽管这样，我还是从此喜欢上了朗诵这种艺术形式。还有一次办迎春晚会，每个宿舍表演一个节目，我宿舍表演的是《109晨曲》，这是我第一次绞尽脑汁写的剧本，表演后我向同学们了解情况，张令要竟一脸懵懂地说"没看懂"。

节假日还有不少休闲游乐的好去处。东操场的网球场，我和牛会巧经常在曙光初照的球场上挥动球拍，直到筋疲力尽。西操场很大，是饭后散步的好去处。学了交谊舞之后，周末还可以到东灯光球场跳会儿舞。风和日丽的假日还和一帮同学游览过学校东面荒草丛生的城墙，学校北面的铁塔公园，还有龙亭、包公祠、相国寺等等，当然还有夜市。夜市小吃琳琅满目、价廉物美。例如晶莹剔透的冰糖梨，美味的杏仁茶、肉夹馍、凉皮等等。第一楼的包子很贵，只在家人的陪同下吃过一次，里面的灌汤包堪称一绝。

熄灯之后，整个校园恢复了宁静，大家通常拉好床围，点上蜡烛或看书或编织。我编织的第一件也是唯一一件作品是一条长围巾。有时吹灭蜡烛，打开收音机听小说，《白鹿原》《穆斯林的葬礼》《平凡的世界》都是那时听过的经典。当然有时也卧谈，有一次不知怎么来了兴致，集体侃大山到很晚，半夜听到打开饭盆的声音。"谁？"有人问了一句。"饿了，吃点馒头。"打开饭盆的人应道。"我也要吃。"其他几个人几乎同时醒来，于是，一个小小的馒头硬是被掰成了6份，在年轻肠胃的消化下，竟是那般美味。说到美味，最应感谢的是梁燕，她离家近，可以经常回家，每次回来都是大包小包，不知道让我们打了多少次牙祭，共享过多少美味。在那个经济拮据、物资匮乏的年代，她把我们宿舍的生活水平和幸福指数直接提高了不少。在我心中，我始终坚定认为梁燕是一个德、才、貌俱佳的女子。

时间过得飞快，飘逸的长发剪成了齐耳的短发，又长成中发，转眼大三了。激动和向往了3年的连云港野外实习终于到来，半个月内我们走过了连云港的许多山山水水，也认识了许多植物。记得每次尚老师停下来讲解时，大家便蜂拥而上，围个水泄不通。小组里负责记录的赶紧写下标签，负责采集标本的赶紧剪下一个合适的枝条。有人指了指"王保长"，他一个人背着小组的6个水壶，那种全身披挂、任劳任怨的无私形象令人忍俊不禁。归来已是黄昏，晚饭后一般整理标本换吸水纸，有时忙到深夜，虽困顿不已，但第二天又都满血复活，上山下海，精神抖擞。半月下来，人瘦了黑了，但充实和快乐！大四和几个同学到开封回民中学实习，真正走到孩子中间，尝试当"孩子王"的职业生涯。

转眼分别在即，我在留言册上写道："请留下你的尊名，请留下你的佳影，我将把它当成珍贵的财富带向我的人生。"踏上火车，向站台上的同学挥手告别时，一丝惆怅涌上心头。再见了河大，再见了开封，再见了同学们！

拮据、平淡的大学生活结束了，我将走向社会，自力更生。回首4年大学生活，不免遗憾：4年中没有把字练好，没有把普通话学好，没有把英语口语练好，没有直接考研，尤其没有把握好参军的机会，甚至没有好好谈一次恋爱……但在河大4年让我养成了一些习惯，培养了一些爱好。例如喜欢上朗诵，喜欢上插花，也喜欢各种球类活动。简简单单的一花一叶都能变成一幅作品，给平淡的生活增添许多亮色。虽然大学时舞场简陋，舞步笨拙，但没有任何音乐细胞的我从此对音乐节奏有了感觉。郊游时看到新奇的植物，总忍不住细细观赏，琢磨一番。对大学校园、对图书馆、对书籍有一种由衷的亲切和喜爱。尤其养成了以书为友、以文为伴的习惯，并从中吸取营养，从而面对生活和工作中的困难和挫折也能从容不迫，面对得失宠辱不惊。原来河大低调厚重的文化氛围熏陶了我，在我的骨子里埋下种子，在我的血液里贮足养分，并生根发芽，让我受益终生。河大啊，离开了你，我才真正懂你！

河大的一草一木、一砖一瓦渐渐模糊，但经历过的人和事却更加清晰。记得一次实验课结束后，一向温文尔雅的尚老师看到一片狼藉的实验桌发火了。后来我带学生做实验时，经常想起这一幕，从而更深刻理解了严谨认真的可贵，也自觉养成了一丝不苟的教学习惯。毕业试讲时，卢书香老师点评时说了一句"很有教师样"，那句话差点让我热泪盈眶，那是我默默无闻大学生活中的最高褒奖，也是那句话激励我义无反顾投入教学工作，教学中不断提高和完善自己，并且充满职业的自豪和自信！大学4年也让我收获了珍贵的友谊。一次雪后初霁的正午，我和崔香环站在十号楼顶相谈甚欢，俯瞰整个校园，突然发现白雪衬托下的河大美得令人心悸；也和徐展在大礼堂的草坪上晒过冬日暖暖的阳光，她送给我的厚棉袜让我在北方的冬天里再也没有冻过脚；还和石华在校园中挖过野菜，并偷偷用电炉炖过野菜排骨汤，那是我吃过的最难忘的美味，更可贵的是石华还把她漂亮的衣服借给我，让我在河大留下了许多体面的靓照；课余经常和牛会巧逛到南门，吃上一份凉皮，然后踱步到西门书摊看一会儿书，饿了再回到南门分个肉夹馍；还有普通话测试之前，梁燕等很多同学积极热情帮我矫正方言……今天，大家各奔东西，有的远在海外，虽然平时很少联系，但想起来亲切依旧。大家在各自岗位上都很称职和优秀，有事能互帮互助，并建立了兄弟姐妹般的亲情。河大啊，原来你给了我那么多！

"因为梦见你离开，我从哭泣中醒来，看夜风吹过窗台，你能否感受我的爱。"歌声从江南烟雨中轻轻传来。

作者简介

武 冰

河南大学生物系1994届校友，获学士学位，现在无锡市第六高级中学工作，高级教师。

30 | 许建领：
美好的青春记忆
——我的河大教育系映像

人的一生会有很多经历，而青春的记忆却总是印象深刻、让人难以释怀。我在河大教育系的4年本科经历，美好充实。在河大校园里，有我恩重如山的老师，有我奋斗不息的足迹，有我丰富多彩的大学生活……从懵懂到成熟，从学生到后来成为教育管理者，教育系给予了我扎实的教育理论支撑，为我的职业生涯奠定了雄厚基础。近日再次回到阔别27年的河大，进入熟悉的学四公寓，迈上十号楼二层的教室，路经学五食堂和复习考研的物理楼，往昔恍如当前，感触良多，涌现耳际、不断重复的一句话是"感谢河大，感恩教育系"！

结缘河大

我与河大，似乎注定有缘。考入河大前，我曾两次进入河大校园。一次是我到开封走亲戚，他带我游览铁塔公园时，从东城墙带我进入河大参观。那是我第一次踏入大学校园，当时觉得河大校园好漂亮、好大气：皇家园林式的校园、雕梁画栋古色古香的建筑。当时心想，如能到这里读书，真是三生有幸啊！读高中时，开封地区组织高中生到河大听讲座，我有幸作为尉氏一中唯一的学生代表，跟随李武臣老师到河大聆听了著名教授貊琦先生的讲座。讲座的内容有些模糊，但貊先生满头的银发、渊博的学识、精彩的演讲让人肃然起敬。这种印象，现在还不时在心中泛起。那时不像现在，高中生高考前可以听多所大学的宣讲、到心仪的大学参观。我的两次到河大的经历，不经意间补上了这一课。一直以来，我还算是每个学段表现比较好的学生。当时就读的高中，是开封地区5县10所市属重点高中之一。我是高一年级 200 多名学生排名前 10 唯一选读文科的学生。在文科生中，我几乎每次的考试都排在年级前一二名，高二时曾是学校唯一的获开封地区作文比赛高中组一等奖的学生，高中时获评开封市优秀学生干部标兵，是校学生会副主席、文科应届班的班长。现在想来，我在高中还是有点风光的。高考那年，似乎考题比平常模拟训练难很多，且那时是先估分再报考，不是现在的分数出来后再报考。所以在挥汗如雨考完之后，在复杂心情中估分填报完志愿苦等结果。分数出来，我是全校文科第一、全县第三，分数超出一本线 20 多分，加上市级优秀学生干部标兵加分 20 分，考上重点大学应该不成问题。但我报考的大学之一——河大是师范院校，提前批录取。我被录取到河大，并从报考的法律系调剂到教育系。我记得当年高中的教导主任得知消息后，感觉到很遗憾，问我要不要去读。当然也有身边的亲朋好友问同样的问题。我说，我要去读，我去过河大，河大是我向往的大学之一。当然，没被录取到当时的重点大学，说不遗憾肯定不是真心话。其实，当时自己已下定决心，去河大好好读书，让自己的人生不留遗憾。看来，我和河大教育系的缘分，是一开始就注定了的。走过路过见过就一定不会错过，进入河大，河大就成了我的大学，成了我教育梦开始的地方。

感恩吾师

　　河大是一所优秀的大学，是中国教育史上一所著名大学。教育系有优秀的传承，大师辈出，至今在全国大学的教育系中，也堪称卓越。到河大后，深入了解河大的光辉历史和坎坷历程，不免让人唏嘘、赞叹。如今，我不仅是一位高等教育理论研究工作者，而且是一位高等教育管理实践工作者，对国内外高等教育了解较多，也在多所大学读过书。但无论走到哪里，我都是河大的义务宣传员，是河大教育系的"吹鼓手"，我经常以河大为傲，我常宣讲教育系的荣光。很多人听完河大的辉煌，常会惊讶，继而为河大点赞。河大现今进入国家"双一流"，我们这些做校友的，真的是扬眉吐气，信心大增。成就河大今日成绩的，是河大拥有众多一流的教师。在教育系，让我们佩服和骄傲的，正是我们遇到了那么多优秀且关爱学生的老师。我们的辅导员吕云飞老师，青年才俊，开朗潇洒，对我们要求很是严格。吕老师对我很关爱，开始先让我做学校教育班的生活委员，后又让我担任班长。这对我大学4年是极大的历练，不仅我自己要率先垂范，还要组织全班同学不甘落后，奋勇争先。还记得吕老师当时倡导设立"独生子女学"，他要当这个学科的鼻祖。这种勇于开拓，敢为人先的精神，着实让我们这些学生佩服。李申申老师的外国教育史，备课认真，举一反三，信手拈来，我学习很认真，笔记记得很详细，李老师也会经常表扬，这让我学起来更有动力，客观上为将来发展打下了坚实基础。程凯老师的教学论、马平老师的教育总论、赵国权老师的中国教育史都给我们留下了深刻的印象。马平老师给我们上教育总论时，我记得我立志要针对中国教育问题的实际，去研究解决现实问题，不搞"玄学"。这些想法得到马老师的鼓励，我也很受鼓舞，影响至今。赵国权老师个子高人很帅很亲和，像长兄一样，和同学们打成一片，很受欢迎。王北生、刘济良、扈涛、丁秀峰、赵俊峰、汪基德、侯宝顺等老师的课都讲得特别精彩，每个人的神情语态似乎就在眼前。还有两位非常优秀的老师，现在都已是河大的校领导了。一位是刘志军老师，一位是许绍康老师。多年之后，刘老师见到我，还记得我是他在教育系教过的第一届学生，还记得我的名字。许老师是我本家老师，自然感觉很亲切，至今他还记得我，很让人感动。颇值一提的是，我们的英语老师高芳教授，教学非常认真，和我们班的同学相处很好，有时候我们还会到她家打打牙祭，亲如家人。现在我们很多同学还和她经常联系呢！那时，王汉澜教授是我们仰慕的大师，我们学习的《教育学》全国文科教材就是他和华中师大的王道俊教授合编的。他没给我们授过课，但我们在大学毕业前，几个考上研究生的同学专门一起到他家拜访求教，他勉励我们好好求学，还专门给我题写了寄语："海阔凭鱼跃，天高任鸟飞。"这对我的深造求学，是一种极大的激励。

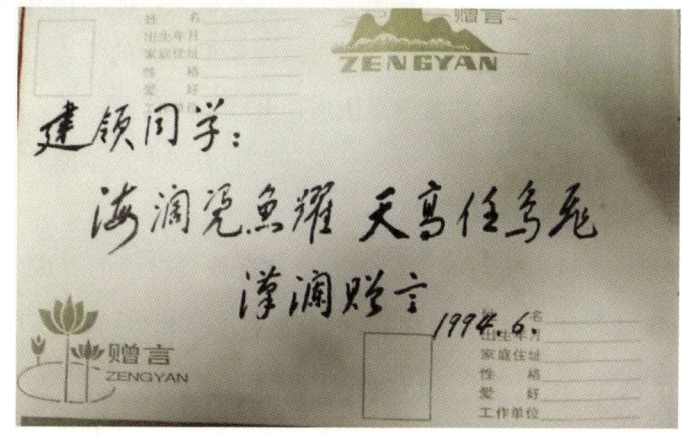

王汉澜先生为我大学毕业题字

勤学苦读

  大学 4 年，我没有虚度光阴。教育系有非常浓厚的学习氛围，教育系学生一入学，似乎都面临三大任务：一是英语过四级；二是学好专业；三是为考研做准备。英语老师高芳教授对我们寄予厚望，经常给我们学习加码。我们学英语也非常认真，有些同学第一学年结束就过了英语四级。连续 4 年，我按照学业进度要求，勤奋学习，对每一门课都非常认真，所以在每学年都能够拿到奖学金。我自认为资质一般，但一直非常努力，是勤能补拙型的学生。我们入学不久，系里就经常拿 1988 级学长给我们树榜样，要求我们像他们一样优秀，像他们一样有较多的毕业生考上名校研究生。我们班同学也攒足了劲儿，希望能超越学长们。在选择考研学校时，也是经过长时间的考虑的，最终我选择了厦门大学。教育系毕业、在厦大读博的朱国仁老师和读硕的刘喜才师兄，都给予了我很多指导。我们考研的同学确实都很努力，经常在一起相互沟通信息、相互切磋、相互鼓励。河大的学习气氛非常浓厚，抢占座位似乎成了我们的必备技能。尤其记忆深刻的是，物理楼有一个长明灯自习室，可以通宵学习，我们经常到那里复习备考。期间，教育系肖聚银书记曾找我谈话，提出我班有一个指标可保送读研，我是候选人之一。我非常感谢系里对我的关心和厚爱，但因我已做了较长时间准备，并希望走出河南开阔一下视野，所以主动放弃了保送资格。结果还好，那年我以总分第一名的成绩考入了厦大高教所，河大还专门就此事在全校作了通报表扬。

教育系的两次实习非常锻炼人。教育教学技能的养成，都归功于这两次的教育实习。一次是在河大附小实习，我和另一位同学分在五（二）班，担任副班主任。尽管时间只有一个月，但和同学们结下了深厚友谊。记得有几个平常调皮的学生，在那阶段学习进步突飞猛进，让他们原来的班主任陶继荣老师都感觉到很诧异。我觉得我还是有教书天赋的，我上语文课，很受学生欢迎。临实习结束，我们举行了告别会，班上小同学们哭得稀里哗啦，我们也很感动。另一次实习是大四在开封二师，我被分到藏族班当副班主任，对藏族学生的学习和生活状况有了深入了解。我和班上同学处得很好，从他们身上，也学到了朴实豪放的性格。实习结束，我还获评为"优秀实习生"。毕业前夕，我还光荣地加入了中国共产党。

回馈母校

河大承载了我的本科记忆，教育系见证了我美好的青春。大学毕业时，我记得校广播站《文学之窗》向我约稿。我写了一篇散文《散步》，广播站在1994年6月10日傍晚播出，当时有很多同学都听到了。有一段话，很让同学们动容，有的同学说都听掉泪了："朋友说，没有分配的苦恼，看你无忧无虑，脚步轻松悠闲，潇洒从容。我说朋友，您错了，您哪能理解告别您时我淡淡的伤感，与河大分手前那凝重的离愁？我就喜欢这样慢慢地走，因为在河大，我是走一步，少一步，走一步，少一步……"

离开河大去读研读博、到大学教书、到教育行政部门工作，时常会想着河大、想着河大教育系的老师和同学。感恩河大，最好的方式是不辜负教育系的培养，在个人岗位上取得成就，让河大以我们为荣。我在大学教过书，后来到市教育行政部门工作，为多所大学的办学方案设计、筹备、设立和招生尽心尽力，在高等教育研究和工作实践中奋力开拓，作出了一点小小的成绩。回想起来，在教育系受到的专业训练，为我的工作实践打下了非常坚实的基础。河大的培养，成就了现在的我。去年，刘志军老师带队到南方考察时说，河大要异地举办一所研究院。到深圳后，我帮助联系了虚拟大学园，请刘老师带队参观并提出如要在南方建研究院，深圳是最佳选择；河大这所百年名校，应以国家"双一流"建设为契机，借助改革开放前沿这个平台，复兴河大、再创辉煌。河大校领导们很有眼光，刘老师牵头组织，我也在力所能及的范围内给予协调支持，研究院最终落户深圳。期间，校党委书记卢克平专门到深圳看望校友，许绍康老师也多次带校友会负责同志到深圳指导工作。见到他们，真的感到很亲切、很温暖。深圳有了河大的研究院，我们这些河大游子们在深圳也有了自己的家，真的很好！我们能为母校做点事情，也很自豪。大学4年是短暂的，但对人生的影响却是长远的；美好青春是易逝的，但它却是人生成功的塔基；河大，我的河大，却成为我永恒的青春记忆；教育系，我的教育系，总让我怀念和您在一起的点点滴滴。感谢您，河大！感谢您，教育系！感谢您，我的老师们！想念你，我的同学们！

作者简介

许建领

    1971年4月生，河南开封人，教育学博士，厦门大学高等教育发展研究中心兼职研究员，大学教育管理专业硕士生行业导师。现任深圳职业技术学院党委副书记、校长。1994年毕业于河南大学教育系学校教育专业，获教育学学士学位，之后在厦门大学、华中科技大学攻读研究生并获得教育学硕士、博士学位。1997年至今，曾先后担任深圳大学高等教育研究所助理研究员，深圳市教育局高等教育处主任科员、高等教育处副处长、高等教育处处长，中共深圳市委教育工委委员、市教育局党组成员、副局长、机关党委书记。

31 | 姜峰基：光荣属于河大生物系

离开河大校园算来已经 22 年了，时至今日可以毫不夸张地说，没有哪一个 4 年能在我的记忆中留下如此生动、鲜活的印记，没有哪一个 4 年能对我的人生有如此深刻、长久的影响。多年来，每当重新踏进河大校门，抬头凝望雄伟的大礼堂，我就仿佛又回到了 20 年前，回到了学三楼的学生宿舍，回到了十号楼的课堂，回到了河大生物系的温暖怀抱。因为我的根在这里，我的梦在这里，每当这时我都感觉自己从未离开。

回忆在河大的岁月，虽白驹过隙，却历历在目，有太多难忘的人和事。但如果只能讲述一件，那就是 1995 年我临近毕业的那个春天的一个夜晚，一个属于河大生物系的夜晚，一个光荣与胜利的夜晚。就在那晚，在河大百年大礼堂，生物系取得了河南大学首届辩论赛的冠军，这是生物系恢复建系以来首个全校学生活动的冠军，作为亲历者我倍感光荣。那晚，生物系人在大礼堂鼓掌欢呼，在校园里庆贺高歌；那晚，我们为生物系骄傲！

当时，河大生物系恢复建系不足 10 年，全系学生总数还比不上中文系、历史系的一个年级。在与其他院系学生交往中经常被人反问"咱们学校还有生物系"？每当这时心里都酸酸的。所以在河大举办第一届校园辩论赛时，没有人把生物系与夺冠联系在一起，甚至包括我们自己，虽然有这种渴望但也没敢奢望。不过正因如此，我们能够摆正自己的位置，抱着学习提高的态度，认真细致地做好备战和参赛的每一个环节，一步一个台阶最终登上了梦想中的最高领奖台。

说到这次辩论赛的胜利，不单是参赛 4 位选手的胜利，更是生物系全体师生的胜利，是全系上下高度重视、齐心协力、集体智慧的胜利，是团结奋进、求真务实精神的胜利。

首先，在参赛队员选拔上系领导就没有采用常规的指定和推荐的办法，而是认真组织了一次系内对抗赛，各年级组队相互对抗。这一举措在后来被认为是我们最终能够在全校夺冠非常重要的因素。在对抗赛中，我们不仅选拔出了真正具有实力的队员，还使同学们在实战中积累了经验，做好了准备，最终凭借实力，4个年级恰好各有1人入选。除即将毕业的我之外，入选的同学还有九二级的孔立、九三级的尚峰和九四级的武清平，他们都是系内对抗赛中的佼佼者，而且各具特色。孔立思路清晰，善于思辨；尚峰语言犀利，能攻善守；武清平伶牙俐齿，反应极快；作为四辩的我负责掌控全局，把握节奏。这可以说是我们生物系精挑细选的最佳阵容。

组建一支好的队伍仅仅是取得胜利的前提条件，参赛前的精心准备才是制胜的关键。系领导和老师们为我们制定了科学周密的备赛方案与流程。拿到辩题后首先由我们自己自主准备，发挥各自优势，通过查阅资料、研究辩题、头脑风暴、形成体系、组织辩词等过程，建立起基于本方观点的基本理论框架。在这个过程中，老师和同学们给予了我们巨大的支持和帮助。我记得尚富德老师每天到图书馆根据辩题查找大量的相关理论书籍和资料提供给我们使用，魏高明老师经常与我们一起研究辩题到深夜，各年级同学陪我们一起冥思苦想，出主意想办法寻找破解难题的思路和方法。特别是我们九一级大家公认的"智多星"莫树文和郭强两位同学，主动承担陪练的角色，帮助我们分析辩题、揣摩辩词、查摆问题，为全队的备赛提供了巨大的智力支持。

在自主准备之后，备赛的第二阶段由系领导组织生物系尽可能多的老师一起听取我们准备情况的介绍、辩题立论体系的分析，同时进行模拟对抗演练。当时生物系的老师并不多，在我的记忆里，每一次模拟演练，能来的老师都来了，有尚富德老师、郑合勋老师、谷艳芳老师……每次老师们都从各个角度给我们提出特别有价值的意见和建议，使我们的立论更加完善，辩论更加合理；每次演练都是直至大家认为没有任何理论问题和准备的疏漏时才宣告结束。

最后，在真正比赛前院系领导还会做最后的赛前动员，帮助我们端正态度，放下包袱，集中精力，将每一场比赛都作为决赛去拼，把准备的水平发挥出来，战胜自己就是最大胜利。

就是这样，我们一路战胜了一个又一个强劲对手，以全胜的战绩神奇般地闯入了决赛，对阵同样一路所向披靡来势汹汹的管理科学系。时至今日我还清晰地记得决赛安排在晚上，那天大礼堂座无虚席，生物系师生几乎全体到场，同学们早早占据了中间前几排最好的位置，更让人感动的是我们的老系主任蔡兴元教授带病坐着轮椅来到比赛现场为我们助阵，令全体师生和参赛队员备受鼓舞。我们能够深深地感受到蔡老先生是多么期望我们这些后辈学子能为新生的生物系创造一次历史。

最终，4位参赛选手在生物系师生的助威和呐喊声中，充分展示了生物系学生的能力和素养，运用缜密的理论、严谨的论述、精彩的表达和完美的配合，说服了评委，征服了观众，赢得了最后的胜利。在主持人宣布生物系获胜的那一刻，大礼堂沸腾了！在我们高高举起奖状时，生物系人手拍红了嗓子喊哑了！当我们一起把奖状证书捧给蔡兴元主任时，老先生激动得热泪盈眶。

这次比赛后，生物系对我们参赛选手进行了嘉奖表彰，我本人也入选河大校队代表河南大学参加了全国大学生辩论赛。但我始终认为胜利和荣誉属于全体生物系的领导、老师和同学们，辩论赛看似偶然实则必然的胜利是生物系建系以来秉承的求真务实、团结奋进精神在实际工作中的生动而真实的体现。我相信，正是传承了这种艰苦创业精神的一代代生物系人，不忘初心，砥砺前行，通过自己不懈的努力，才使我们河南大学生物系从白手起家，名不见经传，迅速成长壮大，一步一步走向辉煌，在恢复建系短短30年时间一跃进入"双一流"学科建设名单。20年前的那个夜晚，光荣属于曾经的河南大学生物系！20年后的今天，更大的光荣属于昂首进入"双一流"的河大生命科学学院！为您骄傲，我亲爱的母校！离开您的怀抱已经整整 22 年了，但我依然深深地爱着您——我的河大生物系。

作者简介

姜峰基

1995 年本科毕业于河南大学生物系，后获硕士学位。河南省学术技术带头人，河南省中小学名师，河南省优秀教师，河南省电教教材评审委员会专家，现就职于开封市教育局。

32 | 黄忠敬等：那份"底色"

2020年，适值我们亲爱的河南大学教育科学学院恢复建系40周年，学院举办了非常有意义的征文活动。通过网络，看到一篇篇感人至深的纪念文章纷至沓来，倾心拜读之余，我们教育系九二级在上海的几位同学相约聚在一起，共话当年同窗情谊，感恩师长谆谆教诲，祝福母院前程美好。情之所至，同学们携手共撰小文，感念河大教育系深深烙刻于我们成长路上的那份"底色"。

感念师恩"包容大爱"

我们是1992年9月进入河南大学教育系的。那一年，无论对于我们个人还是整个国家，都是踏上新征程、开辟新时代的一年。当年懵懂青涩的我们还没有意识到未来中国大地将发生怎样的改革开放奇迹，也还没有体会到未来母校和恩师们将给予我们怎样的不竭精神动力。刹那芳华，28年过去了，每每与老师或同学回忆起在河大的岁月，心底总会不由自主地涌起一股暖意，那是一种说不出的情愫，但却倍感滋养。

感念恩师们对我们的包容，遵循有教无类的教育理念一心引领我们成长。印象中的4年，从辅导员到授课教师，或温文尔雅，或深沉内敛，或诙谐幽默，或犀利睿智，或亲切温暖……每位老师风格不一，包容大爱、真诚负责是共有的特质。老师们对待我们这些性格迥异、背景不同的学生，都像是对自家孩子一样包容，给予无私的爱。学习上，尊重每位学生的特点，给予极大的信任、尊重、鼓励与支持。辅导员岳亚平老师实实在在陪伴我们走过了4年大学生活，对每位同学的影响绝对深远。"长大后，我就成了你"绝不是一句歌词而已，在许多同学的身上，都或多或少有着岳老师当年的影子。尊重每一位同学，公正公平地对待身边的每一个人，这样的理念至今还深深地影响着我们。正是这份最无私的爱，使得我们无论在哪里打拼奋斗，都一直与母校紧密相连。

感念老师们以身作则教导我们为人处世的基本道理：用心做事，以诚待人。大学时期经常会有一些公益活动，印象最深的有两次：一次是翰园碑林挖泥，一次是铁塔湖边植树。翰园碑林初建在龙亭湖边，泥深土硬，说实话，活儿不轻；东城墙植树，挖坑后都要到铁塔湖舀水，劳动量也不小。两次活动，系里不少老师以身作则，身先士卒，与我们学生一起挖泥浇水，丝毫没有架子，裤腿卷得高高，渴了喝口凉水，饿了啃口馒头。多年之后，每每想起那热火的场面，不由得伸伸胳膊踢踢腿，好生眷恋。岁月变迁，鬓发渐白，感恩老师们在青春和梦想开始的地方，给予我们坚韧和力量。

感怀文化"质朴厚重"

如果说一所大学让一届又一届的莘莘学子魂萦梦绕，那一定是因为这所大学的厚重文化。教育系在河南大学悠久历史的滋养下，秉承"厚德博学"的院训，始终给我们一种厚重感，低调而优雅，质朴而自然。

这种厚重感来自于历史。八朝古都历史辉煌，悠悠铁塔铃声清脆，坐落在古城开封的百年名校，自然而然成就了历史的厚重感。明伦街南校门上"明德新民　止于至善"的校训至今熠熠生辉，气势恢宏的河大礼堂，悠悠古韵的博雅楼、博文楼，中西合璧的十二斋……无不体现着河大的厚重历史沉淀，也哺育滋润着有幸加入教育系大家庭中的我们。母校在我们成长之初春风化雨，以其润物无声的大学文化锻造并影响了我们一生的人生态度和意志品质。

这种厚重感来自于大师。所谓大学者，非谓有大楼之谓也，有大师之谓也。教育系大师辈出：李廉方先生的"廉方教学法"、"三王"之一王汉澜先生的《教育学》风靡全国，是师范院校学生的必读书目……一代又一代师生辛勤付出，教育学脉代代传承。在校学习的那 4 年，我们有幸听到不少老师的精彩课程。从神经生理学到普通心理学，从教育学原理到中外教育史，从学前教育学到学校教育改革，从教育研究方法概论到教育统计学，丰富的课程结构极大地拓展了我们的视野，为我们的成长发展奠定了很好的基础。20 年前打下的文化厚重底色，至今仍然是我们砥砺前行的不竭动力和不断成长的精神源泉。

这种厚重感来自于责任担当。创立于 1912 年的母校是当时闻名全国的三大留学基地之一，承载着救国救民、国家振兴、民族富强的重任。百余年来，虽然历经风雨，但河南大学始终担负着这样的使命担当。作为河大的重要院系之一，教育系在人才培养、科学研究和社会服务方面等方面都体现了这种使命和担当。经过多年的发展，教科院在教育理论创新、决策咨询服务和引领教育实践等方面都作出了卓越的贡献，在全国产生了广泛的影响力。展望新时代，河南大学教育学又面临着新的机遇，迈入国家高水平学科建设的行列。未来已来，未来可期，相信母院的未来更美好。

感慨同窗"真诚纯粹"

我们九二级有两个专业 63 名同学，组成特别有意思。从性别比例上来看，心理学专业 5 名女生，25 名男生，男生远多于女生，这 5 名女生在大学 4 年里一直享受着众星捧月的待遇；而学前专业 13 名男生，17 名女生，女生多于男生，印象中学前专业的男生总是有那么点儿优越感。如果按照入学方式，又可以分为常规高考生、高中推荐保送生、中师保送生和劳模推荐生 4 类。中师保送生是那个时代的特有现象，劳模推荐生更是特殊，他们是已参加工作多年的优秀中学教师，入学前已获得劳动模范称号，然后推荐进入高校学习，在年龄上大我们不少，社会阅历也远多于我们。尽管九二级同学来源多样，特色各异，但时隔多年，每每有机会再聚，依旧亲如当年，融洽和谐。

一起走过大学 4 年的 63 位善良可爱的"亲同学"，从初相识到现在已实足 28 年，无论现在哪里、在做什么，印象中每个人还都是当初青涩纯朴的样子。记忆中大学的学业成绩已模糊不清，而母校沉淀在我们身上的与人为善、专注坚持、为人低调、质朴纯良是最宝贵的财富，在每位同学身上都不同程度地体现着类似的特质。那时候的同学生活很简单，打卡早操，按时上课，下课后一群同学嘻嘻哈哈奔食堂，晚饭后或图书馆或教学楼。九二级的学风还是极浓郁的，超过一半的同学报考研究生，现在曲指算来，应届或工作后再进修，有一多半的同学继续深造。此外，我们那届的部分同学在大学期间就锁定纯真情感、毕业后喜结连理的双双对对至今也令人津津乐道……

感谢生活"温暖美好"

记忆中的河大生活是温暖而美好的。入校那年，恰逢河南大学建校80周年校庆，各类丰富多彩的校园文化活动应接不暇，那时大礼堂的灯火辉煌似乎照亮整个天空。4年里，我们游弋在知识的海洋，也徜徉在文学艺术的殿堂。学习之余，我们也享受着青春的飞扬。节假日空闲的教室里、周末晚间的食堂空地、篮球场上，翩翩起舞的身姿洋溢着热情的青春，在古风旋律中藏着爱情故事的"新鸳鸯蝴蝶梦"、蕴含处世哲理的"潇洒走一回"、充溢着中华民族五千年沧海桑田尊严的"东方之珠"，还有村里有个姑娘叫"小芳"……一曲曲优美的旋律似乎又飘扬在耳边。一本本世界名著也扑入眼帘，我们认识了自信坚强的简爱、刚毅果断有主见的伊丽莎白、为人类事业献出全部精力的保尔·柯察金……由名著改编的电影《魂断蓝桥》《罗马假日》《飘》《钢琴课》……把文字转化为生动的影像深深留在心房。在潜移默化中陶冶着我们的文学艺术素养，见识了国外的风土人情，了解中外文化差异。这些回忆总能唤起我们心里最柔软的情愫，在暖暖日光包围中让我们愈发温暖。

每一位河大学子都会怀念开封的小吃吧。记忆中明伦街85号河南大学正南门左右沿街聚集了很多小吃摊铺，那时达允许沿街经营，摊贩师傅们一年四季常年驻守，经营时间从早到晚，为学校师生和南来北往的人们提供了各种美食。记忆里，一份炒凉粉加一份花生奶似乎是很流行的早餐标配。凉粉是用红薯粉做的，师傅把凉粉切成正方形小块，然后放在铁鏊子上翻炒，不时加入豆瓣酱和肉酱，一时香飘四溢，冬秋季节更是炊烟袅袅，所谓人间烟火不过如此。炒好的凉粉用热气腾腾的烤炉烧饼当容器盛满，迫不及待咬上一口，香！大学毕业后，走过很多地方，这种把凉粉炒热了吃，用烤炉烧饼当容器，然后把餐具和餐食一起吃掉，还因地制宜提供温热的花生奶，泱泱我中华美食，如此辩证、环保和科学的综合吃法似乎找不出第二个。炒凉粉是不是开封小吃的典型代表？这种做法的辩证和吃法的因地制宜似乎也融入河大学子的基因，亦是育人。

除了炒凉粉，开封还有许多知名小吃，肉夹馍、麻辣羊蹄、鸡蛋灌饼、羊肉汤、枣糕、桶子鸡……记忆里，冬日夜晚昏黄路灯下，同学相约到西门外，来一碗热气腾腾的鸡血汤，额外撒上薄薄一层白胡椒，在弥漫的辣味中打个大大的喷嚏，然后哈哈笑成一团。读书时经费紧张，偶尔出去搓顿好吃的能满足好几天，那种享受时隔多年，依旧历历在目。忘不了的，显然不只是吃了啥，更是怀念当年一起流连小吃摊旁的你吧。感谢温暖美好、充满烟火气的河大生活。

时光荏苒，岁月匆匆。

出走半生，归来，依旧是您的少年。

作者简介

黄忠敬、芈玉芹、李桂红、李晓军、杜晓堂、丁彪

1996年毕业于河南大学教育系，目前各自在长三角地区教育领域任职。

33 | 吕厚超：
梦回河大

——写在母校河南大学 110 周年校庆之际

逝者如斯，不舍昼夜；岁月匆匆，若白驹过隙。那些如烟般的往事随着某个特殊日期的临近扑面而来，不断把我裹挟进迄今已三十年的回忆中。孔子云：三十而立。"三十"这个数字，就像是一个时间节点，总会让人有更多的思考、压力和改变。

1992级心理学专业十一号楼215宿舍室友

于我，自1992年秋从豫东小镇赶赴河南大学新生报到至今（2022年），恰好三十年！时光荏苒，岁月如梭；三十年，整整三个年代。其间的人生过往，或喜或悲，或得或失，或成或败，或意气风发或嗟叹徜徉！但唯一不变的，是对母校的深深眷恋和美好思念，间或夹杂着些许的忧伤。但忧伤在心底，欲说还休，恰似一江春水向东流！眼睛湿润，忧伤无限蔓延，轻依窗前，仿佛又望见河大校园十一号宿舍楼215室窗外的铁塔，每一块铁褐色的琉璃砖，每一盏随风摇曳的风铃，仿佛都流淌着厚重文化的血脉，闪烁着古朴智慧的光芒，牵动着悠远的思绪，诉说着如诗的往事，又陈述着千年的沉浮和新生的喜悦。从1992年秋第一眼望见高耸的铁塔，我就多了一个伴随终生的骄傲身份：铁塔牌学子！

矗立在黄河之滨的河南大学，见证百年沧桑，传承中原文明，迎来送走一批批莘莘学子。1992年9月25日，恰逢河大建校80周年，八十载弦歌不辍，八十载薪火绵延。入学就亲历母校八十华诞庆典，何其幸也！在河大典雅古朴、底蕴深厚、翰墨飘香的校园里度过的最美好、最难忘的4年青葱岁月，让我学会思考和探索人生，学会感恩、铭记、努力和奉献；让我渐渐领悟"明德新民，止于至善"的校训和"团结、勤奋、严谨、朴实"的校风，并逐渐形成带有河大基因的前瞻开放、坚持真理、追求进步，百折不挠、自强不息、不事浮华、严谨朴实的河大精神。这不仅奠定了我对母校的集体记忆，也塑造了我此后的行事风格和社会性格。记得在入学后教育系（教育科学学院、教育学部前身）的第一节课上，任课老师让同学们描绘自己的当下境况和未来人生图景，我毫不犹豫地写下"既来之，则安之"。这句话似乎成为我人生的座右铭。1996年大学毕业后，虽然历经几次工作转换，从商丘市财政干部学校任英语教师，到青岛市人事局做公务员，回西南大学从事教学科研工作，赴美国芝加哥大学和加州大学伯克利分校访学交流，但每次都能来之即安，从善如流；安之若素，淡然若水；不争不怨，不屈不弃。自1997年跟随国内心理学名家黄希庭先生攻读硕士、博士以来，我选择了较为小众的时间心理学领域作为研究主题，近期又涉足颇接地气的社区心理学研究领域，也许正践行了河大的优良校风和河大精神！

在逸夫图书馆楼前留影

一草一木，一花一时，一砖一瓦，细数河大，历历在目。不由得想起河南大学的多宗"最"：最具象征性的建筑——大礼堂，校友心目中最具代表性的建筑——南校门，最值得纪念的开端——河南留学欧美预备学校，最受欢迎的河大小吃——老区西门鸡蛋灌饼，最适合聚会的场所——铁塔湖畔，学霸最密集的地方——逸夫图书馆，最适宜的恋爱场地——十一号公主楼前的爱情花园……

忘不了，西操场的晨跑，黄河滩的郊游；爱情花园的吟诵，八朝古都的夜市；爱情的甜美浪漫，室友的深夜卧谈；明伦街的鸭血汤，毕业聚餐的宿醉；十号工字楼顶的交谊舞，考研时物理大楼教室的占座……耳边仿佛又响起当年流行歌曲的回声，《水手》《同桌的你》《星星点灯》《祝你平安》《潇洒走一回》《真的好想你》《你在他乡还好吗？》。

春花秋月，夏雨冬雪，岁月无痕，四时轮替。月有阴晴圆缺，人有悲欢离合。铁塔湖畔的清柳，似夕阳中的新娘；波光里的艳影，在我的心头荡漾；软泥上的青荇，柔柔的在水底飘摇；在铁塔湖的柔波里，我甘愿做一根水草！

梦回河大，想必物是人非。河南大学，让我魂牵梦萦的地方！

作者简介

吕厚超

河南大学教育科学学院（原教育系）1996届校友。心理学博士，西南大学心理学部教授，博士生导师，美国芝加哥大学访问学者，国家社科基金项目评审专家。中国心理学会社区心理学专委会副主任兼秘书长，中国社区心理学服务与研究中心副主任，时间心理学研究中心主任，中国人力资源开发研究会人员测评分会常务理事，重庆心理学会理事兼社区心理学专委会主任，重庆市委组织部面试专家。

34 | 柳素平：
艺高为师，德高为范
——我和恩师李振宏先生交往的前后

  师者，传道授业解惑也，他不仅仅是业的传授，更是道的递延。所谓师范，艺高者称为师，德高者方为范，合格的人民教师，往往是道德和学问兼具的化身。认识、跟随我的硕士生导师李振宏先生的几千个日子中，我真正见识了一个师者的风范。跟随李老师读硕士是从 2000 年开始的，但是认识李老师远早于此。从认识李老师的那一年起，我就有为他写篇文章的打算，甚至为此还专门采访过。但是直到今天，20 多年前采访草稿依然摆在眼前，我却未写出一篇关于李老师的稿子。不是不愿写，不是不能写，随着时间的推移和交往的加深，我愈发不敢写，因为我生怕自己的笔力不足以表达对恩师的情感，我担心自己的文墨难以刻画先生的形象，在我，任何稍逊于李老师形象的东西都是不能容忍的。20 多年过去，我越来越感受到李老师人格魅力带给我的震撼。

——题 记

初识

  1996 年年初，一个平常的日子，在河南大学历史系九二级上午第一节课上，来了一位教史学理论的老师，方脸、平头、灰色夹克衫。没有自我简介，没有任何板书，一开始就直奔主题。记得那日所讲内容是"什么是历史"，一连串的排比、反问，带领我们走进了一个新奇的、闻所未闻的史学理论世界。这位老师一开始声音不高,但不到10分钟,他声音越来越高,激情越来越澎湃,在我们看来不像是讲课,竟是演讲。他的每一句话在我们听来都是那么有力,他的每个观点在我们看来都是那么新颖。下课后,我才知道,他就是当时河大历史系三大奇才之一——李振宏老师。

后来陆续知道了李老师的一些事。如,他还在读大学期间,就发表了震惊史学界的论文,以至于史学编辑李祖德把他当做一位老学问家看待,在一次会议上问朱绍候先生,"李振宏老先生怎么没来?"再如,系里学生传李老师有"三不",不会骑车儿,不说普通话儿,不当官儿。这些事使我对李老师多了份敬重和仰慕。于是,每次史学理论课,我都坐在第一排靠近中间过道的位置,以最近距离聆听李老师的课。课间李老师在下面座位上休息,我都会过去和他聊。渐渐地,李老师也多少了解到了我的状况,瘦弱、好学、要强。

读大学时的我是个苦孩子,虽非缺衣少食,但有时也出现捉襟见肘的窘迫。还是在1996年年初,开学时,我带着仅有的40元钱回学校,在路途中竟被贼偷了去,那是我一个学期的生活费啊!开学一个多月了,我还在郁郁中,为自己生活的困厄而难过。李老师知道这件事后,就给我介绍了份助学工作,去河大校园南门的校医院陪护一位病人。说是陪护,实际上相当轻松,一天陪护不了一两个小时,且临近毕业,我有实习要做,还要去应聘试讲,所以常常请假,但是一个月后,病人家属竟然给了我50元的报酬。后来我才知道是李老师为照顾我的自尊,变相给我的经济帮助!

临近毕业去李老师那里辞行,那时他住在河大西门的两居室里,客厅很小,记得书房门口好像还有一个门台。1996年,电脑和手机一样,远未普及,许多人还不知道电脑为何物,李老师已经在用电脑写东西了,他对我讲了复制、粘贴、拖动等电脑写作的方便处,我像听天书一样,既迷糊,又崇拜。想想自己和多数人一样,到2003年时还在拿着稿纸蜗牛一样笔耕,可以感受到李老师扑面而来的活跃的思维和接受新事物的积极心态。

那天在李老师那里辞行，还有一事让我记忆犹新。在临别时，李老师从上衣口袋掏出了50元钱递给我，要我贴补生活所用。在那个时候50元钱不是一笔小数目，我马上毕业，工作已定，以后的生活不会再困窘，本想辞掉，但李老师认真坚决的态度不容我拒绝。末了，他又说，"不要告诉别人。"一句轻轻的交代，照亮了李老师的人格，他真诚地关心着学生，却不愿张扬，刻意不让别人知晓。

这么好的老师，年轻的我却有点少不更事的失礼。毕业后3年，我连一个电话、一封书信都没有向李老师问候。直到1999年国庆节前夕，我从一本电话簿上翻到了河大历史系的电话，就拨了过去，想问候一下久违的李老师。接电话的恰是李老师，我刚说出自己是柳素平时，李老师第一句话就说："你在平顶山电大工作怎样？你身体好吗？你的经济条件好些了没？"听到此，我鼻子一酸，几乎流出来眼泪。1996届历史系毕业近百名学子，我一无名小辈，且3年来未给老师联系过，他一下子就听出了我，还记得我工作单位，宛如在昨日一样依然关心着我的生活。这是一位怎样宽容仁爱的老师啊，一种力量使我在挂电话的那一刻决定："李老师，我要报考您的研究生，马上国庆节放假了，我去看您。"李老师说："好，你来吧。"简短的几句话，订下了一份郑重的承诺，自此以后，追随李老师的学术路线，做李门的弟子。

拜师

国庆节很快到了，1999年的国庆，是共和国60岁华诞。10月1日当天，在车厢内央广播音员雄浑嘹亮的阅兵式现场直播声中，在细雨蒙蒙中，我和爱人一起，来到李老师府上。此时，李老师已经搬至河大南门专家楼，宽敞的客厅、舒适的卧室，已远非西门二居室可比。进屋、落座，没有任何寒暄，李老师就给了定心丸，"你放心，以你的功底，只要努力，考上是不成问题的。"李老师谈了这几年工作的变动，所做的研究，和正在进行的论著——《历史学的理论与方法》第二版。因为是参考书目之一，第二版尚未印刷出来，李老师竟把他的书稿交给了我，让我回去好好看看，并给我列了其他几门考试科目的参考书。不知不觉中，天色近午，我们便起身告辞了。

有了李老师的指点，我心中有了眉目，回来后便一门心思扑到复习应考当中。好在那时课时量不大，每周二过后，就不用去学校了，孩子也没有出生，有着大量的时间学习。政治、英语、中国史、史学理论、历史要籍，一本本、一章章读下去，心里久违的历史知识和理论日渐丰盈起来。2000年1月份，考试日子到来，我怀着必胜的心理走进了考场。

3月份初试结果下来，李老师得到我的成绩，第一时间就打电话通知我。记得当时是夫君接的电话，晚上我下班回家，他还坐在沙发上激动着，当他告诉我，我以第二名的成绩考上时，我们俩在那个小小的客厅里欢呼起来，我为自己能够进一步深造而高兴，为从此成为李老师的门生而喜悦。

受教

翻开我读研时的课堂笔记，有一段话很醒目：《论语·子张》中，子夏曰："君子有三变，望之俨然，即之也温，听其言也厉。"我深深地体味到这几点的含义，它分明是在形容吾师李先生，一个真正的学者，一代大儒的化身，这样的人看起来不可冒犯，实际上与他接近，非常温和，又充满了感情。听他讲话，尽管有时在说笑，但内容简洁，语言精练，不容置疑。除非一个学识渊博、修养极高的人，一个普通的知识分子是很难达到这个境界的。我希望，我从我的老师那里，能耳濡目染，不仅学到知识、学问，还能够学到他做人的方法。

这其实就是在跟随李老师受教3年最深切的体会。从2000年到2003年，我重返河大跟随李老师读研的近千个日日夜夜中，不断接受到李老师在读书、治学、做人方面的种种教诲，益我终生。

在读研的3年中，李老师给我上过两门课，做过无数次的论文指导，帮我推荐期刊发表文章。更重要的是，在这一过程中，在点滴细节中，他以人格魅力给我以多面影响。

在授课方面，李老师是河大名师，他的课富有感染力，每位听过他讲课的学生都有深刻的印象。他给我们上的两门课，无论是史学理论，还是写作课，在场的无论是历史系其他专业的研究生，还是旁听的研究生，无不为之震撼。他讲史学理论，从历史主义的原则到历史人物的评价，从阶级分析法的运用到文化史研究的对象，都鞭辟入里，让人耳目一新。我深知，这源于李老师对待讲课的执着态度。他曾经告诉我，一个真正讲课好的老师，应该是备课认真的老师，首先是内容，应该是科学的、真实的、能够给学生启发的，要挑选自己信服的备课材料，不讲套话，不随俗，打动了自己，才能打动学生。二是对所讲内容熟悉，李老师说备课即背课也，他在从教的几十年生涯中，每到有课的那一天，都会5点钟起床，弄熟稿子，反复准备、衡定，然后再去授课。三是课堂上从演讲的角度来讲课，每一次讲课都注入新的心血，都像第一次那样那么有激情。李老师的这些教书育人的真精神，也深深地影响了我之后中原工学院的从教生涯，使我每次登上讲坛，就会忘记一切，以最全身的热情投入到自己的课堂中去，以至于每次上课回家，都累得一头躺在床上，但收获很大，我获得了学生和同事的尊敬，也感到了自我价值实现的充实。

在科研方面，李老师是一个求真求实的学者。他写的文章很大气，题材宏阔，见微知著。作为一个具有社会责任感的知识分子，李老师力图将自己的专业和研究领域调整到与社会同样的高度，让历史与现实对话，将研究贴近现实，故而其著文能站在时代的高度，写出宏阔而大气的文章。他说过，要使文章有深度，还要通过理论修养锻炼自己的思维个性。李老师经典话语就是，书是读出来的，理论是用出来的，文章是写出来的。正是他对经典理论烂熟于心的掌握，不断思考的创新运用，对时代和社会的负责态度，使得李老师的文章不仅大气，还有深度，观点独到而不流于俗套。

李老师又以自身的科研体会为我上写作课，指导我科研入门，有着很强的实践性。他给我讲文章的选题、史料的搜索运用，结构的建立，提纲的书写，乃至最后的行文，讲阅读的积累，讲理论思维的训练。通过听李老师的写作课，他的研究方法、著文思路明晰地传授给我。他还通过习作来训练我的著文能力，无论是平时的小文、课程论文，还是学位论文，从选题到框架，从提纲到撰写，到修改、定稿，他无一不悉心指导，都做到了一丝不苟。记得我的首篇论文《荀子"法先王"考》，李老师先后给我指导了6次之多，虽然最终没有发表，但在这一过程中，李老师细致到标点的运用都指出来，使我的写作能力大有提高。仅一篇文章的摸索练习，我已经能够独立选题、构架、做提纲了。这一过程，不仅是李老师自己教学经验的总结，更是他经年科研的体会，直到现在我还使用着这一方法来指导我的研究生，而且颇有成效。

于做人方面，李老师有自己的原则，那就是尽可能做一个讲真话、真实话的人。他说过，讲课要讲科学的东西，科研要求真，做人也是一样，要真诚，不虚伪。生活中，李老师总能兼顾他人的感受，和他交往，从不会让人感到一丝的不安。李老师还教会我们，不要计较他人的误会，如果别人对自己有看法，那是他自己的事，时间能说明一切，自己做到问心无愧即可。

记得硕士论文答辩后，我和同届的马莉一起到李老师家里坐，李老师委婉地指出了马莉在答辩中的不足，但为了怕她难堪，李老师同时又点出了我的一些失当表现。其实，面对长辈恩师的指教，我们都觉得很正常，也不是什么失面子的事，但李老师既爱护学生，又想指出不足，在我和马莉身上用心良苦，体现了既客观科学又关爱小辈的长者胸襟。还有一次，李老师去武汉，顺便来找当时在那里读博的我。陪同的有师妹赵书妍，在磨山樱花园里，活泼开朗的师妹提出要和李老师合影，李老师那天兴致很高，当即答应。我当时脸上流露出难以察觉的羡慕眼神，不想刚刚拍完，李老师就说，"来，素平，我们也合个影。"当时我好感动，李老师一个大学问家，一代名师，受到多少人的仰慕和尊重，他还能对学生心细如发，给我的震撼非一般导师可比。

李老师尊重他人，待人真诚，其对象是一切人，无论是领导，还是学生。他从未将自己摆在高高在上的位置，而是以礼待人，表现出一个真正的大儒风范。一次，在研究生楼门口与李老师相遇，他在台阶下面，我在台阶上面，我准备下，他准备上，作为长者的李老师下意识地避让到一边，让我先下，我未及多想，就先下了。事后我意识到自己的失礼，也深刻感受到李老师来自一种内化的高修养的礼让，而这种礼让没有等级差别之分，哪怕对方是他的学生。在以后的岁月里，我也试图使自己像李老师那样，做一个时时刻刻替别人考虑的人，但很多次，自己做得不够自然，有虚套、刻意为之的痕迹。我深知，这是自己的内力、修养尚未达到一种境界的原因所致。"人活着是一种修行"，在这里得到了恰切的印证。

不是结局

2003年，我硕士顺利毕业，离开了河大，离开了培育自己3年的李老师，但和李老师的交往，师恩的沐浴，却远没有结束，也不是结局。

2006年，我博士毕业，四处奔波找工作，也想去母校一试。这个想法告诉李老师后，他就向历史系推荐了我，以李老师在系里乃至学校的威望，系里很快通知我去面试，结果也令人满意。但棘手的是，系里条件有限，不可能解决家属问题，我和夫君6年两地分居，且都年近不惑，孩子尚未有，如果毕业后再两地生活，势必会影响到家庭、工作。后来，现在的单位答应解决家属、住房问题，使我犹豫起来，因李老师出面我才得到机会，我如不去河大，李老师将何以堪？李老师知道这种情况后，善解人意的他在电话里告诉我："素平，从长远发展的眼光看，来河大比较合适，但最终决定要去哪里，你和你爱人好好商量一下，不要顾虑我的因素。怎么决定都有你自己的原因和理由，我都支持你。"几句话打消了我多天来柔肠百结的顾虑。这是怎样宽厚、豁达的心胸啊，李老师这么为我奔忙，却从不考虑自己，而完全站到我的立场上，我为李老师这种伟大人格近乎感泣。

同样的事也在师姐徐玲身上发生过。她说当年考博士和河大签了协议，承诺读完博士以后回归河大，协议的担保人还是李老师。她毕业时，因为种种原因，到郑大工作，虽然交了违约金，和河大也处理好了关系，但仍然觉得对不起李老师，对此，李老师却丝毫不介意。甚至在徐玲郑大报到之初，李老师参加一次学术会议，见到了徐玲的领导，就和那位领导说："徐玲是个老实人，你多关照。"很平实的一句话，道出了导师对学生无私的关爱之情。

毕业后，每年春节前后，我都会抽时间到李老师那里坐坐，问候谈心。每次李老师都教育我，在单位，不要计较得失，不要先考虑单位里给你了什么，而要先问自己对单位贡献了什么。把自己的本职工作做好了，成绩上去了，不用奔波，回报自然会来。这些话听起来似乎与浮躁的社会现实不符，但认真实践起来，乃至理之言。我刚毕业的前两年，听李老师之劝，我埋头苦干，发表了数篇核心、出版了专著、获得了省社会科学优秀成果奖、拿到了国家社科基金，有了这些成绩，校级优秀、先进个人、文明教师、教育厅学术带头人、省级青年骨干教师、河南省科技创新人才、教授职称评定……很多荣誉纷至沓来。正是李老师的指教对我的工作和成长起到了重要作用。

是李老师，在我毕业这么多年后，依然用煦暖的师恩光照着我，让我受惠无穷。一次和李老师谈话，我说李老师，您以您的学识和修养积淀了深厚的人脉，来影响和关照着您的学生，若干年后，我们也会有一批批的学生毕业，那时候我们拿什么去影响自己学生呢。李老师笑而不答，但我知道，答案仅有一个，那就是，按照李老师所教给我们的，在教育和科研岗位上不懈追求，在自己的领域撑起一片天地来，为自己，也为自己的学生打造影响力！艺高为师，德高为范，李老师以自己学识、人格来影响并关照着自己的学生，也使得他的学生不自觉地遵循他的路线，再以自己的高艺和厚德来影响并关照着学生的学生，代代接力下去。

柳索平书于 2016 年，再书于 2022 年初夏

作者简介

柳素平

1996年毕业于河南大学历史系历史教育专业，获学士学位；2003年毕业于河南大学历史文化学院中国思想文化史专业，获硕士学位；2006年毕业于武汉大学历史学院明清文化史专业，获博士学位。先后在平顶山广播电视大学、中原工学院任职，曾荣获河南省高校科技创新人才（人文社科类）、河南省教育厅学术技术带头人、河南省高校青年骨干教师、中原工学院首批青年拔尖人才、中原工学院院系级教学名师等称号。

35 耿纪永：一本书与一堂课

早春三月，《外院往事》编委会老师来电，嘱我为《外院往事》写篇稿子，我欣然领命。自从 1997 年 6 月离开母校，弹指间差不多 20 年过去了。梦里多少次又回到铁塔湖畔，与当年的老师和同学欢聚。能不忆外院？

大学里买到的第一本书

一旦打开记忆的闸门，往事如烟，一桩桩、一件件扑面而来，我该从何说起呢。一抬头，正看见案头书架上的《金域行》，对，就从这本书说起吧，它可是我进入大学买到的第一本书呢。

至今，书的扉页上还记录着购买日期"1993 年 10 月 18 日"，那时正是刚入学一月余。一天早上上课前，时任班主任薛巧玲老师（她还兼任我们的精读课）兴冲冲地捧着一本书走过来。一进教室，她就举起手中的书，说"这是王宝童老师的新书，推荐给大家"。薛老师明明报了书名《金域行》三个字，但我当时并没听明白。尽管对书名很陌生，但作者我们却都认识。那时针对一年级新入学的学生南腔北调、方音较重的问题，第一个月的精读课主要是学习和纠正英语发音，其间，薛老师曾请来王宝童先生为我们示范。王先生中等身材，两鬓染霜，风度儒雅，进到教室冲我们微微一笑，我们立刻就喜欢上了这位和蔼可亲的先生。他一开口说英语，我们全惊呆了，简直和 BBC 播音员讲的一模一样！从此，我们就称王先生的英语是"伦敦腔"（恕我们那时无知，误把先生地道的 BBC 英语说成"伦敦腔"。"伦敦腔"一般指伦敦东区下层人士讲话的腔调。王先生的英语恐应称为标准的发音更为恰当）。王先生也成为我们崇拜的对象，用现在的话说，就是我们膜拜的"大神"。

所以，当薛老师向我们推荐王先生的《金域行》时，虽然我不明白"金域行"是什么，但王先生的书一定不能错过。买来才发现，这是一本用英文写作的书，对于那个年代刚入学的新生，又愚笨如我者，简直就是一本天书，只好先收藏起来。大三那年，外院为我们开设了英国文学课，授课教师正是王先生。至今我还记得先生在讲台上迈着步子，手里打着拍子，为我们讲解莎士比亚十四行诗中的 iambic pentameter（抑扬格五音步）的情景。只见他口中吟诵"Shall I compare thee to a summer's day"（我能否将你比作夏日）的同时，轻音抬腿，重音踏步。一行诗吟完，脚上正好踏了五步，一气呵成，形象生动，我们也明白了什么叫抑扬格五音步。等讲到英国浪漫主义诗人济慈，说他第一次读查普曼英译的荷马史诗，兴奋得难以入眠，通宵阅读，第二天一早遂成此名诗 On First Looking into Chapman's Homer（《初读查普曼译荷马有感》）。诗中将自己阅读荷马史诗的经历比作在黄金之国（realms of gold）的旅行。王先生的书名正来自此。

也许正是因了这本《金域行》，我对英语文学和诗歌格外感兴趣，硕士和博士论文都选择了诗歌研究，从此，也踏上了金域之行。

我上的第一堂课

说到自己的职业选择，不能不使我想起大学时的一堂课，一堂我讲的课。那是1996年9月，大四一开学，毕业班就开展教学实习活动。根据以往的经验，同学们被安排去周边郊县的中学进行为期1个月的中学英语教学，而原中学的英语老师则利用此段时间到外院参加英语培训。

记得那时这项工作由时任院长苗普敬先生亲自负责。我被苗先生留下来协助他组织这个中学英语教师培训班的工作，并兼任阅读课教师。那时，作为学生干部，我经常组织各种活动。因此，这次为培训教师安排食宿等工作，还算得心应手。然而，这次实习是我初登讲台，而听讲的还是一群老师，我不免战战兢兢，心里十分紧张。虽然前一天晚上将上课内容反复看过，已烂熟于心，可一进教室，心又一下子悬起来，怦怦直跳。就在这时，苗先生手里拿着一本书和一个笔记本，笑吟吟地从教室后门走进来，坐在了最后一排。先生似乎看出来我很紧张，便朝我微微一笑，点了点头，似乎是让我不要紧张。上课铃响了，我深吸一口气，开始上课。记得那时我选了兰姆兄妹的 Tales from Shakespeare（《莎士比亚故事集》）作为阅读课的教材。我先从莎士比亚的传奇人生说起，再讲到他的戏剧创作，渐渐恢复了平静。学员们也因为有苗先生的"坐镇"，个个精神抖擞，积极举手发言，整堂课进行得很顺利。下课后，先生给了我一个简短的评价——"上课还蛮像个老师的样子"。这句评语虽然简短，却让我对自己成为一名教师充满了信心和期待。

后来，我才得知，先生是有意让我毕业后留在外院工作，这次实习其实正是一次考察。第二年初，考研成绩公布，我考取了上海外国语大学的研究生。先生把我叫到他的办公室，语重心长地对我说，"学院虽然已经定了要留下你，但既然你考上了研究生，就安心地去读书吧，不要耽误了前程。"就这样，先生又"放"我走了。

想来，这已是 20 多年前的事了。然而，母校河大和外院似乎已经早早地为我准备了未来，并成为我不断前行的力量源泉。

谨以此短文向母校和母校的每一位老师致敬。

作者简介

耿纪永

河南大学外语系 1997 届校友，同济大学外国语学院教授、博士生导师、文学博士，美国加州大学伯克利分校和加州大学戴维斯分校访问教授，上海市浦江人才。兼任上海市外文学会常务理事、中国外国文学学会比较文学与跨文化研究分会理事、上海市外国文学学会理事等。主要研究兴趣包括美国生态诗歌、跨文化生态批评、中外文学关系和译介学研究。

36 | 王刘琦：
在河南大学教育系读书的回忆

2020年疫情期的毕业季，校园少了昔时的喧闹，为了校园和师生安全，毕业时规定的或者惯例的活动基本取消了。我偶然参加了一个小型毕业生座谈会，却硬生生地把我拉回了22年前的河南大学教育系毕业时。

因为这次简单甚至程序化的座谈会，和我毕业时的场景差不多——简约、纯粹、朴素——1998年的6月中旬，在教育系的博雅楼（七号楼）的一间会议室，同学们把桌椅摆放成"U"型，就开始了我们的毕业茶话会。这里没有高大上的毕业典礼，没有身着学士服的学位授予仪式，更没有奢华的送别晚会，只有老师、同学之间的亲切交流和依依不舍。

于是思绪让我又回到了大学时代，电影般呈现4年青葱岁月的点点滴滴。

1994年9月，带着珍贵的录取通知书，我从南阳一个小县城赶赴河南大学。虽然在找学校的时候，在开封市内环路来来回回穿行了好几趟，走了许多冤枉路，不过终于还是发现了那个狭长的、胡同般的明伦街，来到了河南大学。映入眼帘的校门，古朴典雅，诉说着河大悠悠岁月和漫漫历史，正是我心中想象和向往的样子。我一下子想起了"酒香不怕巷子深"的古语，也缓冲了刚刚找不到这个名校的疑惑和困窘。从大门入校，迎面就是中西合璧、雄伟庄重的大礼堂，而左顾右盼中，两侧井然排列的斋房玲珑雅致，美丽的校园瞬间让我感受到了大学的气息。

到宿舍时，已有一位同学正在整理床铺，一问是兰考人，脑海中立刻闪现出焦裕禄书记的光辉形象，其后的共同学习生活中，他也确实"惊涛骇浪"，毕业之际脱颖而出，榜中西安政治学院，后又从国防大学博士毕业。我所在的七号学生宿舍楼背临铁塔湖，所住222宿舍还能欣赏到湖中春夏秋冬四季景象，可能是这样"有水则灵"的环境，宿舍8人中，当年考上研究生的2人（后都又读了博士），从军3人，从事教师职业5人，现在也都在各自岗位上成为中坚力量。

初入大学，逐渐熟悉了环境，发现了很多美好的地方，十号教学楼、百年肇始六号楼、建筑艺术精品七号楼、图书馆、科技楼、操场、学生餐厅、商业小街等等，各有各的底蕴，各有各的特色，各有各的吸引力。在新生眼里，一切都是新的、一切都很美好、一切都很惬意，就如当时正流行的歌曲《同桌的你》唱到那样："那时候天总是很蓝，日子总过得太慢。"大约也就是当年我们最后被称作"天之骄子"的一批大学生的一种生活写照吧，那时候我们有书、有诗，也有远方。

慢慢地，接触的老师多了起来，我感觉教育系老师学术水平都很高，对学生都很亲切近人，正是立德树人、教书育人的学者风范。当时在我们眼里，年长的老师都是治学大家，上课都有自己独特的特点，比如苗春德老师教授中国教育史的深、扈涛老师教授教育统计学的奥、李申申老师教授西方哲学史的广等等，让大家印象深刻；而年轻教师也不遑多让，亦是专业翘楚，如教授教育评价学的刘志军老师，教授普通心理学的许绍康老师，教授外国教育史的杨捷老师等等，他们都是当时具有博士或硕士学位的青年教师；还有授课注意实践互动、和学生亲近如朋友般的赵国权老师、侯宝顺老师、蒋艳菊老师、王瑶老师等等。总之，每次上完老师们的课，思想上总会受到涤荡，心潮澎湃不已。

当然，接触最多的是辅导员李世平老师。李老师是刚刚留校的，他年龄和我们相近，很容易拉近师生之间的感情。每天早晨他都会带我们跑操，以坚持的实际行动督促我们锻炼和早读。他还时常到宿舍坐坐，和学生聊聊唠唠，并以自己努力考取研究生的经历影响和鼓励学生，引导学风。我毕业入职后也是从辅导员做起，李老师当年的言传身教使我颇为受益，令我工作起来颇为轻松。所以毕业后第一封信就是寄给李老师表示感谢的，此刻此处再次向李老师表示诚挚谢意！

虽然当时教育系每年招生人数较少，但九四级同学中也是精英荟萃：

书法、歌唱、演讲、专业都优秀的年级长冬东同学，有"男同学榜样，女同学偶像"赞誉的志戎同学，关心同学生活到骨子里的好干部良虎同学，知晓洞悉各类小常识专解疑难杂症的喜民同学，步履匆匆的学习小霸王定国同学等等，都以其独特的一面给我们留下了深刻的印象，且一直都在联系。

教育系学风正、学风好，得益于德高望重、教书育人的教师和一届又一届的优秀学生。大学英语四、六级过关率和考研率是教育系学生的强项，大部分同学都很勤奋努力。记得只要到十号教学楼的任何一个教室自习，都会发现有教育系学生的身影。我当时也算勤奋好学的学生之一吧，但我选择的自习教室一般都是冬冷夏热、无人问津之地，因为喜好大声背诵记忆，怕打扰别人。结果是冬天加件厚衣还能应付，夏天就难受了，常常因为汗流浃背而浸湿课桌和座椅，皮肤时常出现湿疹，抓挠得惨不忍睹。好在每年都能获得奖学金，对父母对自己也是一种回报，遗憾的是这种笨笨的学习方法未能毕业时考研成功，是为大学学习的一个遗憾。

用了回忆这个题目，还是应该说些有趣、难忘的事情的。记得入校后的第一个国庆节，宿舍商量也学着翻墙到铁塔公园游玩。一个个潇洒地翻越过围墙后，沿着铁塔湖畔信步前行，随着一声大喝："站住，翻墙过来的吧？"顿感不妙，然而8人已处于"前有强敌、后有追兵、翼有合围"之势，早已入了人家的包围圈，才知道人家是"翻时不管，诱敌深入；一入伏圈，插翅难逃；先是威吓，后交罚款"的战略，罚款比买门票贵了许多，还哑巴吃黄连，不敢吭声。此后，有同学和朋友来，我都是老老实实带他们购票参观。

还有接受纪律教育的难忘一幕。1996年暑假刚开学，校团委组织大会，对暑期社会实践先进个人进行表彰。会上，我可能因为受到表彰而兴奋过头，与旁边一位一起参加暑期社会实践的同学不停地交头接耳，窃窃私语。校团委刘书记当场打断会议，点名狠狠批评了我，当时我羞愧得无地自容，难受得五味俱全，教训深刻，警示常在，至今都在影响着我，在任何情况下都是认真参会听会，遵守纪律。

那时系里非常重视毕业实习，毕业前要经历小学、中师两次教育教学实习。记得我在苹果园小学上的那节课的内容是有关长城的，具体的教学细节记忆上已经比较模糊了，印象深刻的是我用了《我的中国心》和《中国人》两首歌来强化小学生对长城的认知，理解长城在民族意识上的意义。学生配合得很好，共同齐唱，感觉效果较好。指导老师也觉得不错，认为案例得当，升华了对课文的理解。自己也感到教学的不易，一节课想达到好的效果，一定要用心用情。

当然4年的大学学习和生活，还有很多大事、小事、轶事、趣事，正是在这样的事事中，增长了见识，磨炼了心智，丰富了阅历，所谓"读万卷书，行万里路"也是此意吧！

时间真如白驹过隙，弹指一瞬，2020年，我们九四级已毕业22年了，教育系也在壮大繁盛，1999年成为教育科学学院。她专业和学科建设不断发展、持续发力，教育学和心理学具有一级学科博士学位授予权，教育学专业入选了首批国家级一流本科专业建设点，教育学科还在教育部第四轮学科评估中获得B+的好成绩。每次从媒体上看到教育系（习惯了这个称呼）的发展成绩成就，内心就很激动不已和由衷点赞，但确实个人毫无建树、些许寸功，不能为母系争光添彩，只有背靠着母系这棵大树赚取点满足感。

今年是母系恢复建系40周年，感恩和祝福，是作为一名学子的常存、常有、常念之心之情。我深爱着母校河南大学，魂牵梦绕着母系教育系，永远感恩教育系对我的培养培育，永远祝福教育系春华秋实、乘风前行。最后借用一句大家名句作为结束："为什么我的眼里常含泪水？因为我对这土地爱得深沉……"爱着回忆，回忆爱着这土地——河南大学教育系！

作者简介

王刘琦

河南大学教育系 1998 届校友,现为南阳理工学院教师。

37 | 王建华：我的河大记忆

我 1996 年考入河南大学教育系，能够进入河大读书，说来实属幸运。当年我从潢川师范学校毕业，毕业之前参加了中师保送生考试。我们学校那一届师范生共 400 余人，有资格参加保送生考试的共有 8 人，能够有机会升入大学的计划人数为 3 人。在对口招生院校中，河南大学教育系有 1 个名额，信阳师范学院的中文系、政教系各有 1 个名额。通常情况下，只有考第一名才有机会被河南大学录取。考试结束，我根据自己的平时成绩，在志愿中填报了信阳师范学院的中文系。最后分数出来，我们学校有 4 位同学过了分数线，我的分数不出意外地排名第三，但却意外地被录取到了河南大学教育系学前教育专业。赖此机缘，从 1996 年 9 月到 1999 年 6 月，我在河南大学教育系度过了充实而美好的大学时光。适逢"河南大学教育科学学院（教育系）恢复建系四十周年"之际，我想分享一些个人的"河大记忆"，向各位前辈、师长致敬，与各位学长、学姐、学弟、学妹共勉。

1996 年，我国高等教育尚处于精英高等教育阶段，大学以及院系的规模普遍比较小。河大教育系九六级有学前教育和教育管理两个本科专业，总计 58 人。我们学前教育专业是 29 人，有 8 位男生（卢哲、尹弘飚、杨小洋、袁智慧、王明辉、杨全印、丁海杰、王建华）住在一个寝室。我们先是在铁塔公园旁边的学生公寓七号楼住了两年，后来调到了学生第三公寓。但无论住在哪里，大家一直相处融洽，其乐融融；相互激励，相互帮助；一起吃饭，一起打牌；一起娱乐，一起学习。时至今日，毕业多年，大家相见不多，联系也不频繁，但彼此之间仍是最好的朋友。

　　得益于当时河大的特殊政策，1999年我和杨全印、丁海杰以及教育管理专业的刘巧利，在大三参加了全国硕士研究生入学招生考试。我们4人分别考取了厦门大学、西南师范大学（后并入西南大学）、杭州大学（后并入浙江大学）和北京师范大学的研究生。后来才知道，我们那一届是河南大学最后一届允许部分优秀学生大三"考研"的。等到大四，我们寝室其他几位同学也都考取了研究生，分别被北京师范大学、华东师范大学、西南师范大学、河南大学等院校录取。再后来，我们寝室8人当中有6个人（杨全印、丁海杰、尹弘飚、王明辉、杨小洋、王建华）选择了攻读博士研究生，分别从华东师范大学、浙江大学、香港中文大学、暨南大学、北京师范大学和厦门大学获得博士学位。之所以提及这些是想说明，河大的学风一向是极好的，各位师长的栽培以及同学们的努力也是卓有成效的。多年以来，河南大学的人才培养，尤其是教育学科的人才培养，在全国是有重要地位和影响的。我想，这些成绩的取得不是偶然的，也不是碰运气，一定是和教育科学学院（教育系）各位前辈、师长在立德树人方面的辛勤付出以及同学们的刻苦学习分不开的。

　　在河大读书期间，1997年适逢香港回归，为庆祝香港回归祖国，当时学校举行了迎接香港回归知识竞赛。教育系学生会学习部的祝孔生部长希望我们年级派代表参加，最后由我和张莉、孙琳组队参加。为了能够为教育系争得荣誉，我们仨找来了大量与香港有关的资料，像导游背解说词一样，认真准备。初赛、复赛顺利过关，决赛中出现了戏剧性场面，由于排名并列需要通过"抢答"来决胜负。当时我们抢到的问题是问"在香港'广场'一般指什么？"记得是孙琳给出了正确答案——"大楼"。最终通过"抢答"环节，我们仨代表学院获得了这次竞赛的三等奖。奖项虽然不高，但我们真心地高兴，那种喜悦至今犹记。

另外一件记忆深刻的事是，当年在辅导员杜晓堂老师和系党总支程秀波书记的支持下，在年级长和学生会主席卢哲的协调下，我还曾经尝试办过一份小报《星星教育》。小报主要是在报刊杂志上选摘一些好文章，通过编辑、排版，然后复印成报纸的形式，供各位同学传阅。由于当时电脑并不像现在这样普及，编辑、排版采用的是最原始的方法，就是用剪刀、尺子和胶水。简单地说，就是把从报刊杂志上复印下来的各种资料，按照报纸的样子拼在一起。遇到版面不齐的时候，需要用剪刀把资料上每一行的每一个字剪开重新排列。虽然小报未能持续多久，但在办这份小报的过程中，袁智慧和王雪桦所给予的无私帮助，我至今感念。

记不清是1998年的哪一天，河南省教育学研究会学术年会在河南大学召开。一大早，我和袁智慧就到了会场，会场位于当时的历史文化学院所在的大楼。到了后发现有一个儒雅的老先生在我们之前就已到会场，会场不大，会议桌呈椭圆形摆放。主席台旁边摆有不知名的植物，植物的叶子有绿、有红。当时袁智慧"认真"地向老先生请教植物的叶子从"绿"变"红"或从"红"变"绿"是"量变"还是"质变"。记得参会人数不多，会议开始后，我才知道刚才那位儒雅的老先生就是河南大学教育学科最杰出的代表王汉澜先生。在河大读书期间，由于先生高龄，我们那一届学生未能有幸聆听王先生的教诲。但由他和王道俊先生一起主编的《教育学》却是我们那一代教育系学生最好的教科书。因此，某种意义上，我们都是王先生的学生。2002年3月，我在厦大读书期间，从高教所办公室工作人员那里听闻王先生逝世的消息，作为从河大教育系毕业的学生，悲伤之感，挥之不去。

1999年我考取了厦门大学的研究生，5月面试归来，需要抓紧时间撰写本科毕业论文，时间紧、任务重。机缘巧合，研究生面试时，我在厦大高教所出版的内部刊物《外国高等教育资料》1999年第1期上看到了马丁·特罗的文章《从精英向大众高等教育转变中的问题》。马丁·特罗关于大众高等教育（高等教育大众化）的论述给了我很大的启发，我决定将"中国高等教育大众化的心理分析"作为本科毕业论文的选题。现在看来，当时真是无知无畏，这种题目即便是今天的我也无法胜任，哪是一个本科生的毕业论文可以完成的。

在毕业论文撰写过程中，丁秀峰教授作为我的指导老师给了我极大的鼓励和帮助。记得论文的初稿完成之后，丁老师专门把我和丁海杰（丁海杰的论文也由丁老师指导）叫到他的家里，丁老师家简单的陈设至今印在我的脑海里。丁老师肯定了我的学术敏感性，指出了论文的新意和不足，并对我论文中一些具体语言表述上不妥当的地方进行了指正，他耐心细致的指导使我受到了最初的学术训练。到厦门大学高教所读书以后，因为希望由青年心理学方向转到高等教育基本理论方向，我便将撰写好的几篇论文，也包括这篇本科毕业论文，拿给潘先生看。潘先生看过所有论文之后，建议我以"中国高等教育大众化的心理分析"为主题，在所里的学术例会上面向全所师生作一次学术报告。报告之后，根据老师们的意见，我对论文进行了简单修改。这篇论文后来正式发表在《青岛科技大学学报》（社科版）2000年第3期。而今回头来看，这篇粗浅的文章无疑是我从事高等教育研究的第一个"小板凳"，而丁老师则是我从事高等教育研究的第一位指导老师。

从1999年毕业离开开封明伦街85号，20余年的光阴逝去。大学毕业时拍的照片已经泛黄，昔日的少年逐渐步入中年。遗憾的是，由于自己的懒惰，毕业之后一直未曾回过母校看望各位师长，但各位师长的教诲一直记在我心里，河大教育系毕业的烙印一直打在我身上。无论岁月如何变迁，无论我走到哪里，我永远都是河南大学教育科学学院（教育系）的学生。河大给予我的教育使我受益终生。

子曰：四十而不惑。

祝愿河南大学教育科学学院以"恢复建系四十周年"为契机，在下一个十年、二十年、三十年、四十年……取得更加辉煌的成就，培养出更多的杰出人才。

作者简介

王建华

河南大学教育系1999届学前教育专业校友，南京师范大学教育科学学院教授，博士生导师。从事高等教育基本理论研究。入选国家首批"万人计划"青年拔尖人才、国务院政府特殊津贴专家、江苏青年社科英才等。兼任中国高教学会高等教育学专业委员会常务理事，《高校教育管理》等杂志编委。

38 | 尹弘飚：
四十腾飞日日新
——我与河大教科院

　　我是 2000 年从河大毕业的，至今整 20 年。记得毕业那时，河南大学教育系刚升格成为教育科学学院不久。我至今还记得毕业那年的夏天，天热，我们又住在那座四层宿舍楼的顶层。记得最后那几天，大家的行李都邮寄回家了，宿舍里的各位兄弟也陆续离校。于是，到了晚上，各院系还没离校的同学都聚在大礼堂旁边的报栏下打牌、聊天，一直熬到很晚甚至通宵。看着很热闹，但大家心里其实都空落落的。这一离开，不知何时才能相见！

　　到毕业后，才发现河大的这 4 年，时间过得好快！光阴似箭、日月如梭，这些虽然看起来俗套的句子，放在这里怎么都觉得合适。我还清楚地记得 1996 年 8 月末去河大报到那天发生的事情。我和一位高中同学以及我们各自的父亲从老家灵宝出发，坐了一夜绿皮火车，车上自然是热、挤、困——和现在的高铁完全是天壤之别，七八个小时晃悠到开封，出站时差不多早上六点的样子。开封老火车站广场附近搭乘 1 路车，终点站就是明伦街 85 号。我们一身疲倦地下了车，慢慢整好行李，缓缓走到校门前，一起抬头看着那 4 个米芾的大字。那时我心里问自己：这就是我的大学吗？

　　是的。这就是我的河大！古色古香、大气磅礴、严谨质朴、人文鼎盛的河南大学。印象里，河大校园真美啊！穿过老校门，笔直的中轴线两旁，分别坐落着端庄典雅的六号楼、七号楼、东十斋、西二斋。教育系后来的教育科学学院就坐落在七号楼内。中轴线尽头是雄浑厚重、历尽沧桑的大礼堂。这条中轴线再往北延伸，穿过大礼堂、学生宿舍区、教工生活区，再穿过河大校园围墙，就距离那座屹立千年的铁塔不远了。当年我住的第一间宿舍——7号学生宿舍楼，紧靠河大北边围墙，是距离铁塔最近的宿舍楼，而我们宿舍又在二楼的西北角。在那间宿舍，我有幸听了两年的铁塔铃声。

本科4年中，我还有幸在教科院遇到了那么多至今仍然温暖人心的老师：认真严谨的刘志军老师、李申申老师；亲切和蔼的刘清华老师、张新海老师；儒雅洒脱的杨捷老师、赵国权老师；风趣幽默的许绍康老师、吕云飞老师；伉俪情深的刘黎明老师、侯宝顺老师；关爱学生的李世平老师、杜晓堂老师……当然，由于我是学前专业的学生，印象最深刻的还是我们专业的岳亚平老师、叶平枝老师、关少华老师、邢果老师……毕业20年来，老师们在我心中总是当年的模样。这20年中，偶尔有幸和母校的老师见面或通电话。在这些老师面前，我仿佛瞬时就会变回当时那个少年，重温当年的师生情谊。年深日久，思念日炽。我期待见到老师们，就像我期待回到我的河大、我的母院一样。

今年恰逢河大教育系恢复建系40周年。以人生而言，四十不惑。之所以能不惑，是因为40年来的积淀磨炼和专心致志，是因为40年中的锐意进取和腾飞日新。母院正是如此。读书时，我有幸经历了教育系升格为教育科学学院；毕业后，我有幸看到了河大升格为"一流学科建设高校"，而教育学正是母校的优势特色学科之一。40年中，河大教育系栉风沐雨、拼搏奋进，为祖国教育事业和教育研究培养的优秀人才数不胜数。年届不惑，方向更加清晰，底气更加充足，脚步更加坚定。河大和母院必将蒸蒸日上！前程锦绣！！我期待也坚信将来会听到母院更多令人振奋的消息！

2020年10月28日

作者简介

尹弘飚

　　河南大学教育系 2000 届学前教育专业校友。现为香港中文大学教育学院课程与教学系教授、博士生导师，大学与学校伙伴协作中心副主任；剑桥大学 Clare Hall College 访问学者及终身成员；国际学术期刊 *Teaching and Teacher Education*（SSCI）执行编辑。

39 | 陈国维：
河南大学教科院的"三大影响"

作为在河南大学在职学习过的学生，我想从河南大学教科院给我个人的学习影响、对我所在单位郑州师范学院学科建设的影响以及对河南省教育学科建设与发展的影响三个方面谈一下自己的感受，这可能也是很多河南大学教科院校友的共同体会。

一、对我个人学术精神的培育

1997 至 2000 年期间，我以教育管理和骨干教师在职人员的身份在河南大学教科院攻读教育学硕士学位，这是国家首批在职人员攻读教育学硕士，我很幸运地踏上了这趟开往河南大学教科院的首班车。

说起我从事教师、教育、科学研究工作实属偶然。1980 年我参加全国高考，成绩刚好达到当年专科录取分数线，报考的全是工科类的机械类专业。经过漫长地等待，直到 10 月 1 日前后，才阴差阳错地收到一封驻马店师范学校的录取通知书。通知书信封上盖有试投沁阳的邮戳，原来是邮局误把泌阳投到沁阳了，这与 1930 年蒋介石、冯玉祥、阎锡山在中原大战时，冯玉祥的参谋犯了同样的错误。录取通知书迟到一个半月，录取的是中专且是师范类学校，与我想学的机械类专业相去甚远，这期间以为落榜就去复读且复读感觉良好，我就准备放弃入学了。上世纪 80 年代初考上中专就等同于上大学，吃商品粮又是干部身份，国家还包分配，直接就跳出"农"（龙）门了。放弃这样的机会惹恼了大字不识的父亲，他说的"非得让我给你跪下吗"这句话让我折服，熄灭上好大学的梦想，踏上了去驻马店师范学校的求学路，为我的终身职业——教师开启了新征程。

因为本人还有上大学的情结，加之学历提升的需要，后来就到河南教育学院的学校教育专业脱产学习了两年。当时的河南教育学院名师云集，有毕天璋、王冬桦、王贤瑞、陈纪方等教授，还有于启新、王丽君、宋富刚等青年教师，在这里受到了良好的教育学科的基础训练与学习。但是，总体上来说没有接受系统的教育学科的专业学习。1997年，河南省首次对中小学骨干教师和教育管理人员开设在职教育学专业硕士学位班，我有幸成为其中的一员。当时的班主任是刘清华老师，对我们要求很严格，在寒暑假上课，任教的老师都是河南大学的知名学者，有王北生老师的教育学原理、李申申老师的中国教育史、刘志军老师的课程论、崖涛老师的教育统计学、汪基德老师的教育技术学、李桂荣老师的教育经济学等等，这些课程都给我们进行了教育理论与科研方法的系统训练，受益匪浅。给我印象最深的是杨捷老师的外国教育史，一上午3个小时没有带教材，也没有PPT，外国教育名家、教育思想、教育评价等脉络清晰，侃侃而谈，娓娓道来，真是一种享受。后来，杨捷老师被评为国家"万人计划"教学名师，那绝对是实至名归。

河南大学教科院学术的严谨至今令我惊叹并受益终身，从论文的选题、开题报告和答辩可见一斑。王北生和汪基德二位老师指导我选题，当时我借调到教育厅发展规划处工作，他们让我从工作出发，选取教育的热点、焦点和难点问题，因此我选取了河南省高等教育发展规模与速度进行研究。适逢1999年全国普通高等学校扩大招生，实践需要理论的支撑，选题具有理论和实践价值。开题报告审查很严，很规范，第一次没有通过。在开题时间截止之前，在大雪纷飞中，从郑州到开封近50公里的距离我开车整整用了三个半小时。这次从开题报告的架构到引文格式、标点符号，老师们在寒冷的雪天给我认真修改的场景至今仍记忆犹新。

2000年5月份的论文答辩让我经历了考验。这次让我随着普通类学术型研究生一同答辩，请的答辩主席是我国教育经济学领域泰斗级人物——北京师范大学的靳希斌教授。当时我国教育经济学学科领域的顶级专家有厉以宁、王善迈、靳希斌、闵维方、范先佐、蒋鸣和等专家。能够请到这样的顶级专家来参加硕士研究生的答辩，可见河南大学的影响力和重视程度。我对靳希斌教授的到来是既敬仰幸运又担心忧虑，一方面敬仰他的学术造诣，很幸运能近距离接受指导，另一方面也担忧在这样的大专家面前通不过考验。我重新通读一遍靳希斌教授主编的《教育经济学》，在理论上有了新的认知。靳教授学术高尚、智者仁心、温和敦厚，我在他的提问中顺利过关。李申申老师提的问题是"计划经济与市场经济时期高等教育的规模与速度在体制不同的情况下有什么共同点和不同点？"这个问题很尖锐，也是论文的理论核心点，当时写论文时，此问题我请教过袁广林（现中国刑警学院副校长）和正在厦门大学读博士的朱新涛，在论文中有比较详细的表述。答辩时我说，这个问题在论文中已有阐述，我再陈述一下。这话惹恼了李申申教授，他说，"我知道论文里面有，我就想考察你对这个问题理解的深度和广度。做学问就是要认真谨慎探究问题的本源。"扈涛老师的问题着实让我出了一身冷汗，他说，"你建立的数学模型究竟用了教育统计学的什么理论和方法？"在所学的课程中，我最怕的是教育统计学，经不起老师的深究，怕小窟窿掏出一个大螃蟹。这时候我只好承认是请数学老师帮我建的模型。扈老师说，我就知道这模型不是你建的，学术研究就是需要实事求是。两位老师的批评一直鞭策着我从事教育科学研究要有严谨的学风和求实的精神，这也是河南大学教科院学术精神的精髓，真心感谢河南大学教科院对我学术精神的培育和影响。

二、对郑州师范学院教育学科建设的巨大贡献

我所在的郑州师范学院举办高等教育本科的时间不长，有 10 年时间，专科也只有 8 年。真诚感谢中共河南省委组织部给我们学校选派了两位主管教学工作的副校长王北生教授和刘济良教授，这两位均属于教育学科，都担任过河南大学教务处处长，教育管理经验丰富，都是河南省教育学科的领军人物。对于郑州师范学院的教育管理规范，办学条件改善，尤其是

教育学科在全省影响力的提升起到了至关重要的作用。

王北生副校长是学校新建本科的第一届领导班子成员，分管教学工作，也兼管过两年科研管理工作。王校长一进入师院，立即展开全方位的教学改革，他积极倡导深入开展本科教学工作大讨论，建立院系二级管理架构，力推教育教学方法改革，引入河南大学严谨的教学管理模式，规范教学管理，使学校的教学质量和教学管理水平上了一个新台阶。王校长十分重视教师教育课程课题的研究工作，加大课题的扶持与奖励力度。河南省教育厅立项的教师教育重大课题每项6万元，一般项目1.6万元。因我校是郑州市管理的学校，省教育厅不拨付经费，因此申请的课题数量比其他院校比例多一些，在王校长的主导下，这类课题学校给予的经费支持力度很大，激励了教师参与研究的积极性，教师教育研究水平明显提升。

王北生副校长利用自身的学术影响力，把优质教育学科资源带到学校。王校长担任全国教育学会教育学专业委员会副理事长，2014年又在我校召开全国教育学专业委员会学术委员会会议。全国教育学专业委员会学术委员会汇集了全国教育学原理方向的顶级专家，这些专家云集郑州师院，了解师院宣传师院，把脉学院发展，产生重大而持久的影响。王校长又多次请到了全国的教育大家如周洪宇、扈中平、柳海民、涂艳国、冯建军、范先佐、刘铁芳、高宝立、杨宝忠等教授到学校讲学，使教师和学生与大家面对面交流，提升了学术的研究水平。

王校长的另一重大贡献是2013年带领郑州师范学院教育学原理教学团队进入河南省第八批重点学科。如果没有王校长的努力和影响力，对于一所新升本的本科院校来讲，进入河南省重点学科是不可想象的，这也开了河南省重点学科的先例。依托省级重点学科这个平台，学校每年拿出500万元予以重点支持，在人才引进、团队建设、资源建设、研究方向上突飞猛进，在河南省教育学学科领域的地位得到进一步提升。

刘济良教授2017年6月担任郑州师范学院副校长，更是把河南大学的校风、教风、学风带到了师院。2010年，他在担任河南大学教务处处长期间，我曾在河南大学教务处挂职锻炼，深度了解了河南大学教学管理的规范和严格，我一直认为河南省高等学校教学管理最好的两所学校：一所是河南大学，另一所是信阳师范学院。这两所学校在上世纪90年代初就曾获得过教育部表彰的全国优秀教务处，优秀的教学管理传承至今（这话可能会得罪不少河南省高等学校教务处同仁）。河南大学两位教务处长任郑州师范学院主管教学的副校长，的确是郑州师范学院的幸运。刘校长作风扎实，雷厉风行，以身作则，管理有度，得到了我们二级学院院长们的高度认可，尤其是在教学质量监控和督导、论文测评、试卷规范等教学管理环节，建立了一套行之有效的教学规范和标准。对于教学问题发现的精准程度，更是令人叹服，2019年学校以优异的成绩通过了教育部的本科教学合格评估，使学校真正按本科教学质量国家标准办学，教学质量纳入规范化、科学化的轨道。

刘济良教授担任我校第九批省级重点学科带头人，经常鼓励大家进行教育科学研究，尤其是利用自己作为河南大学教育学学术带头人的优势，使河南大学与郑州师范学院联合成立了河南省教育学博士后科研工作站，提升了科研创新平台，培养了王东、毛利丹等博士后进站人员，取得了丰硕的成果。

在王北生、刘济良两位副校长作为学术带头人的引领下，郑州师范学院取得了一批教学科研方面的标志性成果。从2012年至今8年来，郑州师范学院的教育学科是河南省第八批、第九批重点学科（教育学原理）；1项教育部卓越教师培养项目（特殊教育）；1项国家级师资队伍建设项目；2门国家级精品资源在线课程；1个国家级一流专业（特殊教育）。2个省级一流专业（学前教育和小学教育）；1个省级教学团队（教育学原理）；3个省级基层教学组织（小学教育、特殊教育和学前教育）；1门省级一流课程；4门省级精品资源在线课程。教育学科在河南省的学科地位和影响力进一步提升。

三、对河南省教育学科的贡献度不断攀升

河南大学教科院建院40年来,为河南省教育学科培养了大批人才,成为河南省教育学科骨干力量的"黄埔军校"。以郑州师范学院为例,教育学科教授共有10人,其中6人毕业于河南大学。我省各师范院校的教育学科都是河南大学教科院的受益者。比如在人才培养方案的制定与完善过程中,首先就要学习和参照河南大学教科院的蓝本,专家讲学、项目论证、科研指导等更是不胜枚举,受益良多。我曾与河南大学的宋伟、王振存、蔡建东教授等多次参与河南省教育事业"十二五规划""十三五规划""教育人才规划"的制定及文本起草工作,其成果直接进入河南教育领域的宏观决策,对河南省教育改革与发展起到了重要作用。魏宏聚教授关于课堂教学切片诊断的技术研究,两度获得国家级教学成果奖,对基础教育的改革与发展作出了突出贡献。

最值得称道的是,河南省教育学会教育学专业委员会对河南省教育学科的贡献。该专业委员会起步早、发展快、规模大、影响广,堪称河南省教育学会的第一专业委员会。其凝练学科队伍、强化学术引领、坚守教育研究、注重办会质量的宗旨,对河南省教育学的教学与研究起着引领和带动作用。我从2012年到郑州师范学院工作,积极入会,寻找组织,并努力为学会作出贡献。各教育学院踊跃申请承办会务,每次会议都以专题报告会和主题研讨会的形式进行,就当年教育学研究领域的热点和焦点问题进行广泛的交流和学习。其主旨报告、专题报告、全国教育会议精神分享、分组讨论、自主发言等常规环节异彩纷呈,对河南省教育学科的交流与协作,推动河南省教育学科的建设与发展具有重大意义。我相信,在河南大学教科院的带领下,河南的教育学科一定会大放异彩。

作者简介

陈国维

1964年生,博士、二级教授。1997—2000年在河南大学教育科学学院在职攻读教育学原理专业硕士学位。现任郑州师范学院教育科学学院院长,国家"万人计划"教学名师、河南省优秀专家、教育部高等学校教育学专业教学指导委员会委员(2018—2022)、全国普通高等学校师范类专业认证专家、河南省高等学校教学名师、河南省第四届优秀青年社科专家、河南省中小学幼儿园教师教育专家、郑州市杰出教师、郑州市首批知名社科专家。

40 | 海 川：
一瞥百年 河大情缘
——关于河大生活的片段与闪回

母校河南大学迎来 110 年华诞，美术学院征集历届的合影照片及文章，历经我手。看着不同年代那一张张意气风发的年轻的脸，点滴记忆涌上心头。大学 4 年，时光如梭，缤纷繁杂，时光会沉淀下诸多欢乐与忧愁并存的瞬间。如今回想，都是幸福的底色。

1997 年高考，我以县专业课第一的成绩进入开封市明伦街 85 号河南大学的工艺美术系。到宿舍后才知道大家都是地方上的第一，全省第一都有，马上不"牛逼"了。但是那个年代对大学生依然有着天之骄子的称号，进入大学本身就是一件值得骄傲的事。

我没有出过远门，也没有过集体生活的经验，一切都是好奇的。送我的家人走后，我独自买了一个面包、一瓶啤酒，回到 6 号楼 220 宿舍。窗外的法国梧桐树上挂着一只晃悠悠的白色球鞋，在初秋的微风中打转，像一个漫不经心的舞者。通过这只球鞋可以揣度到一种洒脱、不羁的心情。这只球鞋整整挂了 4 年，一直到我们毕业。

同宿舍的朱函兵请我吃的第一顿饭，在河大南门的书店旁边。他是开封杞县人，一直在河大附近学美术，人头很熟，年龄也长。可惜开学不久，因病休学一年，居然成了我的学弟，宿舍的床位却一直给他留着。

系里学生会代表到新生宿舍慰问走访，董德平带了几个同学进来：我叫董德平，姓董的得了一个苹果。这句话让我一下子就记住了他。时隔十余年后我们在上海相逢，他做武警文工团的团长。他还是他，一个正气凛然的老大哥，清清朗朗的烟火。

尚冠卫到宿舍的时候背着一个破吉他，随手扔在了床上，一副走南闯北的模样。他拉着我去大礼堂后面的银行存钱，问我交完学费还有六百块钱，能花到寒假吗？我是真的不知道。他后来居然报了音乐系老师周天星的吉他班，并借上千元买了一套电吉他，整天在楼道里面无表情，苦练指法，轰鸣作响。

李鹏长得白白胖胖，戴着黑框眼镜，很像电影《小兵张嘎》里的鬼子翻译官。他也认可自己的角色扮演：老子在城里下馆子都不要钱，别说吃你几个烂西瓜……他的言论是，上大学应该留一次长发，谈一次恋爱，他都做到了。整天捧着希特勒《我的奋斗》，读这位不务正业的美术前辈的书。

早上沿着铁塔湖跑步，经过破城墙的时候斜刺里窜出一条恶狗，汪汪地冲着我们狂吠。浩杰是个胖子，跑步总是落在后面，这时候他突然就炮弹一样冲了出去。以至于我们取笑他，晨跑的时候应该放一条狗。

阿细是宿舍老大广武的女友，两人恩爱起来毁三观，她经常周末从新乡过来织女会牛郎。一次来宿舍带了水果给大家吃，一屋子大老爷们推推搡搡、扭扭捏捏地不好意思吃。广武和阿细外出吃饭，刚一出门，大家就疯抢起来。结果人家推门回来取东西，一屋子人面面相觑，尴尬不已。

汪洋是一个憨犊子，铺开宣纸点点画画，张狂挥洒。书法、国画、篆刻、素描样样拿得出手。记得他有一方泥猴做的印章，朱文"率真"。他拉着我去书店买过荣宝斋出版的范曾画册，那时他的理想是考取范曾领导的南开大学东方艺术系。这是毕业后唯一再也没有见过面的室友。

受他影响，我很喜欢过一阵范曾。校图书馆里有范曾画的《鲁迅小说插图集》，我爱不释手，想占为己有。后来借出后索性不还，按图书馆的要求10倍价格进行赔付。孔乙己说，读书人的事嘛，窃不算偷，高价购买就更不算了。

提起图书馆，就能想起大概1953年出版的精装《敦煌藻井图案》，定价50元。之所以时隔二十多年还能记得这么深刻，就是因为太喜欢了。那是老一代敦煌保护者临摹的作品，精美的图案、协调的配色、工细的技法为大家打开敦煌的美，那是一本大家不愿归还的书，始终处于续借状态。如今不知道这本书还在不在。

宿舍刮起了练字的风潮，练吉他的上官也练《唐寅落花诗册》，号称南阳楚留香的广武练过《颜勤礼碑》，夹着公文包像乡村会计一样的庸昌是寝室长，每天熄灯后催着大家不要夜谈，快点睡觉，他好像练过《张迁碑》之类。大家去南门文宝轩买来青田石的角料，不懂刀法，但嘎吱嘎吱玩篆刻，也乐在其中。

对于只知道齐白石和徐悲鸿的我而言，不加选择、如饥似渴地吸收知识最为重要。第一个月助学金发了七十多元，我毫不犹豫把它变成了蒙德里安、塞尚和梵高，欧文斯通的《梵高传》看得人心潮澎湃，如火燃烧。那时喜欢的艺术家是：米开朗基罗、伦勃朗、梵高、徐悲鸿。看待艺术家不仅仅是作品，更在于艺术家本人，作品和人在一起才是完整的统一体。

初冬季节上色彩课，早晨大雾弥漫，在铁塔湖畔的城墙上画风景。作业点评的时候，刘颖林老师告诉大家，绘画是一辈子的事情。如果真正喜欢绘画，每周画一张，20年后见分晓，坚持下去，终有所获。

那一年因为香港回归，香港区旗区徽的设计者肖红老师风头正劲。给我们上课的时候用他那地道的开封口音发牢骚：三班的"豪们"真刺毛！有时候真实的话，恐怕只有用博大精深的方言俚语才能表达淋漓尽致、直入灵魂！

刚入学的时候系主任是尚水法老师，听说是老中央工艺毕业的，彩墨画得好。毕业的时候刘彦永老师做系主任，主攻花鸟。刘老师日后调去南方任教，在杭州退休，依然笔耕不辍，画意俊美。曾得赐刘老师的画册与斗方作品，为珍贵纪念。近日上海疫情加剧，菜蔬紧张，刘老师正在天目山休养作画时获悉，急切询问，并要寄春笋给我救急。20年过去了，老师依然惦记着学生，亲如家人，如何不让人感动啊！

90年代的大学尚有浓厚的人文气息，在羽帆诗社、铁塔文学社和广播站认识了更多不同院系的同学，打开我更加缤纷的世界。记得那年新诗的比赛是一位名叫陈文镀的浙江籍同学折桂，南方人第一次到北方的古都，感触更多，依稀记得诗文中有对历史的怀思。

某次中央工艺美术学院的老师来做讲座，在科技馆的阶梯会堂。当时那位老师谈及初到开封的感受：古旧的萧瑟感，仿佛回到北宋。对此我亦感同身受，这座城市似乎始终和宋朝联系在一起，尤其是秋季枯木荒乱的季节。

一个周末的清晨，中文系广电班的施平和文秘班的吕飞科挟着冬天的寒风闯进我的宿舍，他们和我谈诗歌，相见恨晚。那天施平裹着军大衣，我穿了一身深蓝色的中山装。对这样的见面场景，我时常回味并美化，老气横秋的扮相难掩青春的气息，此后我们成为终生的朋友。我们在南门那排又矮又暗的苍蝇酒馆里畅谈过诗歌，在仁和屯刘高勇租住的农家院落里喝得酩酊大醉，在热血沸腾的年纪彼此用青春年少激荡过对方。

1998年美国轰炸南联盟大使馆的时候，他头扎红布，声嘶力竭地呐喊着走在游行队伍的前列。这样的照片定格了他未来生活道路中的正义、勇气、愤慨、鲁莽和某些程度上的狭隘。从郑州到上海，从汶川地震现场到新疆暴力事件采访，从事业单位到财经媒体，从声如洪钟的播音专业到考取律师资格证。如今我们不谈价值观，只谈过往。

前几年在他郑州的办公室里喝茶，墙壁上挂着梵高早期绘画的印刷品《吃土豆的人》，我知道他还是那个保有赤子之心的人。只是如今的热血该去哪里挥洒，仅仅是到花花世界博取金钱吗？我们如今彼此相通的，恐怕只有遗憾和人到中年的迷茫。

因为彼此中学同学的关系，认识了高我一个年级油画专业的周玉成。他个头不高，脸上一道伤疤，用描述古代英雄的修辞就是"豹头环眼"，有江湖草莽气。他走路带风，有时用低沉的嗓音暗吼着。我们一起在大相国寺听诵经，一起在南门的录像厅彻夜看李小龙专场，一起开办美术班，一起黑夜里四处张贴小广告，一起在没烟的时候裹着素描纸当烟抽。多年以后，一起穿过戈壁去库车旅行。

听说同年级美术系的刘栋是个帅哥，我们是南阳籍同乡，又是诗歌爱好者。日后厮混在一起，但是已经很少谈及诗歌，因为共同的气息太浓，诗歌已经不再重要。记得他讲过一个文学构思《红舞》：某个村庄的人们没有见过红色，无论怎么解释都无法让其认识，最后女主人公割开手腕，挥洒着鲜血跳舞，村子里的人终于知道了"红"。这个带有荒诞色彩的隐喻，也许是我们那个年代追求的理想。

他去敦煌艺术考察，捎给我一副印有敦煌艺术的扑克牌，至今仍珍藏在抽屉中，这是多年交往的见证。前几年一起在修武县和当地政府领导吃饭，刘栋向别人介绍我：这是我背后的男人。县委郭书记相当幽默，希望我也做你背后的另一位男人，合作愉快，干杯！大家哈哈大笑。

上学的时候他就炒股，毕业的时候他创办了国内第一个短诗的网站"短歌行"，无论什么都可以玩得不亦乐乎。记得当时网站上有一首诗：一堆雪／抱着另一堆／取暖。很短，但像我们这些人的状态，无论热情似炭火，还是孤独如落雪。

冬天和张松峰一起去澡堂子里洗澡，他搓背的时候力道十足，我被蹂躏得嗷嗷直叫，他大概早已忘记，却给我留下深刻的记忆。我去西双版纳的时候曾在他家住宿过，前几年去洛阳，他家隔壁就是魏峨的洛阳博物馆，记忆中的院落已经不复存在。屋子里挂着临摹米勒的油画，那是他学生时代的作品，那张画一下子就把我拉回校园的时光，同时也变成我对他另一个标志性的记忆。

某次早上出操，我在物理楼前捡到两张电话IC卡，谈恋爱的时候用这两张卡说过很多面红耳赤、不着边际的话。毕业的时候去焦作大学任教，九五级中文系的张庆民老兄对我照顾有加。偶尔聊起过去，谈及此事，他很惊诧，拿出卡来一看，正是他曾经丢失的那两张。当时他也是谈恋爱所用，只是被我打了情话。不免唏嘘感慨，缘分妙不可言。

谈及缘分，还有一次独自去太行山的郭亮村游荡，在峭壁上的村口画速写时，院子里一位大娘和我搭讪。闲聊之际方才知道，这户人家竟然是同年级中文系沈庆伟的家。世界虽大，母校却一线相牵。

提起王思祖脑子中总能浮现出他那一脸坏笑的样子。一天他笑嘻嘻地凑过来问我："你知道吗，听说香港有个设计师叫陈——幼——坚。"陈幼坚是华人世界最优秀的设计师，我们都视为大神，经他那么阴阳怪气的声音说出来，总感觉变了味——蔫坏蔫坏啊。

许多大学的故事都是从大学一年级开始。在大礼堂前周末的展览中认识了九五级武术专业的郭胸怀和刘红旗，他们刚刚骑自行车从西藏归来。这一下子点燃了我做旅行家的心头暗火，我们秉烛夜谈，关于年轻应该走向世界的理想。胸怀利用不同的暑假远行至漠河、海南和拉萨，他用自己的方式挥洒着青春，获取人生历练。日后胸怀送我一支红缨枪的枪头，我开始扛着这杆旗子，迈出周游祖国的步子。我在日记的扉页上写下"长城永不倒，男儿当自强"的自勉。

近年才联系上胸怀老兄，获悉他在伏牛山区挂职，让我感受到基层干部的踏实和敬业。而红旗大哥援建新疆，在吐鲁番地区的公安局做一线领导。我们国家有这些堂堂正正、顶天立地的男儿做基础性的工作，就是社会最坚实的基础。

男生宿舍楼始终有歌手在水房高歌，利用水房的天然音箱形成共鸣。我喜欢冬天冲冷水浴，一盆凉水迎头冲下，酸爽刺激。210电话卡刚刚装进宿舍的时候，男生女生相互打电话，冲完冷水浴赤身裸体坐在床上就能接到不知名的电话，胡乱扯上一通。

1998年暑假我一个人骑自行车去西双版纳，身无分文，遍观河山，感受生活，做一个诗意的流浪者。开学的时候才狼狈地匆匆返回学校，拎了水盆照旧去冲澡，被人耻笑，才知道水房对面的十四号楼已经改为艺术学院的女生宿舍楼，一览无余。我羞愧地掩饰道，没什么大不了，整天看人体照片呢，学艺术还在乎身体这点隐私吗？

身体是最本真的艺术形式，这一点我们班的季云博诠释得最好。他把两个气球装满了水，相互系在一起，然后挂在脖子里，外面套上硕大宽松的T恤，在楼道里走来走去。我的眼泪都要笑出来了，这难道不是一种行为艺术吗？至于他满嘴的"七荤八素"，写出来文字都会自杀，就不能用语言描述了。多年以后他在学校里，居然玩起了剪纸这种民间艺术，我亦很惊诧。

多年以后的张国荣去世那天，音乐表演系舞蹈专业的张乐打电话给我，谈论星座和命运，谈论艺术和苦恼。他当时以大学辅导员的身份在农村扶贫，一直在工作现实和个人追求之间彷徨挣扎。那天晚上聊了很久，因为大概我们是同一种人。所以每每提及张国荣，我总能联想起张乐，这个瘦高而敏感的朋友。

毕业后某次春节经过郑州，我和上官去省电视台找九七级音乐系的张亚涛玩，他带我们到一处录音棚录制歌曲。在那个私人的 loft 空间里，墙上挂着一幅扭曲变形、色彩奔放的油画。我认出来了，那是九六级曹斌的作品，一个具有叛逆精神的穿着白大褂唱摇滚的神经质青年。在这个河大为纽带的圈子中，人和人之间总是有着莫名其妙又必然的联系。

教育系的王新炎和我同乡，上学时期也喜欢写写画画，他那时的梦想是办报纸。毕业后从张家口的炮兵指挥学院到南京政治学院，虽然相距并不遥远，我已很多年没有见他，不知道现在是否还记得当年的理想。

九五级中文系的陈义毕业后去了总参谋部，世博会的时候我们在上海相见，我陪他逛豫园和南京路。临别的时候他向我敬了一个美式军礼说，文无第一，武无第二，希望我国的军队能像美国一样强大。

河大剧社成立之初，上演经典话剧《雷雨》，这是集全校力量筹备的大戏，我们宿舍全体出动制作舞美，和学生会、校编辑部的同学们同甘共苦。大戏上演之际极为轰动，为校园一时盛况。当时董德平师兄任剧社首任社长，他虽然是工美系出身，却热衷于文艺组织与表演，日后他任上海武警文工团团长，上海轻音乐团团长，竟然二十多年来始终都存在不同的交集。

提及话剧，还有一事难以忘怀，甚至很大程度上影响了我的人生观。张广天的话剧《切格瓦拉》来河大演出，我第一次知道这个古巴革命领导人的名字，他的故事对一个满怀热情和理想的青年人来说极具冲击力，至今仍能记得剧中的歌词：是谁点燃了天边的朝霞，千年的黑夜今天要融化……那天晚上回到宿舍，完全无法抑制自己的激动，在日记上写了一首致切格瓦拉的诗。很少投稿的我第二天投递给了校报，似乎记得还有十几元的稿费。

前几日看到中央美院百年校庆时,众多学子回忆美院生活,有笑,有泪。共同的求学经历让我一下子回想起自己的大学时光,支离破碎的记忆片段,如同电影一样闪回、穿插、渐隐、渐显。

艺术是看待世界的一种角度,它会让生命更富有灵动和质感,所有的出格行为在艺术的名义下都变得正常。绘画、设计、摄影、文学、诗歌、电影这些东西都是内在相通的,我的很多认识都是从这里开始。身边有很多朋友,都是怀着切格瓦拉般的理想主义一起走过了很多年。无论身在何处,从事什么样的谋生手段,但关于河大生活、学习的岁月,都有着共同的记忆,因为那是同一种 DNA,这一血脉相连的就是兄弟姐妹。

十号楼的鬼故事,艺术楼的画展,小树林里的露阴癖,东操场的流星雨,跨世纪的篝火晚会,东大寺的开斋节,仁和屯的出租房……还有马道街的批发市场、御街的古天阁、西郊的翰园碑林、基督教堂的平安夜、朱仙镇的木版年画、北郊的野鸭湖、滔滔不尽的万古黄河……关于河大和开封,有太多太多的记忆,太多太多的故事。记忆的闸门一旦打开,就再也无法抑制自己内心的澎湃。所有这一切仅仅是 4 年中留下的点滴,有时却感觉这是值得回味一生的财富。因为我们最无忧的日子在这里度过,我们的青春在这里挥洒,我们人生的基础在这里筑就,我们怀着共同走向社会的勇气从这里出发。

转眼二十多年过去了,一切都已改变,一切又从未改变。

北岛在诗歌里说：那时我们有梦，关于文学，关于爱情，关于穿越世界的旅行。如今我们深夜饮酒，杯子碰到一起，都是梦破碎的声音。

我想说：不，虽然我已年过不惑，但我认为自己依然有梦，依然年轻。人生是一场没有尽头的旅行，有记忆，有热情，有烈酒，有胆气，有内心的笃定，有向死而生的豪情，这就够了。有同行者最好，如若孤独离去，我亦无怨无悔。

明伦街85号，一所古朴而庄严的地方，一个综合性的大学，我从这里出发，而我的尽头是海角，天涯……

2022年4月2日写于上海

作者简介

海 川

河南社旗人，河南大学艺术学院艺术设计系 2001 届校友。游走于绘画、摄影、设计、广告、诗歌、戏剧、旅行、读书的艺文深度探寻者，记录生命体验的全方位观察者，中国早期户外生活先行者。现居上海，从事文化、广告、税筹等跨界工作。

41 | 徐喜明：
巍巍铁塔情

明伦街 85 号，一个二十多年前背着行囊匆匆走进的门牌号；二十多年后，仍然在记忆里那么清晰。

那曾经每天都能望见的巍巍铁塔，走出校园后又有多少次出现在梦里。

那雄伟的大礼堂，那壮美的南大门，那典雅的七号楼，那现代的科技馆，都珍藏着数不清的记忆……

母校，这个词语，每当想起时都倍感亲切；河南大学，这几个字，每当看到时都怦然心动。

难忘初春在小花园漫步，难忘仲夏到大礼堂观影，难忘深秋去铁塔湖写生，难忘凛冬踏雪爬上东大门边的城墙……难忘炎炎烈日下测绘六号楼的忙忙碌碌，难忘冷冷冬夜里通宵赶设计的热火朝天，难忘老师们那抑扬顿挫的语调，难忘寝室里熄灯前的吵闹……

在校的一千多个日子，足迹已遍及校园的每个角落；离开后七千多个日夜，思念已蔓延到每个神经末梢。

河大啊，我的母校！

曾经，你是河南留学欧美预备学校，曾是中原第一名校；你曾有着辉煌的历史，而后历经沧桑；你曾颠沛流离，却始终燃着不灭的火种。你没有怨艾，更不甘沉沦，只是默默地积蓄力量。终于，2017 年 9 月 21 日，你破茧化蝶，跻身"双一流"的行列，重新回到了国家队。已毕业多年的我，听闻这个消息，竟有一种"漫卷诗书喜欲狂"的激动与兴奋。

远去了，那琅琅的书声；远去了，那铁塔的风铃。那睡在上铺或下铺的兄弟，如今已各奔东西；那坐在左边或右边的姐妹，如今已身处异乡。但，那曾共有的记忆，永远不会忘记。

忘不了，毕业典礼时，走上台由王文金校长亲自拨穗的激动；忘不了，走出校门时，回望南大门那一刻的怅然若失。从此，河大便成了母校，而我们，带着我们的梦想，展翅去寻找属于自己的天空。

无论我们走到哪里，"明德新民，止于至善"的河大校训，早已铭刻在我们的心里，"百折不挠，自强不息"的河大精神，早已渗透到我们的骨子里。

那巍巍铁塔，矗立千年，经历着岁月的风霜，接受着岁月的洗礼；

那滔滔黄河，奔流不息，记录着历史的兴衰，承载着历史的记忆。

而我的母校，河南大学，春风化雨，满天桃李。

作者简介

徐喜明

1977年8月生，2001年毕业于河南大学建筑工程系环境艺术设计专业。

2001—2011年任职于苏州市建筑设计研究院等甲级设计单位。2011年进入房地产公司负责设计管理工作,先后在首创置业、中科鑫控、金辉地产等公司任职,现任广纳地产集团设计总监。曾多次被评为"优秀员工""优秀经理",被评为"2017年度中科总部集团工匠精神奖",2015年7月评定为"高级工程师",2019年12月曾担任第十四届金盘奖分赛区专家评委。

42 | 晋银峰：
沐浴河大恩，永怀教科情

近年来，河南大学教育科学学院培育出了很多在国内外有影响力的专家学者，作为该院培养出来的一位学生，对这些前辈一直怀有敬慕之情，即便是与有些专家未曾谋面。回顾20年来我的人生发展历程，一直沐浴在河南大学恩泽之中。我本性格内向，不善于表达感谢之意，即便是恩师们就在眼前。今借教育科学学院恢复建系40年之际，真切表达我多年来的感激之情。

一、硕士研究生求学：人生学术的奠基启蒙

1999年9月，我终于踏进了河南大学教育科学学院，成为一名教育学专业的硕士研究生。之所以说"终于"，是因为费了九牛二虎之力才实现我的求学梦想。一则是录取学生人数非常少。当年教育科学学院共录取教育学专业硕士研究生6名，加上心理学专业学生共9名，算得上是真正的"精英人才"了。二则非"科班"出身。我本不是学教育学专业的，关于教育学专业的知识，是在考研的过程中不求甚解，经过死记硬背书本知识而来。虽然为了考取教育学专业硕士研究生，我曾经厚着脸皮到教育学本科班课堂上去"蹭课"，但因为没有完整听完一个学期的课程，不能系统理解书本的知识结构，只有片状的知识点呈示，这种情况导致了经过两次考研失败后才被录取。值得说明的是，当年我考上的是教育学原理专业，但却属于成人教育学方向（教育学原理下面的一个方向），当然现在成人教育学已经成为一个专业了。由于这个原因，我既可以享受教育科学学院的优秀师资给我们（当年的成人教育学方向还有庞振超同学，现在郑州大

学工作）上课，也可以享有成人教育学院给我们的其他待遇。当年给我们上课的一些老师我至今记忆犹新，教育科学学院包括程凯老师、刘黎明老师、李申申老师、杨捷老师、张新海老师等，后来在外读博的刘志军老师、刘济良老师也在一段时间给我们上过课。成人教育学院的任课老师，包括王北生老师（当时是成人教育学院的院长）、姬忠林老师、焦峰老师等。

至今难忘的是教师们不同的教学风格。程凯老师和刘黎明老师善于激发学生的求知欲望，经常通过讨论式教学引导大家发表观点。当遇到不懂的问题时，我们就顺手翻阅手头的《教育词典》寻求帮助。曾记得，为了求证一个问题，我和岳欣云、王媛、李晗、王峥、庞振超常常争论得面红耳赤，最终有老师发出权威的解释或留作业课后查阅资料求证。李申申老师上课时总是激情澎湃，能够将中国教育史的人物思想融会贯通地教给我们，现在想来这种专业知识的娴熟程度令人敬佩。教育科学学院培养研究生的风格同样值得学习，所有的教师都不是"满堂灌"，而是强调学思并行。老师们上课提出问题，学生下课去查阅资料，再上课的时候大家发表各自的意见，老师最后作总结提升。得益于这种教学方式，我有时间到图书馆借阅较多的图书，不断弥补专业知识的欠缺。

作为一个跨专业考取的教育学专业研究生，由于专业知识欠缺使我有很深的自卑感。为了证明不比别人差，我暗下决心一定通过提升科研能力来证明我的实力。经过不断努力，我在读硕士期间发表了3篇学术论文，并且有一篇被中国人民大学报刊复印资料全文转载。功夫不负有心人，我在2001年获得了河南大学设置的研究生奖励——"侯镜如奖学金"，获得了1000元现金。对我而言，这是一个莫大的肯定和荣耀，激发了我从事科学研究的热情，奠定了我发展学术研究的信心和决心。在论文撰写的过程中，因为当时电脑奇缺，曾经到成人教育学院办公室和教育科学学院心理咨询中心借用电脑、打印机，老师们都非常热情，给我留下很深的印象。

二、博士研究生求学：亦师亦友的远方照顾

2002年硕士研究生毕业后我回到家乡洛阳师范学院工作。当工作的新鲜感过后，我渐渐感觉到在大学工作如果没有博士学位很难获得长远发展。为了提高学术能力，在经过一段时间的思想斗争后，我下定决心继续深造攻读博士学位。经过不懈努力，我于2006年很顺利地考上了西北师范大学，在教育学院跟随蔡宝来教授攻读课程与教学论专业博士学位。在金城兰州攻读博士学位的3年时间里，我有幸与河南大学教育科学学院的汪基德老师、张新海老师、王星霞老师一起求学攻读博士学位，与3位曾经的母校老师相遇实属万幸，我们在一起逐渐形成了亦师亦友的亲密关系。

与张新海老师的相见真的是"偶遇"。2006年，当我第一次到西北师范大学时，不知道应该从哪个门进入校园，正当我从西北门疑惑地走向北门的过程中，抬头看见了一个熟悉的身影在朝我走来。我当时心头一热，这不是我敬爱的张新海老师吗！这个时候，张老师也看到我了，主动给我打招呼，介绍说他是刚刚考取西北师范大学的博士，正外出购买生活用品。"远方遇故人"让我感到特别温暖，我向张老师表达了我想考西北师范大学的想法，但又觉得信心不足的困惑。张老师给我介绍了西北师范大学各位导师的情况，分析几年来的录取情况，最后劝我一定要树立信心，他说"你要树立信心，坚信别人都是给你陪考的，你就一定能够考上"。正是在这句话激励下，我终于考上了博士。考上之后，我就和汪基德老师、张新海老师、王星霞老师成为了博士同学，当时汪基德老师、王星霞老师读博士三年级，张新海老师读博士二年级。同一时期在此读书的河南老乡，还有李清臣（目前是周口职业技术学院院长）、高闰青（目前是焦作师范专科学校副校长）、方琴华（信阳师范学院教授）等。

攻读博士是枯燥而乏味的，除了上课就是看书写作。但是，攻读博士又是充满乐趣的，因为这里有亦师亦友的河南大学母校亲人。在学习的过程中，当遇到疑惑的问题，随时可以找他们求教，不论是教育技术学专业的汪基德教授、擅长教育统计与测量的张新海老师，还是教育学原理专

业的王星霞老师，他们都倾囊相授。学习之余，不论是饭后散步还是周末休息，我们一行几人常常是穿过甘肃省委党校校园，来到黄河之畔的风光带，边走边聊人生和学术。此时，学习之中的压抑情绪一扫而光，之后可以满怀热情地继续投入到学习中去。现在想来，博士能够3年按时毕业，与母校教育科学学院老师们的倾心相助是分不开的。

三、博士后进站研究：学术发展的领航超越

2009年博士毕业后，遵照工作单位洛阳师范学院必须工作3年之后才允许进入博士后流动站从事科研工作的要求，我于2012年再次走进河南大学教育科学学院，进教育学专业博士后流动站，跟随刘志军教授进行课程与教学论专业的合作研究。进站之前一直认为博士后研究是一件比较轻松的事情，但进站后发觉并非如此。一则刘老师是一个对学术研究非常认真的人。从论文选题到框架结构，从调研问卷到章节标题，刘老师都一一把关。这种对科学研究一丝不苟的精神，让人钦佩。二则要发表要高层次文章。学校要求以河南大学名义在南大核心收录期刊上发表至少两篇文章。这样的要求虽然不是太难，但也不太轻松。经过刘老师的悉心指导和自我努力，论文顺利通过答辩，完成文章发表任务，顺利出站。在此过程中，非常难忘刘济良老师、李桂荣老师、汪基德老师、杜静老师等导师在开题报告会中提出的宝贵意见。

在博士后研究过程中，有幸参加了刘志军老师牵头，包括郑州大学等学校专家参与的国家社科基金重大项目。大家围坐在河南大学金明校区行政楼一楼的会议室内，召开专题研讨会，分配撰写任务、交流研究成果。我参与研究的子课题由刘老师牵头，河南大学的王振存老师、王晋老师、张红霞老师、王恩国老师等一批博士参与其中。由于刘老师平时行政工作较多，具体的研讨一般都放在周末进行。我也是匆忙从洛阳赶到开封，按时参与研讨。在研讨过程中，每个课题组成员都会发表自己的意见和建议。对研究中存在的问题，刘老师则一一解答并指导后续研究工作。通过

参与课题研究，我深深地体味到刘老师在繁忙的行政工作之余从不懈怠的科研精神，真是让人肃然起敬。同时，我也感觉到河南大学教育科学学院有一批学识渊博的中青年博士，他们已经挑起了学院发展的重任。河南大学教育科学学院这些年在全国高校的影响力不断攀升，与愿意奉献的学校领导和努力进取的青年学人密不可分。

跟随刘志军老师进站学习的过程中，不仅收获了学术成就，同时也收获了同学友谊。刘老师非常注重师生之间的常态交流，毕业季学术沙龙的做法已经持续了几年。在毕业的时候，他会邀请已经毕业的博士后、博士、硕士到母校，与即将毕业和在读的博士、硕士一起，围绕几个既定的学术问题展开交流，在此过程中大家各抒己见。有些同学谈学术收获，有些同学谈人生感悟，有些同学谈工作体会，刘老师全程参与，既不打断大家的发言，也不纠正有些同学偏离主题的话语。这种形式很像是一个温暖的大家庭，兄弟姐妹在一起闲聊拉拉家常，刘老师则像一位慈祥的父亲，宽松并温存地看待每一位弟子。实际上，我们每一个毕业的学生都期盼着毕业季学术沙龙，大家借此可以回望初心、放松心情，向恩师、向母校汇报发展成就、倾吐人生困惑，倾诉师生和同学之情。

回想在河南大学学习的美好时光，回想教育科学学院诸位老师的谆谆教诲，所有的事情恍若昨天，历历在目。仅借此文表达我对母校深深的谢意，祝愿母校百尺竿头更进一步！

作者简介

晋银峰

　　河南大学教育科学学院 2002 届硕士研究生，洛阳师范学院教育科学学院院长，教授、博士后、硕士研究生导师，全国教学论专业委员会常务理事，全国课程论专业委员会理事。在《课程·教材·教法》《中国教育学刊》《教育科学》等刊物发表论文 50 余篇。主持国家虚拟仿真实验项目、教育部项目等各类项目 20 余项，出版学术论著 4 部。

43 | 王道峰：
我与河大的一世情缘

今年是河南大学 110 年校庆，在这盛典即将到来之际，我们这些河大的儿女按捺不住澎湃的心潮，深情地从心底呐喊："河大，亲爱的母亲，我们真诚地祝福您，愿您青春永驻，愿您腾飞九天！"

我与河大结缘是在 1999 年，这一年是河南大学在江苏省招生的第一届学子，我带着兴奋和对未来的憧憬来到了开封，从此开启了与河大的一世情缘。

创办校园社团

大学一年级的时候，觉得海阔任鱼跃，天高任鸟飞，河大给了我释放自我的舞台。我与一帮志同道合的同学创办了校园社团"河大管理协会"。以此为舞台与"开封皮鞋商场"合作开展了一系列校园论坛与企业家讲座，还与南极人公司合作举办了河大第一届服装模特表演。打开相册，看到这些老照片，仍能感受到当年的踌躇满志、挥斥方遒！

为河大 90 周年校庆摇旗呐喊

2002 年，正值河大 90 周年校庆，作为河大学子，我们也用自己的方式为 90 周年校庆作出自己的贡献，送去不一样的祝福！我记得那年暑假，开封的天气异常炎热，为了精心筹备一期河大 90 周年校庆特刊，我带领来自河大各个院系的 10 位编委会成员，以极大的热情冒着高温走遍河南各地，去采访河大各地知名校友，记录下他们对母校的祝福。至今我还清晰地记得，采访的校友中，有时任安阳卷烟厂党委书记、厂长赵志正，时任大河报总编马国强，时任郑州电台主持人王志等。还有很多留校任教的教授，也给我们提供了一篇篇曾在河大求学的文章，文学院胡山林教授河大读书的岁月《酷暑夜读忆当年》就让我记忆犹新。前任校长王文金教授以及时任校长关爱和教授也接受了 90 周年校庆特刊的采访，校长关爱和教授特意将纪念任访秋先生的回忆佳作《师门求学散记》刊登在特刊上。为了筹备经费，我们在开封可谓是犁地三尺，受到了时任开封清明上河园总经理周旭东等众多企业家的鼎力支持。如今想来，那为 90 周年校庆奔波的一幕幕镜头就仿佛还在昨天，特别怀念那些曾经一起奋斗的同学们，那是一段永不褪色的激情燃烧的岁月。

荣幸参加河大 100 周年校庆

大学毕业来南京工作后，我加入了河大江苏校友会，继续在这个平台上保持着与河大的密切联系。2012 年是河大的 100 周年校庆，时任河大江苏校友会会长、南京大学教授范毓周先生受邀回校参加校庆庆典活动，我也刚好有幸一同前往，受到了院系老师和同学们盛情接待，就像一个离家多年的孩子，又重新回到了母亲的怀抱。毕业十载而归，河大的一切都还是如此的亲切，激动的是河大的巨大变化和影响力的与日俱增。我亲身见证了河大发展重要的时刻。

河大 110 周年校庆感言

2022 年，在毕业 20 年之际，又迎来了河大 110 周年华诞，这是一个让所有校友都自豪的时刻，因为河大终于不负众多校友的期盼，迈入了国家"双一流"高校的行列，从此之后，"双一流"成为了河大自豪的标签。岁月易逝，容颜易老，我早已从一个朝气青年变成了一个油腻的中年大叔，可唯一不变的是我对河大一如既往的心。因为此生，我们注定是河大人。在今后的岁月里，作为河大江苏校友会的联络人，我与河大的故事也将继续，继续为河大连接着众多校友对河大的情感，同时也为能来到江苏地区学习与工作的河大学子搭建一个温馨的校友家园。河大，终将是我们河大人的一世情缘！

作者简介

王道峰

河南大学商学院 2003 届财务管理专业校友，家庭教育高级指导师，青少年成长导师，文尊教育执行总裁。

44 | 靳　松：
犹记魏梁河大时

历史长河，难以数尽；记忆事件，挂一漏万。

千百年前，河南开封，信陵君无忌，窃符救赵，一个关键人物，侯嬴，居住在大梁城门，默默无闻，年老隐士，守护城门。而战国四大公子之首，信陵君，广招天下贤能之士，多方打听，得知城门之下，有一贤人，便登门拜访。后来，在侯嬴帮助之下，才有窃符救赵的可能。但是，在窃符救赵行动之时，信陵君到达前线那一天，侯嬴面向信陵君，拔剑自刎，为公子援赵抗秦壮行。

我在高中毕业之前，虽然生在开封地区，但从未来到城里。但是，侯嬴其人，对我而言，远比信陵君更耐人寻味。考进河大，内心带着对于侯嬴的向往，所以第一件事，在某一天下午，夕阳西下，独自一人，来到大梁城门，寻找千百年前的一丝真情。来到大梁城门，映入眼帘的是，城门高大，耸立在眼前，城墙之下，行人显得渺小。城墙砖块，暗青色，隐隐透出古朴气息，仿佛来自千年之前。人来人往，热闹繁华，伫立其中，有些彷徨四顾。当时，内心猜想，说不定，某一位不显眼的老人，就像侯嬴一样，闹市之中，深深隐藏自己，不轻易显示真容呢。在司马迁笔下，大梁开封，英雄汇聚，尤其任侠之士，开创千古功业。所观之处，映入眼帘，市民百姓，吆五喝六，小吃古玩，应有尽有。可是，千百年前，风流人物，难以寻觅。看一会儿之后，找一个身边来往之人，与之交谈，内容尽为日常生活，抑或经济生意，而于过往古人，无从知晓。心中难免怅然若失。

进入河大，想获得知识，改变自己，改变命运。开学时候，虽然自己属于中共党史专业，偏偏希望研读胡适；不久，由胡适转到其导师杜威，

然后再由杜威进入西方哲学。所以,一边学习党史,一边学习西方哲学,几乎贯穿了三年研究生生涯。党史使人扎根于现实,站稳脚跟;西方哲学,使人眼界览尽西方内在根基。当时,学校没有老师教授西方哲学。西方哲学,不少地方,艰涩难懂,自学困难。在偶然机会,听说有一位学过西方哲学的马老师,但已经不再教课。这位教师,可能在北大接受教育,由于种种机缘,来到河大。得知这一消息,就与同学苑国华一起,谋划向马老师请教之事。国华,跟我一样,对于哲学兴趣浓厚。所以,我们商定,寻找这位外哲老师。

某一天,我们打听到,马老师就居住在学校西门附近。手提束脩,像古人拜师一样,前去探访。那时学校西门,好像刚翻修不久,焕然一新。走出西门,大概不到一百米,向左拐去,有一个胡同,宽一米多点。胡同两边,房屋并不高,那时没有高楼,甚至两层楼房,并不多见。胡同左边,就是老师家。一个小院落,显得幽静安详,没有声音。我们推门进去,问候几声,无人应答。走近房门,轻敲几声。静静等待,才有一个回音。二十年过去了,至今仍有记忆。

"谁呀?"声音略显微弱,有些苍老,隐隐约约感到,说话者可能身体不适。

"您是马老师吗?我们是……"我说明来意。

门开了,虽然暮春时节,阳气渐盛,但是随着门缝打开,一阵阴冷之气,迎面扑来,刹那之间,如同回到北方隆冬季节。我们走进屋内,环睹之室,尽显朴素。一张四方老式餐桌,油漆大多已经脱落,木质显露出来;几张木质四方凳子,摆在旁边;墙上壁画,已然陈旧,加上窗上玻璃贴有纸张,光线并不敞亮,壁画有些灰暗。

围绕桌子,我们对面坐下。这时才看到,马老师皮肤无光,脸色暗淡,中等身材,身体虚胖,甚至有些虚弱。他说自己一直身体不好,所以好久以来,没有担任课程。据说,他在最著名学府学习,由于某些原因,来到开封,作为栖身之所。但他自己说,一直觉得,甚为遗憾,未能发挥自己老师之用。作为教师,教书育人,为其第一天职。马老师一边讲,一边提高了声音。听得出来,即便我们第一次听,深深感受到,这位老师,内心充满一种渴望。他讲话时候,眼睛突然明亮起来,像要放射出光芒。听得出来,如果他教书,必然兢兢业业,一丝不苟,全然将学生视为自己的全部。真正的教师,视教书育人为自己的生命。他教过黑格尔和康德,而外国哲学,对于德国哲学,极为重视,也是我们拜访马老师目的所在。但是,由于身体原因,马老师说,不能达到学生的愿望,不能给予我们帮助。我们没有过多停留与交谈,因为老师身体原因,我们就离开了。马老师将我们送出大门,这时候,我们注意到,他步伐有些迟缓,交谈也许耗费其精力,几乎拖着疲惫身躯,送出我们。

无论如何,尽管没有外国哲学老师,对于眼前学习,读书兴趣,日渐高涨。其中,有一些上次拜访的遗憾,也有对于未来前途莫名的憧憬。紧张学习之中,认识了守门人陈师傅。因为每年暑假,我都住在寝室,没有离开,所以与陈师傅熟悉起来。尤其最后一个暑假,按照学校规定,毕业生在7月份,就应该离开学校。我,由于想学习看书,为攻读更高学历,打下基础,所以暑假就在学校看书。而陈师傅,很有脾气,每一个研究生尽人皆知。由于熟悉,陈师傅知道,我仅仅为了读书,才会在暑假住在学校。并且,我帮助陈老师早晚开门锁门。3年以来,每天早上5点左右,我就起床,去操场跑步,所以研究生之中,我几乎第一个早上起床。这时候,不能每天打扰陈师傅,所以我就自告奋勇,自己可以代替陈师傅在早上开门。而晚上,在研究生教室看书,有时候是最后离开,也会帮助锁门。尤其是假期,大部分同学放假,离开学校,不论早晚,开门锁门,自然就是我的事情了。陈师傅,默默无闻,守卫研究生楼。后来,念及刚来到河大之时,心中对于大梁城门,隐士侯嬴,念念不忘。我常常将陈师傅与侯嬴,两个相隔千年的形象,混淆起来。只不过,侯嬴帮助四大公子之一的信陵君,而陈师傅,却有益于我。每次想到此处,未能寻到侯嬴遗迹之处的遗憾,总觉得有些得到补偿。

3年时间,有多少次,大门被我打开和锁上呢,难以记清。每次开门锁门,成为读书记录。在一千多个日子里,迎来送往,脚步匆匆,跑向操

场，走向图书馆。就是这些，让我由开封，古老的魏都大梁，催促着走向上海，继续未来人生下一个环节。多年以来，每念及此，对于母校河大，心生无限感激——信陵君意气风发，侯嬴隐身无成有终，马老师抱身憾意，陈师傅慨然相允，还有诸位师长同窗，等等，汇集成河，记忆在心，河声荡漾，奔涌向前。

作者简介

靳　松

河南大学哲学与公共管理学院2004届中共党史专业硕士研究生。河南大学重庆校友会副会长，西南政法大学马克思主义学院教授。

45 | 李立峰：努力做发出正义之光的人

"河南大学 110 周年校庆，你能写一篇文章吗？"收到学长吕厚超的微信，我才发现，毕业 17 载，我差母校一篇文章。

在我看来，母校是记忆中永恒的风景，是心底封存的美好，是我在人世间行走的力量之源。

一

提起母校，首先想到的是她的古色古香。

"它背靠一条黄河，脚踏一个宋代。"初读余秋雨笔下的开封，我还在豫南小城读高中。

闻名遐迩的鼓楼夜市，古色古香的宋都御街，仿古画廊清明上河园，威严赫赫的龙亭，历尽风雨的相国寺，大名鼎鼎的铁塔公园，无不展示着八朝古都的无尽风情和恒久魅力，常让我心驰神往。

位于顺河区明伦街的河南大学老校区，历经百年沧桑，古风犹存，气象万千。她的前身是河南留学欧美预备学校，当时国内三所留学预备学校之一。再往前，则是河南贡院所在地，见证了清末的最后两场科举考试。

牌坊式的老大门，刻着"明德新民、止于至善"的八个大字。步入大门，笔直的大道两边，分列着清朝、民国、当代的建筑，交相辉映。大道的尽头，雕梁画栋的大礼堂气宇轩昂，背景是屹立千年的铁塔。

这就是我们的校园，一座国保级的文物。身处其间，都会被无声的历史所震撼，被深厚的人文所浸染。

"嵩岳苍苍，河水泱泱，中原文化悠且长。济济多士，风雨一堂，继往开来扬辉光……"不管是《河南大学校歌》，还是迎新晚会的《九歌》，无不彰显着河南大学的百年底蕴,她深厚的人文积淀和悠久的历史传承,早已融入每一位河大学子的血脉之中。提起母校,内心都引发一股自豪、一种力量。

步入校门不远,便是河大的创始人林伯襄的雕像。他的籍贯是河南商城,看到这4个字,我曾激动得无以言表。因为,这正是我出生的小城,这,也是我与河南大学特殊的血缘。

二

张世海,是我首先想起的一位学长。入校时,他是新闻与传播学院的在读研究生。

结识他是因为文学。当时,学校举行了"河大杯"征文大赛,一起去领奖。风度翩翩,谈吐儒雅,十分谦和,他给我留下了无比深刻的印象。一聊,居然是同乡。

唯一的不同在于,我是优秀奖,他是唯一的一等奖。由此,我内心暗暗把他确立为榜样。一遇到学习上的难题,不管是英语的,还是中文的,首先就会请教他。他不怕麻烦,更不吝鼓励,经常发来大段的文字,蕴含在文字的热心与赤忱,在答疑解惑的同时,常让我感动。

后来,他继续博士、博士后。如今,他已是高校的一名教授。这份因文学结下的友情,一直持续今天。

徐晏,河南大学学工部《学生工作》主编,新闻与传播学院即将毕业的研究生。我应聘学生记者后,在他的手下,得到了较为系统的新闻训练。

一次,学校去部队慰问演出,徐晏就把任务安排给了我这个新兵,并教我写作事项,特别提醒要多采访。演出的每一个细节,我都记在小本子上。演出结束后,我争分夺秒,抓紧采访。返回校园,已是深夜十二点。我熬夜赶稿,在理科综合楼通宵教室里奋笔疾书,然后赶到西门宿舍外的通宵网吧,敲打成电子文档,发到河南大学网的投稿邮箱。

清晨七点多,这篇报道便在大学网首页头条刊发。此后,学校开展的每一场活动，我都自觉地报道。至大学毕业时一打点，累计四十余篇，加上在其他刊报发表的"豆腐块"，居然有一百多篇。

大学时光，可以留存的记忆不多，能够留存的证据更少。但这些文字，便是我大学生活最鲜活的记忆。

三

我是一名农村走出的孩子。如果说父母给了我第一次生命，那么河南大学则给了我第二次生命。

河南大学的学风尤为浓厚。多数时候，大家都是"教室－食堂－宿舍"三点一线。图书馆一座难求，通宵教室要提前占座。天不亮，大礼堂后，随处可见背单词、吊嗓子、诵古文的学子。我也常是其中之一。

我所在的法学院，时任法学院院长陈景良极其注重学生视野的开拓，邀请法学名家开设课程，经常举办学术讲座。陈忠林、范忠信、梁慧星、许章润等法学大家登场，学术报告厅座无虚席，连走廊里都坐满了人。

在浓厚学风的带动下，大家都拼命地学习，以至于到了毕业，班里很多同学名字对不上号，甚至一些女生连男生都认不全。

到了毕业，班里约三分之一考上了研究生，三分之一考上了公务员，三分之一待业或备考。我所在的宿舍，5人全部考上了公务员。少峰考到了平顶山法院，红飞考到了周口法院，赵明考到了广州公安局，张建考到了安阳市殷都区政府，而我考到了郑州法院。宿舍空出的一个床位，先后有扬帆和永海借宿，也分别考入广州法院、开州检察院。

大学毕业时，是我一生的高光时刻。作为班里两名省级优秀毕业生之一，我登上大礼堂主席台，接受校长关爱和亲自扶正流苏，授予学位，并合影留念。

大学毕业后，我如愿成为了一名法官，利用自己所学报效社会。因为文字的特长，我又被选调至重庆市检察院工作。后来，还成为一名专职新闻宣传人员，荣获了检察日报社"十佳采编明星"。这些，都离不开在河南大学期间，打下的法学功底，培养的新闻特长。

是河南大学改变了我的人生，塑造了我的性格——温和、内敛、深情、坚定。长久以来，我都不肯轻易去打开过往，更愿意用一生去怀念与感恩。

作为一名"铁塔"牌学子，我常会想起法学院大厅的"正义之光"，想起"明德新民、止于至善"的校训，想起我慈爱的师长与星散在天南海北的兄弟们。

走过110个春秋的河南大学，入选了国家"双一流"，郑州的新校园已建成……母校始终是我心头的骄傲，是我奋斗的源泉！

我爱母校！祝福母校！我始终记得你善良的模样、慈爱的目光，我会始终遵循内心确信，努力做发出正义之光的人。

作者简介

李立峰

河南大学 2005 届法学院校友，现任重庆市人民检察院检察九部副主任。作家、诗人、检察日报社"十佳采编明星"、首届重庆主流大 V。

46 | 李卫信：
河大，我的大学

2022年5月一个周末的清晨，我坐在客厅内，感受着初夏时光的丝丝凉意。东方最早的一束光还未洒向人间，厨房里早餐水汽发出咕咕的升腾声。在一片静谧中，我突然想起鑫营同学昨晚微信告诉我，我们共同的母校——河南大学110周年校庆纪念日即将到来了。

想到这儿，我的心霎时再也无法平静下来，遥想着二百多公里外的开封，回想起4年的河大岁月，心中百感交集。虽然我踯躅半生，兜兜转转，没有辉光，但我还是感觉4年的大学生涯，是我人生最精彩的一段经历。任何时候我都为之骄傲，与任何人相比我都感觉毫不逊色。因为那是青春的岁月，那是奋斗的岁月，那是进取的岁月，那里有着浓厚的师生情、同学谊，那里有我追求知识和理想的足迹。

我觉得无论是从一个学生对母校的回馈、从"羊羔跪乳""乌鸦反哺"的角度，还是从对精彩人生片段回顾的角度，我都应该拿出十二分的热情，用自己朴实、迟滞的文笔，从记忆深处打捞吉光片羽，或可做成一个"草编的花环"，献给我的母校，献给我的河大师友们。它一来抛砖引玉，二来做个见证：我作为河大学子的一员，在我人生走向波澜壮阔深处的时候，我是否辜负了老师的教诲，是否对得起母校的培养，是否还是铁塔下那个踌躇满志、激情满怀的青年。

弟弟陪我去报到

2001年9月12日清晨，秋收中的豫东平原，大地一片金黄，正是收获的季节。我也迎来了多年苦读的收获——要到河南大学报到。

当时我和弟弟一起先从村里来到镇上，又从镇上坐三轮车去东和店搭长途客车。一路上我感觉三轮车的速度非常快，路两旁的杨树和村庄飞快地向后退去。现在想想应该类似一种"春风得意马蹄疾"的感觉。

我和弟弟即使坐在轰隆颠簸的三轮车内，也一直在兴奋地闲聊。我当时想的是，我作为一个贫寒农家的子弟，考上大学不易，我的父母把我供应到大学里也已拼尽全力。虽然当时我已经知道在大学扩招的情况下，考上大学也不意味着"鲤鱼跳龙门"，但还是感到一阵轻松，算是完成了我家、甚至我家族的重大历史任务，也是对自己多年努力拼搏的回报。

我的弟弟也替我高兴，为我骄傲。弟弟虽比我小，但已踏入社会，社会经验比我多，比我成熟，也比我个子高，看起来他倒像我的哥哥，为我提着行李，一路上忙前忙后。但是我当时却没能够从弟弟的角度考虑一下他深层次的感受：他的心里是否有一种未能考上大学的遗憾，是否感受到哥哥考上大学给他带来的无形压力。

直到今年我看了电视剧《人世间》梁秉坤和梁秉义的故事，我才知道应该从弟弟的角度考虑一下他的感受，应该更多地去帮帮弟弟，更多地把自己学到的知识、见识，耐心、平等地跟他进行交流。那时的我只顾沉浸在自己考上大学的喜悦中，弟弟帮我办理各种手续，我都心安理得。

我记得后来我们搭乘新蔡去开封的大巴车，两三个小时后就到了开封，又转公交车到了河大明伦校区南门，那时是河大的老校区或者东校区。到了学校后，我看见在校园的一条东西路上，摆满了桌子，有登记录取通知书信息的，有收缴学生学费、住宿费等费用的，有开通绿色通道办理助学贷款的。办理手续的老师及学长、学姐们都热情又微笑地接待着我们，就好像我们是他们久未见面的远方亲人一样，我感觉格外亲切。

办完各种手续，我和弟弟一块儿在校园里转了转。整个校园很肃穆、很庄重，是我想象中大学的样子。当天晚上，我和弟弟是在仁和公寓的仁和餐厅吃的饭。弟弟和我各要了一碗羊肉泡馍，也是尝尝鲜，以前没有吃过。兄弟俩边吃边聊，我的4年大学生活算是开始了。

两个橘子和两碗面条

"大学者,非谓有大楼之谓也,有大师之谓也。"在我的印象里,河大的课堂是一种开放、平等、讨论的课堂。那时的河大对我来说,是我思想的灌浆期。

法学院的专业课老师带给了我一生的法律思维,让我时刻牢记我是一个法律人,要按照法律、按照规矩、按照规则办事,让我了解到在法学发展的道路上有许许多多的法律人为了捍卫法律尊严付出了一生心血,乃至自己的生命。他们敢于担当、敢于挺身而出,维护公平正义;他们矢志不渝地相信"正义永远不会缺席"。他们让我从骨子里相信:法(灋)者,刑也,平之如水;廌,所以触不直者去之;他们让我一生烙上了法学的烙印。

作为法学后辈,我每每听到法学的理论家、践行者,用自己的一言一行、用他们自己的良心乃至生命维护法律尊严的事迹时,我都热血沸腾,都很感慨、很激动,都感觉好像听到了"金戈铁马"之声,从内心深处为他们骄傲、自豪,为人间还有怀揣理想的人物而感到庆幸和释怀,也希望自己能有一天可以匡扶正义,可以抑强扶弱。

大学毕业后我先后在县公安局、县委巡察办、县纪委监委工作,这些部门虽然职能不同,但是笼统地说,这些部门都有一个共同点,都是维护法纪、维护规则、维护公序良俗的。在我17年的基层工作中,既有在派出所、刑警队等执法一线工作的短暂时光,又有在办公室文秘岗位上与文字打交道的十数年经历,虽然不能说做到了"以文辅政",但是我做到了尽自己的能力、智力来维护党纪、国法,在自己的岗位职责范围内维护了法治,维护了社会公平、正义。虽然我没有大富大贵、没有飞黄腾达,但是我用我学到的法学知识在推动中国基层法治进程中尽了绵薄之力。我曾经一天连取6份证言,把一个辱骂殴打他人、桀骜不驯、拒不供认的违法嫌疑人送进了拘留所,也曾连续数月参与持枪杀人案的侦破工作;我曾为巡察机构剔除300多名不符合低保条件的人员、避免国家扶贫资金流失而真正感到自己工作的价值，也曾为纪委监委一次次精准问责违纪违法人员、捍卫纪法权威而暗自骄傲和自豪。

即使17年过去，提起法学院的老师们，他们睿智风趣、风流倜傥的风采依旧浮现在我脑海中。如风度翩翩、兼具颜值与学术魅力的法理学老师赵娜；戴着一副深色眼镜、身材微胖，一只手拿着粉笔比划，讲起宪法学眉飞色舞的王俊峰老师；非常亲切、平易近人、与学生相处亦师亦友，现已成为教授，获中意刑法学双博士学位的辅导员刘霜老师；讲起商法学激情澎湃、兼职律师的樊涛老师；气度沉稳、讲课娓娓道来的蔡军老师；还有屈书记、王明锁院长、常凤香老师等等。

当然我也永远记得我在学生就业指导中心勤工俭学时遇到的李从国、孔军、牛凡老师，以及刘老师和崔处长，他们都给了我非常多的教导和帮助。

即使在2001级法学院或者是在3班内，我也是较为普通、较为安静、存在感不强的一类学生，但是我也深深地铭记着老师的教诲，时时会有深恩未报、如芒在背的感觉。

最令我印象深刻的是刑事诉讼法老师王金波。他给我们讲他作为代理律师外出取证的工作实践。为了取一份关键证言，他多次去找一位80多岁的老婆婆。这个老婆婆是一个刑事案件的重要目击证人，但是她也非常害怕打击报复。本着多一事不如少一事的心理，她多次拒绝作证。

王老师为了取得这份证言，专门来到她家里，是一个偏远的农村。一进门，老婆婆从自己兜里拿出了不知道存放多少天的两个橘子让王老师吃。从讲卫生的角度讲，王老师当然不想吃，但是，老婆婆放很多天的橘子自己不舍得吃，拿出来招待客人，也是老婆婆的一片心情，是她对远方客人的一种尊敬。王老师很感动，非常愉快地吃了。

中午，老婆婆又做了面条，由于老婆婆住的地方卫生环境较差，锅上、面条上苍蝇乱飞。王老师说就这苍蝇爬过的面条，他喝了两碗。老婆婆感觉自己受到了尊重，吃饭后就一五一十地作了证。当然王老师辩护的案子打赢了。

我和同学们最佩服的是王老师作为一名法律人的同理心，与人民群众打成一片、感同身受、体会民生疾苦的同情心，他的行为反映法律人为了工作坚持不懈、不达目的誓不罢休的执着心，以及千方百计完成工作任务的睿智，这些都是我们稚嫩的法学院学生所不具备的能力。当时的我仅只知道法条是如何规定的，法理是如何运行的，但是怎么维护法律的天平，我们作为学生缺乏实践和智慧。是王金波等老师用他们的言传身教教会我们法律之路虽然不会平坦、充满艰辛，但却有着巨大的成就感和社会价值。

在进行法学专业课学习的同时，我也选修了法学之外的课程。我曾经选修过红楼梦研究。当时的老师讲起红楼梦的人物、情节，如数家珍，讲起各个红楼梦人物故事如痴如醉，现在想来有王立群老师的风范。我当时非常羡慕河大老师们可以长达数十年沉浸在自己学术领域内、真正是在知识的海洋里遨游。有时想想人一辈子什么是快乐，干自己喜欢做的事，又作出了很大的成就，这就是快乐。当年这些老师们非常无私、不求回报地把他们的平生所学教给我们，就那还生怕我们学不好，他们真正践行了"春蚕到死丝方尽，蜡炬成灰泪始干"的高尚情怀。

比七个亿还珍贵的同学情谊

在河大，我与同学们结成了非常深厚、一生交往的同学情谊。日常生活中，我们男同学也经常召开卧谈会，谈理想、谈人生、谈女同学。

课余，我们几个要好的男同学，俊超、松江、阿棒、小边等，我们相约去打篮球。说起打篮球他们几个是真打，我是"打酱油"。有时是夏季中午，趁别人午休的时候，我们占半个场地，在烈日下，你来我往打得好不热闹。

由于我个子低，球技没有入门，只会远投三分或定点投篮，不会运球。但是他们几个从来不会因为我不会打篮球而排斥我。他们每次去打篮球，都会喊上我。在分班对抗的时候，也没有人嫌弃我，都是很自然地分班。当然和我分在一班的，到最后比分总会落后，但是他们从来也没有抱怨。

我为了发挥更多的作用,就抢着去发球,抢着去拦截,甚至装模作样地盖帽,但是我不到一米七的个子,盖谁的帽啊。不过我还是忙得不亦乐乎。他们在防我的时候,有意无意地放松防守,几乎不防守,偶尔我也会投进很漂亮的三分或两分球,貌似可以和他们打配合。他们之间打起来,是真进攻、真防守,讲究攻防转换,突破、勾手上篮等等。

总之我们感觉很畅快,打得大汗淋漓,我也总是发挥勤能补拙作用,满场飞奔去拦截,有一次直接摔倒在球场上,膝盖还受了小伤,但是我还是感觉有一种融入集体的感觉。

有时我也会幻想,如果有一天毕业了,我们一班学生或一届学生分在一个单位,或者分在同一片草原上,大家自由结合,结婚生子,生的孩子我们共同教、共同养,一辈子不分开该有多好。

有时真的是缘分,大学毕业后,我和松江、小边还有杨涛,我们4个人真的分到了一个市,同在公安系统工作。虽然不在同一个县,但我总感觉我们4个始终在一起,没事时打个电话能聊半个小时、一个小时。

说起体育活动,我偶尔会和金坤同学打羽毛球。我们可以一直打得没有力气去捡球,打得感觉眼前发黑,但还是想打。金坤比较敬业,有专门的好球拍、好球鞋、运动装,我是业余的,不光穿着随身衣裳,还蹭球拍。通过打羽毛球和看排球比赛,我和金坤结下了很好的友谊。

我们同寝室的鑫营,知道我不会买衣服,即使花了钱,买回来的衣服有时也不太合身。所以有几次,鑫营放弃自己的休息时间,去陪我买衣服。我记得鑫营陪我买了一个黑色羽绒服,很合适,才120元钱,后来又陪我去买了几次衣服。在大四毕业那年,他专门陪我买了摩托罗拉手机,很经济实用,便于我找工作联系用。

最令我感动的是与我同一个寝室的鹏飞,他在课余的时候打奇迹游戏,经常和另一个同学小夏聊游戏聊得热火朝天,我根本就插不进嘴。他们一会说买这个装备,一会儿买那个装备等等。

有一个星期,我突发奇想也去玩奇迹游戏。鹏飞知道后,教我了一些练级的技巧，关键是他给我七亿元钱。这样我在游戏里，也算有钱人了，大大满足了我的虚荣心。

我在游戏里到处游逛的时候，会有人主动向我说：大哥，大哥，给点钱吧。我感觉这种被求的感觉真好，甩手就是500万，送给那人。比起鹏飞来说少点，但那人也是点头称谢。

我和鹏飞当时日常交往不多，但是他一听说我这个"菜鸟"要打游戏，甩手给了我七亿，这是他无声的友情。在我看来，他平常羞于表达，但是这份真情厚谊超越了游戏，让我感到他对同学的爱。我感觉平时他虽然不拘小节，但他有他的学习、生活方式，他有他的追求，他的课程也没有落下。

毕业后，我读到他写的多首非常具有个人风格的诗，想象瑰丽、意象奇特，有李贺诗歌的感觉，也让我刮目相看。虽然自那以后我很少玩网络游戏，但是多年过去，想起鹏飞甩手七个亿我还是感觉很感慨、很惬意。

同学间的交往中，可以拉一个非常长的清单：大白、小白、学涛、强哥、红周兄、冠军、标哥、凯明、来强、阿丕、小雷、石磊、振伟、刘瑞、王娟、张梦、建军、牧遥、齐柯、段文、马丁、金宝、玉宝、海中、宝明、张乾、福星、光军、王君丽、闵金丽、杜菁菁、刘容良、关友义、张立明……还有品学兼优的学生会干部邱艳清、陈娟等等。还有我的老乡洪亮兄，他一直以来坚持不懈地努力奋斗，现在已成为北京德恒律师事务所的"徐大律"，业余写起评论、随笔、散文是汪洋恣肆、文采飞扬。

当然，我永远记得和俊超一起办《法政季刊》的事。《法政季刊》是法学院的院办刊物，也是法学院师生进行学术讨论、人生感悟的一小块阵地。由于当时我没有考研打算，空闲时间较多，《法政季刊》的主编王俊超同学就提议我来担任副主编，说是副主编实际主要是承担组稿、校对的任务。我还写过一篇卷首语。

记得学院还专门组织了关于《法政季刊》发展的一次小型的讨论会，有十几个人参加，有法学院的学生，也有部分老师参加。当时我也想发表一些惊人的言论，以图标新立异。我说的大意是《法政季刊》的内容不必人人看懂，越神秘越有权威。而其中一个老师讲的是《法政季刊》一定要贴近学生生活，具有可读性，让大家愿意读，内容要鲜活等等。我的发言在那位老师之后，观点又与他针锋相对。那位老师戴着眼镜，具体是哪位老师，我现在记不清了。但是他还是很包容、很鼓励地看着我。我发言过后就感觉有点失言，甚至感觉汗颜。因为老师是从刊物本身出发发言，我却是为反对而反对，为了引起别人的注意，故意发一些奇谈怪论。

不管怎么说，我与王俊超同学，还有一位低一届的女生，她也担任副主编，我们共同努力编了三期《法政季刊》，潜移默化中对我的文字能力有了很大的锻炼。后来我和俊超同学就毕业了，《法政季刊》交由那位女同学继续编辑、发行。

古朴的校园承载辉煌的发展史

美丽、古朴、典雅的河大校园，独特的河大建筑群潜移默化中塑造着河大学子的性格气质。我记得放学后，三三两两的学生或骑着自行车，或挎着书包步履矫健地从大礼堂前向东门走去，那种洋溢在脸上的自信，那种踌躇满志、青春活力，真有一种"天之骄子"、舍我其谁的感觉。身处其间，我也深受感染，也感觉自己的未来一片光明，只要努力奋斗就没有达不到的目标。

我记得我曾在大礼堂前的路上久久徘徊，仰视着庄严、肃穆、厚重的大礼堂——这一河大地标式的建筑，感受着她承载的百年河大奋斗史、发展史。我记得我在大礼堂及多个教学楼内聆听了许多次来自全国各地、甚至外国的大学老师们的授课，他们或旁征博引、或娓娓道来，讲授他们的所学、所思。他们都是学校专门请来的，为我们扩大知识视野，让我们掌握最前沿的学术理论，以开阔心胸、增长才干，避免固步自封。

我记得我和几个同学在林伯襄校长的雕像前久久矗立，想象他披荆斩棘办学的艰辛，想象他手提马灯巡视校舍的关爱之心、舐犊之情。然后我沿着河南贡院遗址向北缓缓走去，漫步于河大特有的古朴、典雅的欧式建筑之间，如同走入河南留学欧美预备学校、国立河南大学、河南师范学院等不同发展阶段的校史画卷。

苍翠的树木，斑驳的青石小路，其间多少智慧的火花在此碰撞、交流、传承。我曾遥想着抗战期间河大颠沛流离、流亡办学的艰苦卓绝，遥想着冯友兰、姚雪垠等大师们呕心沥血、薪火相传、追求学术的漫长生涯。

想起这些，耳边偶尔会想起"嵩岳苍苍，河水泱泱，中原文化悠且长"的校歌声。再后来我走进铁塔公园，我才真正理解河大学子为什么被称为"铁塔牌"。通过不断地反刍般的回忆，我才真正理解河大的校训：明德新民，止于至善。

我的理解是作为河大人就要承载一种厚重、一种坚毅，一种锲而不舍、百折不挠，如铁塔千年般矗立；如《大学》典籍穿越千年历史而不断传承、不断发扬光大；如一代代仁人志士"事了拂衣去，深藏身与名"。

2005年7月，骊歌响起，分别的伤感在告别的聚会中感染着每一个人。当时我更多的是感慨"长亭外，古道边，芳草碧连天"，而今更多体会到"天之涯，地之角，知交半零落"的滋味。

我感觉自那时起，自己从一个"天之骄子"，怀揣着一腔孤勇，投入了县域社会，生存、挣扎、生活，算来已17年之久。17年来，一提起河大，我就感觉很骄傲，也感觉到一种压力、一种鞭策，感觉她在背后看着我，如果我不好好干，干不出成绩，或者律己不严，就感觉对不起河大，丢了河大的人。

有时我也会扪心自问：作为一个河大的学子，我是否还记得母校深沉的期望，是否坚守着法学院学生的法律思维，是否还能配得上"铁塔牌"的牌子。每念及此，我都会因为自己努力不够、难以回答，导致后背有一种汗涔涔的感觉。

我感到欣慰的是，自己攀登奋斗的心仍在，仍坚守着人生的底线，在今后的工作生活中，我将进一步校准方向，继续努力，孜孜以求，以期能够向我的母校——河南大学及河大的师友们交出更好的答案和答卷。

作者简介

李卫信

河南大学法学院 2005 届校友，任职于河南省驻马店市平舆县纪委监委。

47 | 贾西稳：
我与河南大学的几个关键词

高考志愿与通知书

彼时，我对河南大学并没有更清晰的概念，填写高考志愿的时候，估计了一下自己的分数，也只能在省内选择。想着大学之前冠名"河南"的一定比冠名"郑州"的大，毕竟河南是一省之力，郑州一个大城市而已，加上老师也介绍河南大学的文科全国有名，我就毫不犹豫选择了比较热门的法学和新闻专业，学校当然首选河南大学。

2003年接到通知书的时候，我正牵着家里的两头牛在田埂上放牛。那是一个大清早，天刚微微亮，中国邮政的叔叔骑着自行车来到我们家门口，大声喊到：贾西稳，快点，你的大学录取通知书来了，河南大学的，你这娃儿，有志气！可惜我不在家，没有感受到这个场景，那一定是很自豪的事情！太阳高升起来，晒得野草上的露珠开始一颗一颗掉落，我也觉得有点热了，就牵着牛回家了，看到了放在堂屋的通知书，深藏内心的恐惧一下子没了，这辈子肯定不会再做放牛娃了，我对未来，对大城市，充满了无限想象！

传唱校歌与校史教育

我的好朋友孙恒先我一年考入河南大学环境与规划学院，恰逢河南大学90周年校庆，他给我邮寄了校庆的光盘，校庆晚会是由当时大火的《同一首歌》栏目组承办的，我打开光盘一下子都被震撼了，学校的晚会竟然是中央电视台给操办的，太牛了！也完全没有想到，一个大学的校庆晚会竟然会如此高水准。

要开学了，我对自己能否经历校庆晚会充满了期待！凌晨5点钟，月黑路远，我爸用自行车把我送到县城老车站，我一个人肩扛手提一堆行李来到开封车站。恰好是我们法学院02级高少波、梁高峰两位师兄负责接站，他们很热情地帮我扛着行李，还帮我买了早餐，当时感觉城市虽然破旧，人很好，心很暖。

入学热闹非常，学校安排了一系列活动。军训中，操场下，十号楼的101教室，我们都被要求不间断地熟悉学唱校歌，学会那绵长厚重的曲调，牢记那激昂大气的歌词。辅导员常凤香老师还请了专业的指挥，给我们编排各种花样，全校新生学唱同一首歌，并且能够在庄严肃穆又很神圣的大礼堂进行比赛，何其壮观，威武不已！那是我唯一一次登上大礼堂"演出"，想来很是震撼和感恩，以至于校歌真的"深刻在脑海里，镌刻在血液里"，而今，我第一熟悉的是国歌，第二熟悉的就是校歌了，有事没事哼起来，深感自豪。

开学的第一个月感觉都是各种活动。参观校史馆学习校史，大礼堂各种讲座，王发曾副校长给我们讲学校人文往事，印象最深刻的是校史剧《九歌》，竟然我还真的经历了"同一首歌"一般震撼的演出。随着剧情的跌宕起伏，我的心情也时而庄严时而畅怀，那一刻暗自告诉自己一定发愤图强，报校爱国，祖国强大，人人有责。以至于后来每一次进入大礼堂，多不由自主热血沸腾，神气满满！

后来才知道，这一切都是母校给每一届新生精心准备的礼物，也是每一名河大校友难以忘怀深感自豪的一件事，全国高校，唯我河大，尚能如此，把校歌和校史带入河大人一辈子的生活里。

河南大学三农发展研究会

河南大学的社团活动是校园文化建设的重要组成部分，也是学校知识教育和文化教育的重要载体，丰富多彩的校园活动使得我们的河南大学独具魅力。开学不久就是学校各大社团招新的时候，作为一个农村小孩儿，我在各大展板面前驻足，认真阅读上面的文字介绍和聆听学长们的介绍。当我走到河南大学三农发展研究会展板面前时候，看到这个社团"关注农村发展，关心农业兴衰，心系农民福祉"，以"锻炼自身才干、促进三农发展、影响周边人群、弘扬社会责任"为宗旨，还有这样的社团，愿意为我父母一样的农民做点事，让自己增长才干，顿时被吸引。

回到寝室开始写申请，为了能够把申请写得更好，还和老会员进行了长谈。我了解到 2003 年 3 月，〇一级生命科学学院邢保振同学贴了一张布告，寻求志同道合者，拟在开封郊区开展支农、支教、调研、共建活动，并身体力行，影响更多大学生关注三农问题。河南大学爱农志愿者迅速为此聚集，并最终成立河南大学三农发展研究会，随后多次到兰考、杞县等地开展大学生支农活动，我感觉这就是校史教育告诉我的神圣事业，写申请就很用心，据说我是那一届新会员中申请写得最长的一个人。

后来在社团里我也逐渐成长。我拖着又黑又瘦的身体，啥规矩也不懂就径直冲进校团委陈岷江老师的办公室；和学工部张顺利老师"沟通"的时候，一进办公室就坐到又软又舒服的沙发上；给马列部指导老师马树功老师说社团活动没钱了，老师直接从口袋里拿出 200 块钱，我拿着就走了；顾问老师袁庆濮老师看我们生得瘦小，经常带我们去南门外吃烩面、泡馍、胡辣汤改善伙食，常年带队和我们一起走在泥泞的乡间小路上，走村入户开展调研和共建工作。在兰考贺村共建农民合作社和乡村文艺队时候，他和我们一起睡在村委会稻草堆里，因为淋雨发烧，村支书给他炖了一碗鸡汤，他却不愿意独享，要求李秋良、王贺勇我们必须把鸡肉吃了，他才喝汤⋯⋯至今想来，热泪盈眶！师者父母心，父母对孩子包容万千，不念过往，常念孩子心中有梦，眼里有光，前途无量，这就是我们河南大学的老师们。

在学校和老师们的关心下，河南大学三农发展研究会已经成为学校最好的社团之一，多年连续被共青团中央、教育部、全国学联评为全国"优秀学生社团"。社团培养出来的学生，有高校社科类学院院长和研究员，有在体制内屡立新功的公务员，有知名律师，也有在涉农领域颇有功劳的创业者，当然仍然有一大批至今奋斗在三农战线上的同志们，为国为民持续发声建功立业。

凌晨 5 点的校园和通宵自习室

河南大学的孩子有多么的努力和勤奋，在河南甚至全国高校系统内，名声在外！我们长在小城市，但是我们努力；我们机会少，但是我们勤奋；我们资源溃泛，但是我们肯吃苦。如果不信，大可以在凌晨 5 点钟，走一走明伦校区。路灯下有晨读的学长，房顶上有外语学院的学生们正在"疯狂"英语，历史文化学院的空地上，图书馆门前的花园内，学五公寓后面的长廊内，大礼堂周边一圈，全是苦读练功的学生们。如果早上没有来一次早读，你的早饭都不香了。

彼时的河南大学英语广播电台，老师们为了给大家创造更好的氛围，那里的英语 24 小时不间断广播，只要在学校发的收音机上插入一个耳机，就可以彻夜进行 BBC 等级水准的英文学习了。在化学化工学院一楼的自习室，是学校的长明灯教室。那里的灯光彻夜长明，经常会看到诸多苦读好学的同学，满眼都是对知识的渴望和书本的敬畏，那里的灯，通往更好的未来。

写在最后，我的两个纪念日

2007 年从母校毕业，我去了与河南大学关联颇深的中南财经政法大学读硕。得益于母校与诸多学校的历史渊源，很多学校对河南大学毕业的孩子高看一眼，认可也多一些，我也是受益人，在硕士研究生面试时候，因为母校身份获得加分不少。

至今我已经从母校毕业 15 年了，母校值得我们去怀念和想念，感恩和感谢的人、事、物太多太多。疫情前一年，我特意带我家人重回母校，再次去感受温暖和历史的厚重感。南门外走到大礼堂一路上都是感动，也带孩子去吃了西门外的羊肉汤、四味菜和卤面，老板说他还记得我们，只是我的孩子们作为重庆的新一代，已经不太习惯开封的干冷和羊肉汤里泡过的锅盔大饼。

  因为母校给予的成长，我成功考研，顺利考上公务员，成为守护山城的一名人民警察，有了自己的事业和家庭。为了更好地纪念和感恩母校，我和女友商定要在9月25日去领证，当时我还在交巡警部门工作，那天我处理完早高峰事务，就直接坐公交车来到了沙坪坝区民政局。女友早已经在那里等候，民政局的钢印落下，我们的结婚登记日期定格在了2012年9月25日。母校100周年的日子，我完成了人生大事，从此向美好和幸福再出发，今后每逢这一天，我都可以过两个纪念日。值此母校110周年华诞，祝愿我们的百年名校，在"双一流"建设中，更展宏图，桃李满天下，新时代再谱华章。

作者简介

贾西稳

  河南大学法学院2007届校友，河南大学重庆校友会副会长，现就职于重庆市公安局八处。

48 | 李 辉：
不忘初心 遥忆母校

我叫李辉，河南大学商学院学子，承蒙学校、学院领导的关心，基于多年生活沉淀促使我写一篇回忆母校的文章。但我自知才疏学浅，很难写出一些有哲理的内容，只能写下自己的真实经历和身边人的故事，仅作为一个受河南大学百年文化浸润的普通学子献给母校110周年的贺礼。

我是河南大学2003级的一名学生，我们是入住河南大学金明校区的第一届学生。入学的时候学校还正在建设中，学校的树是刚刚种下的，还没有繁茂的树冠。军训是入校上了一个月课之后才进行的，军训的场地篮球场和跑道都是刚铺的沥青路面，每个同学的军训服都或多或少占了柏油的便宜。因为校园正在建设中，绿植少风沙大，同学们从南苑宿舍楼到14号综合教学楼上课，或到12号组团的学院楼，都要走很长的一段路。如果遇上风雨天，打伞是很困难的。我看到个别同学穿雨衣行动颇为方便，就发现了商机，和一个叫郭强的同学合计去做这个生意。我们凑了300块钱，利用周末到郑州火车站批发市场批发一批雨衣，又鼓动了班里的几个女生去宿舍推销，就此开始了河大第一笔生意，一周左右我俩挣了将近两个月的生活费。后来我和几个志同道合的同学又卖过自行车，开过日用品店，后两年做新生入学的生意，东苑、华苑、南苑关键路口都有我们的摊位，一天的销售额能达万元以上，这对于20年前的学生来说是非常了不起的。

河南大学是一所具有百年历史的知名学府，20年前能考上河大的我们也是省排名两万多名之内的优秀学子。那时的我们和现在的大学生一样，也会有很多迷茫。大学是热血，是青春，是自由，是放松后的再一次前行，也可以是放纵后的无所事事，可选择的空间特别多。无人监管的地方才是拉开差距的地方。我知道我不会走考研的路，所以在上学期间尽最大可能接触社会，认识不同专业的校友，这其中的很多人都成了我的好友、合作伙伴。当然，也有很多同学选择在学业上更进一步，后来也都取得了不菲的成绩。也有一部分同学放松躺平，渐渐和其他同学拉开了距离。人生的赛道很长，虽然什么时候开始都不晚，只是越早开始奋斗，收获的幸福越多，成绩越好。

我上学时，商学院还是工商管理学院，辅导员程金辉老师刚毕业留校，与我们年龄相仿，特别能理解包容学生，常与我们促膝谈心。我们是人力资源管理专业的第一届学生，年轻的徐本华、卢光莉等老师也都是刚参加工作的年轻教师，经常和同学们沟通思想交流观点，亦师亦友。当时的院团委书记左辞波老师，亲自带领商学院学生在体育运动会赛场上奋勇拼搏，一次次泪水，一次次汗水换来一个个奖杯。学院老师们的辛苦付出点亮了我们青春永久的记忆！

转眼毕业已经 15 载，许多校友都取得不一般的成绩，这里我就带领大家回忆一些我熟悉的校友，以我个人认知讲讲他们精彩的故事吧！

A 同学是一名来自豫南地区贫困家庭的孩子，上学期间默默无闻，毕业后也没有选择去大城市，而是去了五千里外的大西北，一待就是 10 年。远离家乡、亲人、同学，陪伴他的是无垠的戈壁，飞舞的黄沙，零下十几度的孤苦，以及一座座从无到焕发生机的工厂。梅花香自寒苦来，今年这位同学、校友已成为一家大型央企的部门正职领导。

B 同学毕业实习就在一家新成立的省会医院，从一个职场小白，用 6 年的默默付出和等待换来医院的开业，赢得部门负责人的职位，又用了 8 年的勤勉和出众的能力获任医院副书记，并喜获"河南省三八红旗手"荣誉称号。能力的提升，素养的修为，担当的魄力，让这位校友成功转型成为某医院的执行院长。

C 同学一路读书读到博士毕业，之后入职某市政策研究室，后在博士后流动站一年，目前被引进某市区县里任副职，成为最年轻的实职副处。

我想没有什么是比读书更快去实现自己梦想的途径了。

优秀的校友都是初心不改一步一步用辛勤的耕耘实现了自己的梦想的人。当然也有一些校友毕业后不能脚踏实地，不愿意给地球的一方天地打扫干净，结果天天扫地，感觉世界越来越美好，梦想改变世界，但理想却离自己而去。更多同学在南墙上悟道后，愿意先把厕所打扫干净，后来人也就不一样了。

就我而言，我毕业后先去北京工作了几个月，后来又在县城工作一年，最后在省会郑州找寻到一份工作。为更好地在行业内发展，我重新修了行业专业学位，考取了注册，评定了职称，目前我经营4家公司。在行业背景、社会背景最艰难的情况下我坚持初心负重前行，公司业务有序进行，我们团队的成员都还在飞速成长，这让我很欣慰也很骄傲。我想熬过寒冬的人，才更能体会春天的温暖，才能在阳光雨水充足的夏天里疯狂成长，才能在金色的秋天里享受收获的快乐。

到今天，才明白高人的高明，高在他们一开始就知道要跟比自己年长10岁左右的高人学习，并真诚地团结好、服务好这些高人。团结同龄人用吃亏换认可，帮助比你小10岁左右的人，用资源带他们成长！这么多年我一直试图给南墙讲道理，却从来没有成功，每次都是头破血流。轻浮下我许过很多诺言，盲动中我曾经到处乱闯，最后却得到遍体鳞伤！最终我明白了真正对我们好的还是经常批评我们的老师，还有图书馆那沉默不语的书本！

俗话说：成功是社会定义，幸福是个人感受。社会熙熙攘攘，我们勤勤恳恳，惟愿母校万丈光芒，有我一份努力；社会幸福万千，有我一份分享。猗欤吾校永无疆！

最后，我祝110年河大"继往开来扬辉光"，祝校友们"鹏程万里锦绣长"！

作者简介

李 辉

河南驻马店人,河南大学商学院 2007 届人力资源管理专业校友,现任河南汉宇建筑工程有限公司董事长,高级工程师,民革郑州总支一支部副主委。

49 | 谭超尘：
忆青春愉快事 最忆是河大

忆青春愉快事，常怀东京梦华，更让我魂牵梦绕的是那历经百年沧桑的母校——河南大学。遥想那年校园小河边依依杨柳绿芽初发时，我们班委一群人便在管院王子楼（南苑四号学生公寓）的501宿舍开始筹划到底是组织同学们去黄河滩春游，还是去万岁山森林公园春游。

开封的夏天，烈日炎炎，那热浪绝不输给四大火炉城市，然而最想念的是一两块钱就可买到的沙甜沙甜的一个大西瓜，做校园生意的朴实无华的本地老板还要非常大方地买一送一。每年下半学期开学即迎来最美校园与八朝古都的金秋菊花节，整个河大校园乃至整个城市都被各色各样的菊花装点得毫无违和感，只觉满城尽带黄金甲，全是美好寓意，美好的祝福。

作为南方人，最爱的还是北方的冬雪。雪花飘进了我们的窗户，一如濡湿的花朵、轻盈的柳絮，古城开封只一夜便仿佛回到千年前的汴京，我们兴高采烈地漫步于银装素裹的民国风校园，青春悠扬的样子多么惹人怜爱。

印象中我们是第二批入住金明新校区的，也算是见证了金明校区由尘土飞扬到树木渐渐长成，但也是吃了不少尘土。记得同学们都讲"开封开封，开门见风"，尤其到了2008年大四的最后半年，我们宿舍的兄弟们除了几个在学校考研，其他的都去不同的城市实习了，等几个月回来之后发现挂在阳台上的衣服裤子忘收了，衣服基本上就是泥塑的艺术品了，那条牛仔裤里竟然还有一个燕子搭的鸟窝，十分有趣。

大学之大，贵在有名师，有校训，还有最美的校园，有遍布各行各业的校友。我记得大一下学期惊闻我们学校的材料机械摩擦磨损与润滑专家、中国摩擦学学科的开拓者与学术带头人、"两弹一星"功臣党鸿辛老师突然逝世，全校师生为先生默哀。包括前不久母校吴雪莉老师的噩耗，河大学子们无不为先生扼腕。同时母校先生们的躬身垂范，更是深深影响我们每一代自强的河大人。在风起云涌的近代史上，我们河大的师生们前赴后继地为国家的命运图强与民族振兴，在各个领域贡献自己的力量，勉励着我们一代又一代河大人奋勇向前。

记得，在香港经常也听身边的人会说起内地最美的大学，有提到有美丽樱花的武汉大学，有说陈嘉庚先生捐建的厦门大学。我就常常跟他们做科普，我说你们知道中国最后一届科举考试是在哪里吗？中国近代史上有最知名的三大留学培训基地知道是哪几所学校吗？我们的古汉字甲骨文是哪个学校的先生发现的吗？然后拿出我们母校河南大学的校园美照发给他们，尤其是冬天的雪景校园，身边的人都是惊掉下巴状，要求一定要带他们来我的母校去走走看看。我记得2004年时任中央军委主席江泽民同志第一次来河南大学，了解到河大的历史也是非常感叹并为我们学校题词勉励。我们上学那会儿最流行的疯狂英语的创始人李阳先生有一次来学校演讲，一了解这百年历史的低调学校，当时就赞叹不已。

大学期间，我印象非常深的一件事情就是每天早上6点我们组织的跑操。我当时是四班的班长，每天必须比同学们更早地到达操场，集结同学们点名，几个星期下来全班88个同学的名字就能倒背如流，点名都不用花名册。

我和郭尚兴老师合影

后来知道我们河大的体育在全国是非常知名的，当初在学生会工作时也经常组织同学们去体育馆观看我们学校参加的 CUBA 现场比赛，河大对学生的体育与健康的重视，我看绝不亚于清华大学。感恩文化底蕴深厚的母校，对于传统文化的传承与传播，也是深深影响我们这些河大学子。大学期间开始接触中国传统文化及太极拳的学习，毕业十多年，直到现在，再忙碌的工作我依旧坚持每天抽出时间运动练拳，最后反而成为了自己的一个标签，被业界朋友戏谑我是两岸三地民航业最会打太极拳的，太极拳界最懂民航的，因此还结了不少的善缘。回头想想，都是在母校河大种下的善因。最后也借用清华大学的一句话勉励我们的学弟学妹们，学好专业知识，同时保持河大传统文化的传承优势与体育精神，争取至少为祖国健康工作 50 年。

作者简介

谭超尘

湖南郴州人，河南大学商学院 2008 届市场营销专业校友，中国民航智库专家，清华大学深圳国际研究生院特聘讲师。2019 年接手筹建全球最大的航旅系统解决方案供应商 AMADUES 中国合资公司，现为 AMADUES 中国合资公司 CEO。

50 | 轩 雷：
大学那些人和事

一、我的老师们

我上过李天章老师的政治经济学，李老师上课前都会让一位同学做 3 到 5 分钟的主题演讲或自我介绍。这个形式真的非常好，可以让我们很快了解自己的同学，也是一个自我展示的机会，李老师也总能从学生的演讲中找到政治经济学的知识点并加以阐述，这是一个很好的教学方法。我的一位 A 同学演讲主要内容是自己的不幸，身边人的不幸，社会的不公，充满了消极与悲观，给人一种社会无可救药的感觉。我听过以后内心很压抑，想反驳，想表达。我是个性格内向的人，不善表达也不愿意表达，但是经过复杂的心理斗争决定要反驳。在李老师的下一节课堂上，我争取到主动演讲的机会，我讲述了自己的经历，讲述了小的时候没有鞋子穿的故事。我与 A 同学的经历相似，家庭贫困，求学不易等等，并且对 A 同学的观点一一驳斥，我认为曲折艰难的经历是我们成长的财富，是天将降大任，是磨砺。我们应该内心充满阳光，充满感激，不论环境如何，不论境遇如何，我们自己的内心要阳光起来，传递正能量，自己才会更好，社会才会更好。我只记得辩论很激烈，气氛很紧张。李老师象往常一样点评了我的演讲，肯定了我积极向上的观点，很多同学也表示支持我的观点。课后，我和 A 同学的辩论就传开了，有人支持我的观点，也有人支持他的。我的辅导员南老师听说了这个辩论，主动找我谈话，给我讲了很多，讲了自己的经历，谈了他的观点，鼓励我坚持美好，努力奋进，自己成长了才能为社会做更多的贡献，并且教我怎么处理分歧，怎么和同学相处。后来听说，南老师也找到 A 同学谈话，聊了很多。整个大学期间，我和 A 同学相处不错，毕业后还在杭州相聚过。我和A同学是这样开始河大求学的，尽管有不同的观点，有争论有分歧。相似的地方是，从此以后我们都努力学习，积极向上，我每年的成绩都是优异。A同学也在本科期间考过了注册会计师，我还是很佩服A同学的刻苦学习精神的。我们都找到了好的工作，我进了银行，A同学进入一家大型会计师事务所，工作后表现也都很优秀。我后来的辅导员左老师也经常给学生们沟通、谈话，对我们帮忙很大。还有我们的王院长，市场营销专业的刘老师、祝老师在给我们上课的同时，也经常讨论、辩论，亦师亦友，不得不说河大好老师真的很多。在这个百年大学里，我和其他同学一样学习知识，学习做人，受益匪浅，有些事有些人终身难忘。

二、我的同学们

我们宿舍是南苑615宿舍，一共住了6个人，我们根据年龄排名老大到老六，我排名第二，兄弟们称呼我为二哥。因为我们宿舍氛围好，一位外宿舍的兄弟阿标申请了2年，终于在大三被批准为我们615宿舍的老七。在这里请允许我按顺序点一下名，江宝、轩雷、单磊、朱紫枫、付瑶、张永强、王新标。

河大的学习风气很好，我们都怕落后。已经忘记是谁的提议，大概是集体讨论，我们制定了英语学习计划，一直坚持到大二期末：周一到周五每个人每天必须背诵20个单词10个英语句子。大家按周轮流值班，每周开总结表彰大会，值班人将每天背诵任务发给兄弟们，谁先会背诵就可以找值班人背诵，值班人也要被考试，他可以找其他任何室友进行背诵。会背诵了任务完成，第一个通过的公开表扬，通不过的要一直练习，要接受惩罚，晚上10:30以前只能在阳台练习，不能回宿舍睡觉，如果到晚上11点还不能通过考核的，允许回来睡觉，任务累加到第二天。老大、我和老三表现差不多一般都是上午就通过，我们三个争先恐后，一旦会背尽快找值班人去背诵，在宿舍、在路上、在课间，主动找到一切时间想争取当天第一名，每周、每月还会评周第一、月度第一。我、老大、老三争取第一的机会多一些。老四、老六一般到下午或晚上才能通过，老五是最慢的，一般是当天最后一个通过的，经常被罚到阳台上去。也有例外的时候，如果是老五值班，他也会早早地背诵通过，所以现在看来还是态度问题。老七是大三才加入我们的，所以缺失了这个背英语的过程。

我们也会经常组织体育活动，根据我们床在宿舍的方位，我们划分了东西战队，我、老大、老五是东部战队，其他的是西部战队。我们会举行3×100接力赛跑和篮球赛。我比较喜欢接力赛跑奔跑冲刺的感觉，青春、活力、憧憬，都在奔跑和冲刺中表达出来，但是接力赛一般跑一次都能分出输赢，很快就结束了，可观性不强。这里还是说说篮球赛，比赛前，每个人会兑些钱，用于购买奖品和赛后聚餐。篮球比赛一定不能少了观众，有时候还会有陌生同学围观，室友们的对象和联谊宿舍的女同学们是主要的观众，有时候她们也会花枝招展地当做啦啦队，在我们投球的时候高呼，在我们中场休息的时候到场上舞蹈一下，不知道的还以为我们这是CUBA热身赛呢，嘿嘿。西部战队的老四篮球技术不错，但是体力不行，东部战队的我体力有优势，老五篮球技术好，所以每次篮球比赛都是东部战队获胜，我们也拿到的奖品最多。奖品一般是护腕、水杯、钢笔、书、摆件纪念品之类的，也有可能是我们愿望清单上的礼品。赛后聚餐就是西部战队出风采的时候了，老四是啤酒大王（实际酒量一般），老三是可以喝小瓶火爆白酒就着馒头不要菜的那种，老六是喝点酒就会演讲的人，所以餐桌上就是西部战队的光辉时刻，其乐融融。老七是人缘好的那一种，给谁都能"喝"得来。我这个时候主要任务是场控，控制喝酒的数量，维持局面、后勤以及安全保障。因为忙于服务，总是吃不到东西，回到宿舍还是饿得很，再来一包泡面充饥。反正在我的印象中，大学没有吃饱过。

上大学有避不开的爱情。老四属于公认帅哥型，入校就有不少女同学追，很快有了女朋友。其他兄弟的爱情可能曲折一些，尤其是老七，先是追求经济学院女生未果，经过曲折的过程找到了真爱——自己的高中女同学。我们追女朋友的过程也是相当团结，兄弟们有钱出钱有力出力，已经有女朋友的，还要经常带着女朋友帮兄弟撮合，故事过于精彩，此处省略十万八千字。大三的时候我们都脱单了。老六、老七找的是外校女朋友，都是自己的高中同学，我们五个找的咱们河大美女。七兄弟中，老大、老三、老六、老七修成正果毕业后结婚生子，幸福得很。所以，毕业后我们宿舍聚会，家属都是老同学。本科毕业后老大读研去了武汉，老三读研去了杭州，我们几个工作，我在郑州，老四回了驻马店，老五当兵去了广州，老六回了安徽，老七去了上海。兄弟们的感情很深，毕业14年了，大范围的聚会每年都能聚上一两次，小范围的聚会更多，很多时候是全部聚齐，一般都能聚到5个以上。

这一切都发生在我的母校百年名校河南大学。回忆大学时光，有太多的美好，太多的精彩，好的校风，美的校园，好的老师，好的同学，我都停不下键盘，但是工作还有很多，就先写到这里吧。真的是意犹未尽啊！

作者简介

轩 雷

河南周口人，河南大学商学院2008届市场营销专业校友，清华大学EMBA研究生，现任河南诚易老家装配建筑科技有限公司董事长，注册信贷分析师。

51 | 赵联斌：我的研学导师

谈到河南大学，我可以说是感恩至极，因为在那里我开始走向了正式的研学之路，在那里我碰到了可以指引我走向研学之路的导师，他们对我的影响可以用一生一世来形容。

2006年9月我在工作6年之后，通过测试我考上了河南大学外语学院的在职研究生，主修翻译方向，并师从恩师郭尚兴教授。郭老师虽然是河南大学为数不多的黄河学者和中国翻译学会专家会员，但是他为人异常低调，待人相当和蔼。在我的研究生学习过程中给予了无微不至的关心与帮助，还赏我薄面，曾不辞辛劳地来长治学院为我外语系全体师生做了讲座。当2008年在山西省太原市中北大学举行第七届全国翻译研讨会，组委会邀请他为大会做报告时，他毫不犹豫地把这个机会让给了我，还向组委会极力举荐我作为演讲嘉宾，坚决帮助我走向原型—模型翻译理论的研究之路。在我撰写的第一部翻译研究著作《原型—模型翻译理论》的序言中，郭老师深情地表达了他对于我这一弟子的充分支持。

记得在研究生开题之前，当我为了选题搞得焦头烂额之时，河

姜玲老师

南大学外语学院的老师姜玲博士从国外访学回来了，为我们做了一个题为"原型－模型翻译论在语言学研究中的应用"的讲座，她的讲座最后说了一句"如果有人能够把原型－模型论运用到翻译理论研究中，那将是翻译理论研究的一大突破"。正是这句话，让我决定将研究生选题定为"原型－模型论在翻译理论研究中的应用"，郭尚兴老师同意我选此题目，一起打开了我原型－模型翻译理论研究的大门。姜玲老师得知我研究原型－模型翻译理论时，也极力给予支持，义不容辞地帮助我在河南大学外语学院创办的《外文研究》期刊上发表两篇有关原型－模型翻译理论研究的文章。

把我引入原型－模型翻译理论研究大门的导师中还有一位大咖级的人物，那就是河南大学外语学院的张今教授。郭尚兴老师在同意我将"原型－模型论在翻译理论研究中的应用"的同时，也写信举荐我拜访了张今教授。时至 2007 年 11 月，那时的张今教授已经 82 岁的高龄，是一位退休后安享晚年的博导。在我几次等待碰面之后，张今教授只是在我简单说明来意，便欣然把我引进他的书屋，一口气用了 4 个小时为我讲解他研究的原型－模型论，还特意赠送了我一个笔记本让我专门记述他讲解的内容。由

张今教授

于当时已经很晚，张今教授已经非常疲惫，便要求我第二天上午再次拜访，又用了将近 4 个小时，才将他自己研究的原型－模型论成果全部讲解给我，并赠送了我一本他的著作《东方辩证法》，出门时再三叮嘱我一定要潜心研究原型－模型论，有什么问题允许我随时打电话给他。

可以毫不夸张地这样说，没有郭尚兴教授、姜玲教授和张今教授的帮助，我是压根也不会想到研究原型－模型翻译理论的。在几位恩师的引领

下，我对原型—模型翻译理论的研究取得了一些实质性的突破。"一日为师，终身为父"。恩师们的引领是我这一辈子的福分，我将以十分的热情和百分的努力回报恩师们的厚望和帮助，这里我只想深深地鞠一躬，然后说一声："谢谢您，我的恩师！"

作者简介

赵联斌

1976年生，山西黎城人，河南大学外语学院2008届校友。长治学院外语系副教授，长治学院中青年骨干教师、优秀教师、学术带头人，山西省优秀班主任、山西省优秀团干和山西省先进思想政治教育工作者，享受长治学院校内教授津贴。中国翻译协会会员，中国双语国学研究会会员，河南大学翻译学硕士，上海外国语大学中青年骨干教师高级访问学者。主攻翻译学研究方向，在中国首次提出原型—模型翻译理论，曾发表30多篇学术论文，参编教材1部，撰写著作5部。

52 | 许严伟：和"动物"结缘

从小在农村长大的我，对动物并不陌生，不必说村里养殖的，田地里奔跑的，树梢上鸣叫的，单单我自己家养的就有过小猫、小狗、小鸡、小鸭、小鹅、猪猪、牛牛等。后来年龄再大一些，爱看上了中央电视台的经典节目《动物世界》，赵忠祥那独特而有韵味的声音仿佛又响在耳畔："春天到了，随着湿润季节的来临，干涸的大地上，下起了瓢泼大雨，万物开始躁动。"但我对动物的情感始终是算不上爱，也算不上恨，若即若离的那种感觉。

不曾想，我后来会和动物结缘。我考上河南大学后选择的专业为药学，俗话说医、药是一家，果不其然，大二开始上专业课就接触到了动物。首先是小白鼠，记得那是一个下午的动物实验课——"观察药物对胃肠蠕动的影响"。取禁食12小时的小白鼠8只，分为2组，第一组灌胃给予生理盐水，15分钟后，用墨水灌胃。第二组灌胃给予阿托品溶液，15分钟后，用墨水灌胃。10分钟后，用颈椎脱臼法处死小鼠，打开腹腔，看墨水在肠中的进度来比较观察药物对小鼠胃肠蠕动作用的影响。在实验中，动物是实验老师准备好的，学生们要做的是灌胃、处死、解剖和观察。对我而言的难点在于灌胃和处死两步，灌胃的难在于技术，有好几次把药都弄到了外边，好不容易插进胃里一次，老师说我有可能把小鼠胃扎穿了，果不其然，一会儿这小鼠就死了，真感叹自己的笨啊！处死小白鼠的难度在于我心理接受程度，一个小生命就这样被头颈一拉，颈椎脱臼而死，尤其是我们还能听到颈椎断裂的那一声"啪"。有这两点足以使我对此次实验的记忆深刻。

其次是给小白兔体内注射药物，由于注射的过程记忆犹新，所以对那次实验的目的记不太清了。注射的过程是这样的，我们把实验老师准备好的小白兔固定在桌面上，然后对其实施麻醉，我小心翼翼地、步步惊心地举着注射器向兔子走去。走近一看，发现忘了给兔子剪毛了，又放下注射器，手忙脚乱地给兔子耳缘的毛剪了剪，用酒精搽拭后开始注射。老师强调要顺着耳缘血管进针，我一使劲把兔子血管扎穿了，其耳朵瞬间起了个大包，老师说把针拔出来，我赶紧拔，结果药水顺着针眼就冒出来了。老师说换个地方再进针吧，我于是又找了一个地方进针，结果这次还幸运，进针成功，一推药水，药水很是顺利地进去了，结果发现，药水又从上次扎的那个孔出来了，弄得现场一片狼藉。老师过来后告诫我，这注射应该先从远端扎起，再向近段扎，如果顺序相反，药随着血液回流心脏就会从上一次扎破的地方流出来，好吧，我承认，我又吸取了点教训。

好不容易麻醉成功，要给小白兔股动脉结扎，我对同组的其他同学说，这次我不来了，你们来，大家你看看我，我看看你，面面相觑。这时一个女中豪杰——"花木兰"说，我来，只见她拨开众人向前，取过剪刀，上去先剪股动脉的兔毛，只见剪刀上下翻飞，不大一会儿就暴露出了皮肤，这同学又持刀向前绞开皮肤，可能是由于麻醉药剂量过小，兔子疼的一激灵，猛踹了一下，即使四肢被固定得牢固，但那踹动仍然吓了女同学一跳。更奇葩的事在后面，小白兔尿失禁了，小便顺着桌子向下流，大家没有这应急能力，一下都慌了神，呆若木鸡，不知该怎么办。就在此时，旁边一个男同学说时迟那时快地操起一个家伙接了过去，把尿接住。事后方知，这位同学为了实验后到食堂吃饭方便，把饭缸带到了实验室，用来接尿的正是他的饭缸，这敬业精神真叫人佩服得五体投地。

大学毕业后，读了药理学专业杜钢军导师的研究生，和动物接触的就更多了，所以认识更为深刻。首先是接触小白鼠等动物的来源。杜老师一次让我到学校门口接从郑州发来的货，我想也没想就去了，到西门口那一看是一箱"昆明小鼠"，说是从郑州大学动物饲养中心发过来的。还有一次是杜老师从北京回来，从一个袋子里掏出两只遍身黑毛的家伙，这是另一种小鼠，老师说，这是一只公的，一只母的，带回来饲养繁殖培育，可以省一些钱，老师说这种小鼠比昆明小鼠贵，是专门做 lewis 肺癌的小鼠。还有一次，老师从市场买回来两只兔子养在实验室的铁笼里为将要开始的实验做准备。

其次是养动物。因为养好动物是做好动物实验的前提，如果用来做实验的小鼠是不健康的，病恹恹的，那么做出来的实验结果就可能有偏差，甚至有错误。我自然和师弟师妹开始了向老师学习养鼠的过程奥妙，老师说小白鼠的喝水瓶是要一天一换的，我们于是就把像奶瓶一样的水瓶，每天换一次水，一周还要把瓶子彻底清洗一遍，以防霉菌的污染。小鼠的垫料是要两天一换的，于是我们就骑着自行车"风驰电掣"地行驶在开封城市边缘以及城中村的角角落落，寻寻觅觅，寻寻觅觅找木料加工厂，诸位有可能猜到，没错，我们需要的是木工厂产生的"锯末"。好不容易发现一个木工厂，我们就和老板打声招呼，说明来意，老板倒也慷慨，让我们随便装——不过这锯末他们也真的没什么用处，但在我们眼中却是宝贝，我们打开袋子，贪婪地往里面"灌装"，不大一会儿，就可以满载而归了。把袋子捆在自行车后座，飞身上车，哼着小调，凯旋。再后来动物养得多了，自行车的车载量跟不上了，开始改用脚蹬三轮车。在饲养动物的过程中难忘的是那两只从市场买回来的白兔。由于没有专门的饲料，我们就"各显神通"，其实是"各行其是"，有喂菜叶的，有喂野草的，有喂萝卜的，结果小白兔拉了肚子，一天比一天瘦下去，老师有一天看了看这两只皮包骨头的兔子感慨不已，结果是不让用来做实验了，我们脸红了好几天。

再有就是练手。做动物实验最基础的功底是操作能力，例如灌胃，尾静脉注射等，这其中难度大的是尾静脉注射，每次看着小白鼠那纤细的尾巴内的血管，再看看手上这比血管还粗的注射器针管我都满怀沮丧。熟能生巧、勤能补拙的道理我是懂的，我按照老师教的方法把小白鼠罩在倒扣的研钵上，仅仅把小尾巴露在外面，然后用酒精棉球一遍遍地搽拭，让血管明显一些，再明显一些，更明显一些，还是扎不进去。于是把酒精换上热水,利用热胀冷缩的道理使小尾巴膨胀起来,血管粗起来,然后拂去额头汗水,信心倍增地一针扎下去,还是没扎上。扭头一看旁边的林老师在给一黑鼠尾静脉注射(由于鼠为黑色,根本看不见其血管),一针见血,一针见效,羞愧不已。坚持,努力,再努力,我暗想。结果,毕业的时候,我就成了注射的一把好手。

后来,经杜老师推荐到北京做课题,路过了北京国家动物实验中心,感觉很是新奇。到做课题的研究院一看,居然和北京国家动物实验中心是隔壁,确切地说,这动物中心很大程度上是为这研究院建的,于是有个梦想,到这动物中心去走一走,看一看。机会终于来了,研究院中一个来自东北的女博士辗转找到我,让我帮她给裸鼠进行尾静脉注射,她说这裸鼠特别贵,想找一个高手来注射,以免在实验过程中弄死一只,损失代价将不菲。于是我跟她来到了这动物中心。"裸鼠"顾名思义就是裸体无毛的小鼠,又叫无胸腺小鼠,没什么免疫能力,所以又叫免疫缺陷小鼠。因为其无免疫力,所以在外界环境下很难养活,它只能生长在洁净的环境中,以前只听杜老师讲过,却没见过。到了实验中心,我带上橡胶手套,换上洁净服,走过缓冲区,进入净化房间,见到了裸鼠,饲养员介绍说这裸鼠的环境和温度、湿度、洁净度都在标准之内,可以开始实验了。我不禁紧张起来,还没有这么"正式"地做过实验,紧张是紧张,但手上还是很老练的,过程顺利,一针一只,很快搞定。女博士脸上露出了笑容,我站起来自豪地向外走去,我想还是在学校打好的基础给我了充足的底气。

"竹密不妨流水过,山高岂碍白云飞"。道阻且长,且去且珍惜、且怀念,虽然这一切过去了很多年,但仍不时会想起,在母校的那些岁月以及实验用的那些动物们,那是我成长过程中的一个个脚印,同时也向为了科学"献身"的动物们致敬!

作者简介

许严伟

中共党员，1981年3月生，河南洛阳人，执业药师、执业中药师、副主任药师。2000—2008年就读于河南大学药学院，先后获得医学学士学位、医学硕士学位。现为洛阳市第三人民医院（洛阳职业技术学院第一附属医院）副院长，洛阳市医院等级评审专家，洛阳职业技术学院学术委员会委员。

53 | 尤 莉：
四十载蓬勃发展，十年魂牵梦萦

流光易逝，岁月匆匆。2006年9月，一个秋高气爽的日子，我走进了百年名校河南大学。还记得，金色的"河南大学"校名熠熠生辉，8个柳体金字"明德新民，止于至善"更令人动容。在家人的祝福声中，我成为河南大学教育科学学院的一名硕士研究生，毕业时已觉时光易逝，此刻再度回首，更觉岁月不待人。

在3年的学习之中，河大教科院给予我深厚的学术养分，为我创造良好的学习氛围。春花烂漫时的师生畅谈，风雨交加时的促膝长谈，皑皑白雪时的答疑解惑，这些零散的片段拼凑在一起，组成了难以忘怀的求学生涯。在这些点滴间，我培养了良好的学习习惯与扎实的学术功底，为之后的职业发展奠定基础。这3年所带给我的，不仅限在学术知识方面，更有意志与心性的锻炼。学术生活虽然单调乏味，但枯坐板凳带来的是我内心的宁静，使我在思考中辨别前进的方向，能用豁达心胸去看待人生得失，能用冷静客观又不失热情的态度来面对生活。

这些离不开一批优秀老师，他们是我人生发展的"重要他者"。

首先，我要感谢硕士生导师李桂荣教授。她不仅是我的学业导师，也是我人生道路上的重要引路人。从学术知识的基础构建，到人生道路的迷茫困惑，我都受到导师的谆谆教诲。对于我而言，李老师传人生之道、授学术之业、解学生之惑，是当之无愧的师者。

还记得，李老师给我们讲授教育经济学课程，她充满想象的知识传授让传统的经济学原理不再枯燥。她对知识的教育性处理让课堂教学更为丰富，上升为一场教育的智慧之行。她广阔的思维系统和积极的人文价值世界，让我们在学习时更容易接受讲授的知识。更具体地说，她让我意识到教育作为超越教学的存在，应表现为以思维为核心的认知心理培养，而不是简单局限在单纯的知识输入。每次讲课，她都能从学科知识中联想到社会发展，从而把我们引入丰富的人文世界。可以说，这场教育的智慧之行对我以后的教学至关重要。她让我充分意识到，教师的知识必须达到与人的思维、想象和创造以及与人类的利益和发展联系起来的水平，才能够使自己对知识的教育性处理提升为教育的智慧行为，进而使课堂教学转身成为真正教育。

同时，也要感谢汪基德老师、刘济良老师、宋伟老师、王星霞老师、程凯老师、李世平老师、林德全老师、魏宏聚老师等一批优秀导师。他们每个人都通过身教和言传，来告诉我这样一个道理——优秀教师对知识掌握的认知层级越高，他在知识教学中的自由度和想象力就越好，教育教学的智慧效果也越容易自然生发。在课堂教学中，他们通过以身作则，为学生诠释"为人师表"的内涵。这种弥漫在人与人之间、教师和学生之间的文化传承，给我树立了正面示范的作用，无疑对我的影响更真切。同时，为帮助学生理解专业知识，提升教育理论专业化水平，他们往往将自身执教过程中发生的真实经历和宝贵经验，毫无保留地告诉我们。这包括作为教育者如何学习的经验，作为知识创造者如何创造的经验，以及作为生活者如何生活的经验。可以说，这些有趣的体验和经历，帮助我更好构建了专业知识经验，明确了教师在知识学习、理论创造和现实生活中多重角色。正是在这些榜样的引领下，我希望自己也成为一名教师，要努力成为像他们一样的人。旧时老师们埋下的种子，不知不觉已深入我心，成为我人生最重要的那抹底色。

2009年硕士毕业后，我有幸进入北京师范大学攻读教育经济与管理博士。这一阶段，毕业的压力与就业的迷茫重重袭来，科研道路上一同前行的人越来越少，而同龄人已经成家立业。我也有过犹豫，有过徘徊，甚至一度也质疑自己的选择。每次到这个时刻，"明德新民，止于至善"这句话就在我耳边响起。这句话取自《礼记·大学》中"大学之道，在明明德，在亲民，在止于至善"，也作为河南大学校训而百年流传。正是这句话，帮我度过那些难熬时光，明白了很多时候，抱怨是没有用的，抱怨一天远没有努力一会儿的收获大。在莽莽撞撞间，我慢慢读懂了"夫学须静也，才须学也，非学无以广才，非志无以成学"的含义，静静品味着"学为人师，行为示范"的师者之道。如果不是这些，也许现在的我也不会这般安定，倒可能成为喧嚣俗世中的一个物化的浮尘，抑或是成为让俗世更加喧嚣的音符罢了。

"明德"二字，是指弘扬与培养崇高的道德，注重自身综合素质的提高。伟大的事业需要始终不渝的精神。石可破也，而不可夺坚；丹可磨也，而不可夺赤。每当我在为科研和学术费尽思量时，就以此为目标，不断坚持。至今我已发表多篇高级别权威论文，包括《新华文摘》全文转载，荣获 2012 年北京师范大学优秀毕业生、2013 年国家社科基金青年项目、2014 年中国博士后面上基金、2015 年河南省教育厅人文社科成果特等奖、2017 年河南省社会科学优秀成果三等奖、2019 年河南省教育厅学术技术带头人等。每当取得些许成绩时，都十分感谢当时坚守下去的自己。

"新民"二字，是指培养正确而富有创新的思维能力，用自身所学担当社会责任。博士毕业后，我选择在河南科技大学当一名高校教师。一名合格的教师既要能授业解惑，更要以"传道"作为使命。作为专业课老师，我与学生接触的时间较长，因此在许多方面影响着学生的健康成长与"三观"的形成。大学是学生们人生的新起点，我须在向学生传授先进的技术知识的同时，还要传播先进的思想文化。这包括积极引导学生树立优良学风、校风，培育科学思想，弘扬科学精神，更好地担负起学生健康成长指导者和引路人的责任。为此，我不断学习，要当榜样鼓舞学生起航浩瀚的知识海洋。面对学生在学业和生活中各种困惑，我不断告诉他们："行动，是打败焦虑的最好办法。当你不知道该做什么的时候，就把手头的每件小事都做好；当你不知道该怎么开始时，就把离你最近的那件事情做好！"在近 10 年的教学生涯中，我多次荣获河南科技大学"我最喜爱的教师"，这是由学生无记名投票选举而产生。还记得，学生在给我送荣誉证书时对我的评价："尤老师，您有着扎实的学识功底、良好的教学技艺和人格魅力，我们尊敬您！"爱岗敬业，诲人不倦，努力做好表率和榜样，我想这亦是河南大学所传递的师道精神。

除却知识方面的传授，我作为一名党员，也积极帮助学生筑牢爱国的理想信念，帮助他们澄清模糊认识、明辨是非美丑，引导他们扣好人生的"第一颗扣子"。为了积极地承担起这一重担，我顺利完成了大别山干部学院"基层党支部书记培训"、省委党校"省哲学社会科学教学科研骨干研修班"、国家教育行政学院"双带头人"专题培训等，荣获河南省高校优秀党员称号。

行程万里，不忘初心。习近平总书记指出，世界一流大学和学科都是在服务自己国家和地区的发展中成长起来的。高校发展只有对接现实需求、造福社会、造福人民，才有坚实基础。为充分发挥高校人文社会科学研究优势，我积极调研和撰写咨询报告，紧扣省委省政府重大决策部署开展研究、建言献策。多篇报告都引起了省高工委和省教育厅相关部门重视。同时，我还主动参加由洛阳市纪律检查委员会、洛阳市委宣传部、洛阳市政府纠风办公室和洛阳市电视台主办的大型电视问政节目《公共服务大家评》《百姓问政》，长期担任现场点评和问政工作，为提升政府效能和改善民生作出了贡献。我想，能否与基层一线对接、服务百姓需求，也是河大校训中"新民"精神所传递的重点。

"止于至善"4字，朱熹曾在《大学章句》中进行阐释："止者，必至于是而不迁之意；至善，则事理当然之极也。言明德、新民，皆当止于至善之地而不迁。"意思是要得到全面、健康的发展，达到尽善尽美的最高境界。如今距离硕士毕业已有10年，这段时间内我对许多事情的看法都有所改变，唯一不变的是对于"至善"二字的坚持。河大百余年的办学历程亦证明，至善不光是表象的追求，更是精神上的审慎思考。不经思考的行动只是迷惑自己的假象，只有在行动后进行反思与调整，并在接下来的行动中加以改进，才能称得上的是真正的至善。正如，教师只有带着教育的情怀，并能把教学视为帮助学生德性与智慧发展的手段，才算步入教育至善的轨道。当教师能摆脱追求单纯教学的教育价值，摒弃对日常的单纯教学思维的超越,他关于教学的各种创造性的思考,总起来讲才是对教育的至善性建构。

絮絮叨叨,不觉至此。只因为,母校在哪里,心就在哪里。

2020年是河南大学教育科学学院(教育系)恢复建系40周年华诞,我趁此机会回温10年生涯,感慨万千。四十载东林蓬勃发展,奋发图强,得以桃李满天下,祝福母校明天更辉煌!

作者简介

尤 莉

1981年出生,河南洛阳人,河南大学教育科学学院2009届教育学硕士,北京师范大学教育经济管理博士,河南大学教育学博士后。现为河南科技大学发展规划处副处长、高等教育研究所副所长、副教授,兼任河南省教育质量学会副秘书长,为河南省教育厅学术技术带头人、河南省高校科技创新人才(人文社科类)、洛阳市第九批优秀专家、洛阳市高层次人才。

54 | 王嘉俊：梦里河大

亲爱的河大，好久不见，您，还好吗？

毕业11载，我们江湖未见。今年，您将迎来110周岁生日，有些心语，就让我穿透思念，说与您听。

知河大

我是辉县人，一个太行山下的孩子。在小学时就听说，在离我不远处的黄河岸边，有座城市，叫汴梁。

汴梁，是第一个让我感受到浪漫的名字。风吹过铁塔，风铃阵阵，看她从历史中走来，深情款款。

作为北宋国都的168年间，这里有包青天的铡刀、李师师的舞，有王安石的变法、张择端的画，还有苏轼、辛弃疾、李清照等人或豪放或婉约的词，以及岳元帅的沥泉枪……

我对父亲说："我要去开封读书。"父亲说："去河大吧，我曾路过门口，没进去过……"

后来，在辉县一中的第一次班会上，我被老师问及理想。我站起来说："想去河大读书，然后当一名优秀的记者。"

再后来，在填报高招志愿时，我报了河南大学，第一志愿填了新闻学，第二志愿填了广播电视新闻学，第三志愿填了编辑出版学。

我觉得我能考上，因为，我与河大太亲切了。走近她，仿佛是命中注定的，不容怀疑。

在河大

2007年暑假,我收到了河大的入学通知书,如愿被第一志愿录取。通知书的封面上,是学校的南门,古朴典雅,那是我第一次见到她的模样。

2007年9月份,秋光金黄了整个世界,父亲送我入学。

公共汽车别了乡野,下了太行,穿过城镇,驶过黄河大桥,走进了梦里的汴梁,在河大东门口停了车。

我穿了一身黑色西服,内搭白色衬衣。努力把瘦削的骨架,打扮成大人模样。

父亲和我以及宿舍的舍友在顺河公寓餐厅吃了晚饭后,就在河大西门外一家旅馆住了一夜,第二天就回去了。对父亲来说,好像整个汴梁,就只有他的儿子,以及河大。

父亲让我知道了河大,我带他进了河大。

父亲把我养大后,交给了河大,育我成才。

我认真学习专业知识,是常萍等一众名师的学生,还近距离请教过王立群先生,这都累积成了我人生的财富。作为大学生通讯社博济部的一员,我穿梭在河大各大"新闻现场",在《河南大学报上》留下一篇篇属于自己的墨香。在篮球场上,尽情燃烧着最美好的青春……

2007年冬,大雪覆盖了河大的灰墙黛瓦、苍松翠柏。之后看圆月照塔湖,第一次让我深切领悟了"故乡"的概念。

2008年的汶川地震,从河大聚集起来的磅礴之爱,第一次让我深深感知了"家国情怀"。

2008年的北京奥运,从河大氤氲开来的运动精神,第一次让我认识了"天下大同"

……

河大岁月,厚实、挺拔了我的身材,也健硕了我的思想,拓展了我的眼界,坚定了我的信仰。

忆河大

2011 年 7 月,我毕业了。

之后,我进入新乡广播电视台,成了一名新闻记者。实习期未过,我就获得了河南省政府新闻奖一等奖,创全台获得该奖的最快纪录。我用在河大厚积的养分,骄傲薄发。

2012 年秋,河大迎来 100 周岁生日,我在太行山下、卫水之滨、牧野之地,与天下河大学子,共庆母校百年。

2013 年五月,我买了人生的第一辆车,带母亲去逛了开封,拜了包公,见了杨家将,看了她一直心心念念的河大。自此,母校与母亲,融为一体。

是啊,母校不在脚下,就只能烙在心头。我与同学一道,从明伦街"学成下山",面对工作、生活、家庭……我们一路打怪升级,在天南海北,各自精彩。

时光荏苒,校园里的学生换了一批又一批。但在巍巍铁塔下,依然是我们的家园。

从东门,穿过岁月城墙,东辰路上,手握一米阳光。从西门,走过烟火大街,西月路上,头顶三丈月华。还有通往南门的博雅路、直达北门的琢玉路,以及静谧浪漫的林荫路……仿佛依然有青春的你我,在心海来来往往,影影幢幢。

因太过想念,自别离,我一直试图在纷繁人群中,找寻与河大相处时相似的场景。比如,在十号楼听课享受"大师之宴",在操场上练太极风生水起,在万岁山野餐快乐逍遥,在马道街一起逛"森马""以纯"和"真维斯",在"自由曙光"一起高歌《童话》《温柔》和《最初的梦想》……

然,河大呀,因你太独特,任寻寻觅觅,世上再无与你相似的灵魂。岁月峥嵘,您在"双一流"建设进程中昂首阔步。我只能立足岗位,跟上邹韬奋、范长江等前辈记者的脚印,在新时代,做好党和人民的喉舌,当好社会的眼睛,用一颗热心、一双冷眼、一双勤快的手、两条忙碌的腿,再加上一个自由而独立的灵魂，用心用情讲好中国故事、河南故事，在助力中原更加出彩的新征程中贡献自己一份力量。

君不见，海内外河大学子，都在同向同行的奋斗中，任生命开出花朵。花朵相聚，花团锦簇，恰似凤凰花开的路口。

待今年秋光再起，让我们回到年轻时的地方，相聚大河之滨，高歌"嵩岳苍苍"，共赴母校的110岁生日之约吧！

2022年4月18日

作者简介

王嘉俊

河南大学新闻与传播学院2011届校友，现为新乡广播电视台新闻记者。

55 | 王丽娟：
忆往昔点滴　铭师生情谊

"遇上你是我的缘，守望你是我的歌"，一定是特别的缘分，让我和河大教科相遇、相守。"路漫漫其修远兮，吾将上下而求索"，河大教科院是名副其实的引路人。在河大教科院求学的 4 年，便是我求学之路转变的关键时期，更是人生宝贵财富。它让我从一名普通的乡村女孩，到融入城市生活的青年学生；从只会闷头读书、渴望上大学的懵懂，到惯于带着质疑上路、踏遍千里求新知的无畏。短短的 4 年蕴藏着浓厚师生情、同学情。

一、良师助成长

这里有一批可亲可敬的老师，"和谐融洽、共奋朝夕，爱生如子、兢兢业业"是老中青三代的职业符号。他们教法各异，尽显创道之教。比如，教育原理第一讲，刘黎明老师让我们脱离教材束缚为"教育"下定义，同学们争先发言，顿时诞生了几十个"新"定义。赵国权老师在教授中国教育史时，还注重培养我们的讲演能力，让我们在课前借助 PPT 向大家展示自己的家乡，后来逐渐延伸到其他课堂、融入其他展示内容，每位学生都有机会展示和锻炼自己。李申申老师为我们讲授西方哲学史，开启我们对西方哲学的认知，将深奥的哲学演绎得通俗易懂，这门课的开设帮助我们更好地认识外国教育流变历程。读研以后，更加觉得李老师这门课的珍贵。王晋老师的教育社会学具有较强的理论性，敏锐捕捉教育中的现象，发现"隐秘角落"，以专题形式呈现研究过程，步步导入、层层引领，为初步尝试分析教育现象和问题的我们指点迷津。魏宏聚老师的教师教育将对一线教学研究的成果展现给我们，辅以图片、视频的形式，让大家更直观地感受中小学课堂实况，带领我们去分析教学设计、教学过程、教学方法，升华到理论高度。还有李桂荣老师、李留江老师、张新海老师、刘保兄老师、段晓明老师、张红霞老师、刘先锋老师、郝森林老师、王星霞老师、王振存老师、林德全老师、王文礼老师、赵红亚老师、周力老师，以及教育技术的汪基德老师、李五洲老师和心理学的刘亚丽老师、张锋老师、杜岸政老师等等，每位老师都有各自独到的授课方式。当时曾对课程繁多、期末考试压力大有过一些抱怨，如今回忆起来，涌上心头的却是满满收获感、幸福感。不过也有几门课程没有学好，比如外国教育史、教育哲学、教育人类学、教育传播学等，一幕幕课堂情景仿佛就在昨天，多想把遗憾弥补回来，可惜时光一去不复返。几年下来，我也积攒了厚厚的笔记，老师们让我们认识到教材不能满足时代新人成长的需要，必须拓宽眼界，挖掘书本以外的资料。

他们虚怀若谷，尽显树人之范；他们与生为友，尽显和善之气。对学术品性了解越多，越发现河大教科老师们的谦卑。他们勤耕不辍育桃李，牺牲了很多个人时间、精力来培育我们。在研究性学习上，我和几位同学曾尝试申报学生创新研究课题、撰写论文，在综述文献、设计问卷时，作为"科研小白"的我们曾向赵国权老师、王萍老师、王晋老师、魏宏聚老师请教，他们提出了中肯的修改意见，并给予我们鼓励，这也是我研究之路的起点。王振存老师还为我们提供调研学习机会，那也是我第一次真正的调研。如今虽已参加过多次调研，曾在北京调研，也曾赴大凉山深处调研，但是最忘不了的还是王老师带我们在郑州的那次调研。曾以为"亦师亦友"是很难实现的，没想到河大教科很快扭转了我这个观点。

回首我的求学之路，多亏母校老师的支持和帮助，我才走得这么顺利。我只是众多幸运儿中的一员，相信其他同学也感同身受。特别感谢我的本科导师魏宏聚，在求学、工作上给了我很大的鼓励。本科4年，我不是学生干部，成绩一般，也很少和老师们主动交流，让我感到意外的是我这样的平平无奇的学生也受到了老师们的关注。或许也正因为我本科期间与老师们交流不多，在毕业离校那几天没有太多离别伤感。也或许我是后知后觉之人，直到硕士入学典礼上，我才发觉自己已经彻底离开了河大，迎接我的是一个新校园、一批新老师。离愁、彷徨与入学的新奇、兴奋交织，心中五味杂陈，涌上心头，最后湿了眼眶。

从河大毕业以后，无论是在西南大学校园里，还是在校外开会时，抑或工作中，都曾有机会和母校老师交流。他们像父母一样关心我的学业成长，叮嘱我坚持不懈、执着追求、奋发向上，这也是我一直努力前行的重要支撑。

二、同窗共相长

这里有同甘共苦的同学，在学习和生活上互帮互助，形成了学习共同体、生活共同体。从入校时的相互搭讪到毕业时的依依惜别，生活点滴成为历史。我们曾一起上课，一起备考；一起吃饭，一起游玩。

毕业离校时拍摄的宿舍标语（毛笔字是委托其他同学写的）

倘若说共同体的形成有章可循的话，那便是以宿舍为单位。我们宿舍4人年龄相仿，最大年龄差不足半岁，性格相宜，皆温顺乖巧。大一时张贴墙上的格言保留了4年，除了校训，其他的都是我们的原创（"德雅阁"是我们给宿舍起的名字，句中"盈、丽、杰、祉"取自宿舍4人的名字。

室友盈懿无私大方,在学习和生活上给予我们3个很多关照,她是较早有电脑的同学,在选课、查资料方面主动为大家提供帮助,有好吃的也一定会第一时间分享。杰平比较内敛,但是喜欢与我谈心,渐渐地,她开朗起来,与班里很多同学成为挚交。祉岐应该是我们4人中见多识广者,她会给我们分享很多生活经验,虽不是同一个专业,却依旧情深似海。

与宿舍共同体相比,班级共同体则较复杂,并且含有若干个小共同体。恐怕难以用哪个理论将我们的班级共同体运行法则揭露无遗。研究性学习小组成员时而变化,有时按照学号成组,有时按座位远近成组,有时还会根据研究需要进行调整。听课位置的选择上更是出其不意,看似随机分布,实则暗藏各种"小玄机",比如前后排选择、同桌选择上以及靠窗还是靠墙。此外,早餐将我们紧密团结在一起,相互帮忙买早餐似乎成了贯穿4年,尤其4个冬季的"定律"。早晨晚起的同学不用担心会饿着肚子听课,因为早饭可能比他们先到达宿舍楼下。也正因为如此,每个上午都是物质粮食和精神食粮"双丰收"。当然,文娱艺体活动更是黏合剂,操场就是我们排练的地方,练得越多就越有默契,这种默契能够影响到日常学习和生活。备战考研中也有很多群体乐趣,我们常常一起去北苑餐厅吃饭,常常在志义体育场散步,常常在田家炳走廊里背考研重点,常常晚上九点左右从教科院自习室一起回宿舍。有时会冒着寒风在图书馆门前排队,等着开门那一瞬间冲到七楼自习室抢占位置;有时还会以"你再不来,我就把你复习资料上的题全部做完"催促偷懒的同学。

班级同学性格各异,4年中我们相互包容、心照神交、情同手足。大家自学能力很强,很多同学甚至成了班级的"小先生"。课间、路上、饭前、睡前,"技能传授"无时不在,无处不在。以PPT制作为例,这是课前演讲必备,必须人人学会,但是计算机课程教学进度又不能满足我们的需求,同学之间相互请教成为解决此难题的最佳途径。一学年下来,几乎没有人不能制作和操作PPT,当然课前演讲也是顺利延续。校园网使用技能、通信软件使用技能、英语在线测试技能、网购技能等等被我们一一解锁。

集体活动中，我们一起迎着朝阳练习太极拳，一起在夜幕中结束军训演练，一起在周末参与运动会，一起在周四下午参与团日活动。我们还曾一起去八里沟、老君山踏青，感受大自然的鬼斧神工、体悟前辈们的披荆斩棘。周末有时约上两三好友去老校区溜达，仰望铁塔；或一路向北，看看母亲河。一些小事情中凝聚着珍贵同窗情。因为我崴脚，丛躲火速陪伴去医院。因为我不爱吃荤，爱吃蔬菜，被新鹏、新明称为"兔子"。来上大学之前，没有独自乘车的经验，不敢一个人去郑州找姐姐，但是又想去。家在郑州的佳佳就带我一起去乘车，还为我买了午餐。隔壁宿舍的艳辉把我当做亲妹妹看待，没课的时候找我聊学习、聊生活。考研那天，庆儿不畏寒冬，为我买好午饭并送到考场门口……细细品来，这是一套多么奇妙的相处方式啊！

一位记者为我们拍摄的集体毕业照（2013年5月10日拍摄于河南大学明伦校区南门）

渐渐地，学着玩着，玩着学着，4年恍惚而过……

大四下学期大家基本都在忙自己的事情，见面的机会不多，但是一说到照毕业照，瞬间聚齐。拍照的那两天我们抛掉过往的不开心，一起迎着晨光去明伦校区，傍晚一起在金明校区图书馆前夕阳下拍照，留下美好的青春记忆。我们在老校区南大门拍合照时，刚好偶遇一位记者，他帮我们拍下了上面激情昂扬、兴奋不已的照片。

2013年5月11日的《开封日报》刊登了我们的毕业照。

毕业照登上报纸（《开封日报》2013年5月11日第1版）

班级毕业纪念服是大家同窗四载的见证，上面印着我们的专业、就读年份以及班级每一位同学的名字。毕业服上虽写着干脆利落的"毕业走人"，我们的内心却是万般不舍，因为都明白这次离别后不知何时才能再相见。毕业7年，全班40位同学（后来转到其他专业的有5位）中，我见过的同学，哪怕只是匆匆一面的，算下来也只有6位。7年，不长也不短，大家基本都组建了自己的小家庭，忙碌着各自的事业，相聚越来越难。现在回想起来，遇到他们，我又何其幸运！

教科院2009级教育学专业毕业纪念服

本科4年是真正自主发展阶段,是开始探索社会奥秘的时期。母校在做人、做事、做学问上用心涵养、用情暖化我们。河大教科院的学生母校情结很浓,校友情谊深厚,考研经验、求职经验倾心分享。作为毕业后升学的我,在考研复试和初读研阶段,师兄师姐给我提供了很多帮助。在他们的感化下,我亦主动为师弟师妹们提供帮助。还有,最难忘的是,在读期间赶上了"百年校庆",校庆上的歌曲《风吹雪飘》深深吸引了我,当时只觉得旋律特别优美,如今再听,发觉词里行间的情感是最动人的:

风吹了,雪飘了,爱已生根了。

风停了,雪化了,爱已发芽了。

来了,走了,爱已开花了。

冬去了,春来了,爱已长大了。

……

四季更替,爱在成长;薪火无尽,蕴育奇迹。来来走走的我们不是过客,昨日一起在温暖港湾停留,今日无论身处何方共同守护港湾荣耀。毕业以后,很少回到这座古城、这所大学、这个院系。暑假陪家人在开封半日游,在汴西湖踏沙,周边已非常繁华,与我上学那几年形成鲜明对比。此次虽未到校园游览,想必母校的基础设施、发展成就也有很大的提升。我很自豪,因为我在开封、在河大生活过,不知不觉这城市的历史已记取往日欢歌笑语，再多的话语、再多的照片都承载不完我与河大教科的情缘。

祝愿河大教科蒸蒸日上，继往圣绝学，启新民锐智，引后浪创新！

祝愿河大教科师生学业乘风破浪、事业前途明亮、生活光芒万丈！

作者简介

王丽娟

汉族，河南大学教育科学学院2013届校友，现为西南大学教育学部博士研究生，主要从事教育基本理论、教育与社会发展、乡村教育研究。

56 丁奇高：我的文学创作之路

我 22 岁那年高考取得了文科 571 分的成绩，被河南大学录取。

在河南大学学习期间，校园里浓郁的文化氛围吸引着我，让我有机会在知识的海洋里遨游。

在金明校区图书馆里，塞万提斯、雨果、巴尔扎克、托尔斯泰、海明威、福克纳、乔伊斯、马尔克斯、普鲁斯特、博尔赫斯、卡夫卡、卡尔维诺、莫泊桑、欧亨利、契诃夫、高尔基、奥斯特洛夫斯基、卡佛、蒲松龄、阎连科、铁凝、残雪和我在文学的世界里相遇了。

这个与作家们神奇相遇的情节被我写进了小说《囚徒困境》里，发表在《作品》2017 年第 4 期上。

2012 年 10 月，受到莫言获得诺贝尔文学奖的影响，我走上了文学创作的道路。后来我知道了一个同乡大哥叫李清源，他的小说写得很出色，每当我在黑夜的时候，他就像是一盏明灯照亮着我。

八年多以来，我靠着异于常人的生命体验、源源不断的写作灵感、勤奋刻苦的创作态度、执着的文学追求，试图攀登着文学的一座座高峰，尽管我不是那么成功。

2014 年的 6 月 30 号对我来说是一个永远值得铭记的日子。因为我的写作在经历了 1 年零 8 个月的苦苦煎熬期后迎来了早晨的第一缕阳光。

那天学校刚放假，我准备去苏州的电子厂打工来赚取下半年的生活费，突然接到了一个来自广东的陌生电话，打电话的人是鲁迅文学奖获得者、打工文学领军人物、广东省作协副主席、《作品》杂志社主编王十月老师，他告知我投稿的小说被采用了，他夸奖我的小说有一种独特的气质，他同时也指出了小说中存在的一些不合情理的地方。

当时我不会说普通话，一张嘴就是浓重的河南方言，我说了十几分钟，王老师愣是一句话没有听懂。

但王老师很有耐心，前后打了3次电话就小说的细节进行沟通。这篇小说初稿写于2013年的国庆节假期，周游几家刊物八个多月石沉大海后，我在2014年6月25号投给了《作品》杂志，激动之余，我花了一天的时间对小说进行了修改。

一个多月后我从苏州打工回来时，这篇七千多字的题目叫做《我和姑姑未来的九种可能性关系》的短篇小说发表在了广东省作家协会主办的《作品》杂志2014年第8期上，成了我的小说处女作。

小说发表的大门就这样一下子打开了。

后来我还得过作家网高校征文小说优秀奖，在北京领了奖。

截至目前我已经在《牡丹》《鹿鸣》《大家》《短篇小说》《文艺风赏》《莽原》《科尔沁文学》《红岩》《作品》等国内期刊发表中短篇小说30多万字，短篇小说集《如在水面　如在雾中》入选了河南省作协的重点作品扶持项目。

毕业后我去了文化中心北京，在凤凰网找到了一份读书编辑的工作。我的同事都是才华横溢的人，严彬老师是一位著名诗人，王军老师毕业于北京大学，是一位资深读书人，糖糖姐则是一位儿童文学作家，实习生周周是中国人大德语专业的硕士研究生。

在北京我见到了莫迪亚若、阿列克谢耶维奇、阎连科、格非、铁凝、李敬泽、刘不伟、邱华栋等名家，亲耳聆听了他们对文学的高论。

北京极大地开阔了我的视野，让我对文学创作有了新的认识。

但也让我明白，作家创作的源泉和书写的文学地理永远是他出生的那片地方，就像是莫言有他的高密东北乡、福克纳有他的约克纳帕塔法县、马尔克斯有他的马孔多小镇、阎连科有他的耙耧山脉。

之后我从北京回到了家乡，开始重新审视这片生我养我的土地，我发现了一些不同以往的东西。

写作已经成为我生命中重要的一部分。

我平时租住在许昌徐湾的城中村里，每天早上4点起床，拖着残疾病痛的身体进行3个小时的小说创作。我常常为了一个细节苦思冥想一整夜，为了一个构思在脑海中萦回三四个月。为了养家糊口，我白天需要工作，看书的时间主要是在晚上，以经典名著和百科全书为主。周末的时候，我骑着电动车从许昌回长葛，陪伴老婆孩子，家人对我的支持是我从事写作的坚强后盾。

我的创作更加自觉地根植在豫中平原，常以禹州为发生背景，通过文本化的表达，用文学的语言来描绘家乡的社会精神面貌和时代变迁的复杂历程，为家乡的一草一木画像、立传、明德。

我知道这异常艰难，也许我穷尽一生都不会做成。

在写作的过程中，我受到了王十月、邵丽、梁鸿、李清源、刘不伟、王小朋、马夫、丁进兴、杜永利等作家师友的诸多鼓励。2021年6月我加入了中国作家协会。

我知道自己将如安泰俄斯一样，站在这片土地上就会从大地母亲那里获得无穷无尽的文学力量。

命运给我以万箭穿心的疼痛，生活给我以烈焰炙烤的煎熬，我用文学创造一个温暖明亮的世界。

作者简介

丁奇高

本名丁气高,河南禹州人,河南大学商学院2016届校友。自幼身残志坚,致力于小说的创作,中国作家协会会员,河南90后代表性作家之一,在《牡丹》《鹿鸣》《科尔沁文学》《作品》《红岩》《短篇小说》《文艺风赏》《莽原》《大家》等发表过短篇小说。

57 | 张贝贝：梦回明伦街 85 号

和明伦街 85 号的缘分是从一个极其可爱的名字开始的：小石榴。或许就是从那一刻起，她就像慈爱的母亲对待自己的孩子一般宠溺着我们。初次相识，印象深刻的是大礼堂的古老和博雅路的林荫。再次回首，念念不忘的是往日发生的故事和永远翘首以盼的人。在这悠悠岁月中，我们长了经历，而您惊了年华！改变的是时间，不变的是思念。

明伦街 85 号的四时，是无与伦比的美丽，蕴含着难以替代的意义。清晨的阳光照在铁塔湖的湖面上，折射着单词书的封面。这个时候，就看到东门熙熙攘攘的同学们，走向教学楼上早课。在这条走向教学楼的路上：春日的和风唤醒了大礼堂前的小草，夏日的晚风吹拂着东操场少年的头发，秋日的凉风送来了十号楼旁的落叶，冬日的寒风冷冽着综合楼门前排列的单车。大草坪上是社团开会的首选基地，东操场里是少年们跑步的绝佳基地，十号楼旁是女孩子吸猫的秘密基地，综合楼前是大家背书的抢手基地。四季予我，回忆蔓延。明伦街 85 号的四季，有万种风情，让人回味。

明伦街 85 号的人们，是独一无二的存在，给予了无可比拟的华丽。师生之情，同窗之谊，于你于我，犹如珍宝，独一无二。犹有记得我们的书记在烈日下的军训现场为大家发放物资，我们的辅导员在军训练歌的夜晚 11 点回家，我们的任课老师带病为大家授课。老师们，真的辛苦了。老师于我们而言，亦师亦友。无论是我们的书记和辅导员，还是我们的任课老师，只要学生有任何困难，他们都第一时间送去鼓励和帮助。学院老师的办公室，东操场的跑道上，课下放学的路上，总会看到那些辛苦的身影！

人生能有恩师鼓励，能有好友相知，何其有幸！我和 2016 级思想政治教育专业的 116 个同学的联系最为紧密，因为我们一起经历了青春！军训汇演、太极拳比赛、运动会、合唱比赛、趣味团建、班会年级会……一帧帧画面，一个个脸庞，仿佛还在昨日。每一次比赛我们共同努力，每一次荣耀我们一起收获。

于我而言，明伦街 85 号让我收获了半个人生。在这里，我遇到了许多智者。他们告诉我学习这条路上的寂寞不可怕，可怕的是没有耐住孤独的恒心。他们告诉我前方道路上的黑暗不可怕，可怕的是没有追求光明的信心。他们告诉我人生路上的犯错不可怕，可怕的是没有改正错误的决心。他们更告诉我未来道路上的吃亏不可怕，可怕的是没有脚踏实地的平常心。在这里，我遇到了另外一个自己。她不再像以前那样怯懦，而是积极乐观地迎接花开花落。她不再像以前那样急躁，而是沉着冷静地反思点滴生活。她不再像以前那样随心所欲，而是有的放矢。她不再像以前那样随波逐流，而是坚定自我。很幸运，我遇到了自己和我的智者们。是他们，成就了我半个人生。是他们，照耀了我未来道路。

岁月嬗递，光阴荏苒。回忆起那年毕业，我们还是会有遗憾。小石榴们还没有好好告别，就在路口匆忙分开了。小石榴们还没有正式和明伦街 85 号说声谢谢，就在南门口挥手离去了。好像是小石榴们的本科生活从来没有画上句号一样，因为那一年毕业我们都没有正式地好好与对方说声再见。像往年一样的毕业典礼也没有举行，失望地领取了自己的毕业证书。穿上毕业礼服，戴上学士帽，学着学长学姐的模样相互合影拍照。每每想起明伦街 85 号的时候，我都会点开那年的特殊毕业相册——电子毕业相册，我都会点开那年的特殊毕业合照——所有人照片的电子版合集。我会告诉自己，仪式感没有回忆里的真情实在，没有过往的青春绚烂。如果说这是一次回忆，我愿笔耕不辍；如果说这是一次美梦，我愿沉睡不醒。明伦街 85 号赠予我的太多，我不愿与它分别。她像一位老者，启蒙着我们走向知识的彼岸不断成长，点拨着我们迎着智慧的风帆无畏巨浪。就像是我在毕业论文的致谢中写的那样："我要感谢我即将告别的母校——河南大学的培养。是这样一所历史悠久、学习学术氛围浓厚的院校陶冶我、塑造我、完善我、锤炼我。没有在这里经历的一切，也不会有我得到的收获。"百年风雨征程，百年沧桑变化，不变的是她的包容，成就了她的永恒。

2022 年 5 月 5 日 于北京

作者简介

张贝贝

河南平顶山人，河南大学马克思主义学院 2020 届思想政治教育专业校友，现为中国人民大学研究生。

58 | 崔欣怡：
回忆我的大学

时光在脚下的足迹中慢慢溜走，也会在不经意间勾起青涩的回忆。怀旧，是我们对过往记忆的追溯和享受，耳机里的一首歌、手机里的一张照片，都足以将思绪带回到过去，将那些刻骨铭心却稍纵即逝的往事拾起、珍藏。

——题记

2015年9月，背起离家的行囊，怀着满心的期待，我踏上了逐梦的征程。在开封这座古城，在河大这座学校，度过了最美好的时光，感受到了来自历史的震撼，沉溺着幸福的满足。从此开启了我的全新人生之路，遇到了更好的自己。

"赏"在河大。初次踏入河南大学，便被雕梁画栋、青蓝交辉的南大门吸引住了目光，所有的幻想在这一刻变成了现实，驻足观望后急切地想把这一切美好记录下来，举起手机，与父母在校门前合影留念，这是我拍下的关于河大的第一张相片，她的魅力便已定格在了我的心中。走进校门，不禁感叹着校园布局的规整，一条由银杏树包裹得笔直的道路，路上是来来往往的青年学子，头顶是从摇曳的树叶中洒下的碎银一般的阳光，空气中氤氲着清新的草木香气。道路两旁是古朴典雅的民国建筑群，静默在暖阳中，道路尽头是青砖灰瓦、飞檐斗阁、极具雄浑挺拔之姿的大礼堂，虽在图片中看过多次，但站在面前还是被其泱泱气质震撼着。这便是我与河大的初见，已成为我心中最动人的记忆。古色古香的七号楼，庄严素雅的大礼堂，苍翠茂密的林荫道，星月掩映的十二斋房，波光含翠的铁塔湖……百年的学风校韵沉淀在这里，朴素而雅致的环境，历史的厚重感悄然弥漫，我们漫步校园，潜心呼吸，试问谁人不心动？

"学"在河大。大学4年来，朝阳与晚霞之间，希望与憧憬如影随形，无论是书香沁人的图书馆，还是灯火通明的自习室，专注认真的十号楼课堂，记录着我们太多宝贵的学习时光。虽然刚开始对于思想政治教育这一专业的选择带有偶然性和盲目性，但是通过深入接触和不断学习，现已沉浸其中。它是一个有广度、有高度、有温度的专业。走进它，我们可以领略哲学、政治学、教育学、历史学、经济学等不同学域的风采；了解它，能够带领我们与巨人对话，擦出思想的火花，加深对世界的认知，更敏锐地把握时代脉搏；运用它，能够增强我们敢于拼搏、敢于斗争的勇气和在社会中贡献自己力量的决心。它所蕴涵的内容远比我们想象的更多更美好，支撑着我们望向更加广阔的天空。马克思主义学院很多老师的课堂，不论是授课的专业知识，还是老师授课时展现出的敬业、幽默与达观，对于我来说都大有获益。曾记得，在十号楼闷热的大教室里，教授们一讲就是两三个小时，后背的衣衫都湿透了，也要竭尽全力将知识传授给我们，时至今日，每当回想起那时的画面，心中仍存在难掩的感动与心疼，老师们的言传身教，教会了我在自己的工作岗位上要求真务实、踏实肯干、感恩奉献。每天的上课学习，得遇诸多良师，感受到了严谨求实，也开始了我的求知之路，成为了我放飞梦想、绽放生命的源泉。

"吃"在河大。温暖人心的味道，存在于日常烟火之中，想必每位河大学子都会有一段属于河大美食的独特记忆。庄重典雅的明伦校区，夜晚的校园总是特别安静，可校门之外的"西门夜市"却是格外繁华热闹，大大小小的美食摊令人眼花缭乱，扑鼻而来的香味也成为我们减肥路上的"绊脚石"，闻名在外的鸡腿饼、喷香诱人的石锅拌饭、酸甜可口的烤冷面、焦香的淀粉肠……这些美食满足了我们的大快朵颐，也记录着我们大学生活的精彩。每当夜幕降临，三两好友纷纷开启美食家模式，安排着自己品尝到的美味并约着下一次的美食探索，那一刻是发自内心的快乐，也将朋友们的距离又拉近一步，令我回味无穷。

"乐"在河大。4年的大学时光可谓是酸、甜、苦、辣的集合体,但现在回想起来,大部分时光是充满欢笑与美好的,许多有趣的事在大学生活中随时发生。大一开学不久就迎来了学校举办的"百团大战",各种社团名目繁多、热闹非凡,我如愿选择了自己心仪的学生组织,在丰富课余生活的同时也结识了更多志同道合的朋友,社团生活的初体验,为我的大学生活增添了一份色彩;每到周四下午是我们的"公休日",这时候就会提前做好攻略,约上寝室好友,从龙亭公园到鼓楼广场,从包公祠到开封府,骑着共享单车将开封的名胜古迹逛个遍;还有为了参加"最美宿舍"评比,我们将宿舍所有的墙面贴上了粉红色的壁纸,绕城一圈去买便宜又好看的盆栽,现在想起来依旧觉得有趣。除此之外,我们在微博上"为母校赢西瓜"、支付宝浇水进行"西兰花争夺战",用指尖来凝聚对母校的热爱,助力环保公益扶贫事业的同时更感受到了团结与博爱。这是专属于我们的甜美回忆,如同心底盛开的栀子花,永远温暖着我们内心。

4年的大学时光一晃而过,在那样的一段时光里,我从稚嫩变为青涩,从青涩逐渐向成熟蜕变,母校见证了我的每一次蜕变过程,让我的生命里充满了理想与信念,孕育着我对未来的希望。美丽的母校留下了我青春的足迹、留下了我和同窗好友春去秋来的回忆,老师们的言传身教及高尚的道德品质一直嵌在我的心中,也因此成为我"不畏艰险、勇往直前"最宝贵的财富。"明德新民、止于至善"不仅仅是河南大学的校训,更代表着我们对未来的一种承诺。总之,河南大学教给我的、带给我的远比想象中多很多,培育之情,定将牢记于心。凡所过去,皆成序章,心之所向,步履不停。我将用实际行动向母校献礼,做一个无愧于母校培养的有用之才,努力站在更高更远的前方向母校招手。至此,在母校即将迎来110年校庆之际,真诚祝愿母校发展再创辉煌!

作者简介

崔欣怡

河南安阳人,河南大学马克思主义学院 2019 届思想政治教育专业校友,现任郑州铁路局党校教师。

59 | 沈莹莹：
匆匆

在以大礼堂为圆心，半径数百米的方圆里，圈住了四载岁月，流淌了意气青春，遍历了喜怒哀乐，静候了少年成长。

闻鸡起舞　绳锯木断

2016年夏天，稚嫩无知的少年走进了明伦街85号，开启了与河南大学的纸短情长，开始了少年奋发的励志故事。于是，有了拼搏到感动自己的酣畅淋漓：综合楼109彻夜奋战，走廊里马扎上朗朗诵读，图书馆前小花园里交流分享，十号楼考场上奋笔疾书，寝室里挑灯夜读，东西操场上汗流浃背，两校区双学位求学奔波；有了参加各项活动比赛的奋勇当先：辩论赛舌战群儒，运动会突破极限，迎新晚会生动演绎，演讲赛滔滔不绝，宣讲会娓娓道来，越野赛同心协力；也有了坚持不下去的痛哭流涕：被人嘲讽的委屈，屡遭失败的失落，压力巨大的崩溃，发挥失误的自责，举目无援的难过，思路枯竭的煎熬。终于，冲破荆棘开成花，历经淬砺而玉成：拿到了保研资格，省优秀毕业生，师范技能大赛为校争光，成功修完双学位，顺利为4年画上句号。每一个不曾起舞的日子都是对生命的辜负，努力的人并非一帆风顺，但要相信总会绝处逢生，往前走吧，前面有光！

开轩面场圃　把酒话桑麻

如果成长注定要历经一场寂寥的漫长黑夜，那我很幸运，还有星月相伴。每一个孤单难捱的日子里，总有一个叫王静的姑娘在身边。我们总是能聊很多的话。从课堂作业到电影音乐，国际局势到家长里短，娱乐明星到粗茶淡饭，爱情哲理到为人处世，回忆过往到畅想未来，不用起承转合，无须抑扬顿挫，就简简单单，一个眼神，便足以心领神会，捧腹大笑。我们总是能走很多的路。铁塔湖畔的栏杆处，西操场的树荫下，贡院碑前的小院里，安远门下的水果摊，顺河15#307的小床上，西门口的夜市中。我们总是能有很多的乐趣。半个小时被打到树上十几次的羽毛球，从满心得意喝到厌倦想吐的自制奶茶，互相分享与胡编剧情的青春小说，临时抱佛脚开始形容词大赛的英语PK，探秘附近3里内菜市场的生活情景剧，骑单车跳蚤市场收东西的雨中"寻宝"。一瞬瞬，一帧帧，清晨日暮，冬寒夏暑，与你的友谊并非一燃短暂的烟火，而是烟火照耀下的影子，只要有光，你就在我身旁。

谆谆如父语　殷殷似友亲

如父如友，为师为知音。仔细回想，大二下学期抽签抽到您为导师的那一刻，便是我留恋大学时光的开始吧。您是多变的。时而严厉，时而慈祥；时而烦人，时而可爱；时而冷漠，时而温情；时而无聊，时而有趣。是那个凶巴巴地把我一个训斥得哭的一抽一抽的严厉导师，是那个在我一不好好学习时分分钟就开始"威胁"说"毕业论文不给你签字，别想毕业了"的奇怪老师，是那个总会经常和我说一些大道理的无聊大人，是那个为了教训我长个记性让我学会稳重和三思而整天不理我的冷漠长者，是那个我一想"飘"就泼冷水的讨厌"绳子"，是那个可以聊天聊地诉衷肠的暖心知己，是那个指引我人生大大小小事宜的帅气智者，是那个在我无助失落濒临绝望时及时劝慰的暖心灯火，是那个一夸身材板正立马挺起腰背自信的可爱大朋友，是那个为我的喜而喜为我的忧而忧的如父恩师，是"沈部长"那个永远的"柯教授"呀！毕业后的许多日子里，我都觉得尚未离开，因为有您还在明伦，我的"大学"就还没有结束。后来，我走了很远，还看到你挥动的手，也许不是你，但我依然愿意相信那是你。

青春从未有过界限，未来与现在对望，守护与传承相接，无论忧伤与快乐，是过去，是现在，还是将来，它总是来过，而出现在河大的我们一如旅人，身背行囊，嘴角含着坦然，眼里滚烫着梦想，朝着远方黾勉前行，无论平坦崎岖，无论是否风景独好，都不能放下，也不能拒绝，因为，沿路走进去，别有洞天，一路走到底，才是人生。

明伦街 85 号发生的故事，言语和纸张无法承载万一。不过没关系，大礼堂前的骄阳与铁塔湖畔的清风都告诉我了，它们会记录，会怀念，会守护。

2022 年 5 月 4 日 于杭州

作者简介

沈莹莹

河南滑县人，河南大学马克思主义学院 2020 届思想政治教育专业校友，现为中国人民公安大学研究生。

60 小 英：
河大永远在我心里

祝我亲爱的母校河南大学 110 周岁生日快乐，祝母校年年桃李，岁岁芬芳！

第一次来中国就到了美丽的河南大学，从北京机场到北京西站，再从北京西站到开封市，终于 2017 年 9 月 2 日 12 点钟，我踩下了在河南大学的第一个脚印。

河大对于作为留学生的我和中国学生有点不同。因为来到中国之后，河大对我来说不仅是居住、学习和交朋友的地方，而且是我了解中国文化的第一扇窗。我在河南大学学到了很多的知识，提升了自己的汉语水平和表达能力。

在河南大学读完 3 年文学院语言学及应用语言学教学的硕士后，我于 2020 年 7 月毕业了。3 年的时光如流水一般过去，如今我已离开河大一年半了，但我会永远记得在河大留学的日子。回忆起来，日子中竟全是斑斓的光影，在河大的 3 年中体会过生活的各种酸甜苦辣，但现在回想起来连苦辣的日子都是有甜美滋味的。

我在河大留学的经历是很难讲完的，但一些我印象深刻的事情可以与大家分享，第一次来河大参观时觉得校园很大。因为到学校比较早，我想去熟悉一下上课的地方，找一找文学院和国际汉学院在哪里。当我从大礼堂往文学院走的时候，遇到了我现在最爱的中国闺蜜刘心，她像清风，安静又纯净，穿着一件白色的衬衫和蓝色的裤子。我第一眼看她就觉得特别熟悉，好像认识很久了。就像马龙·詹姆斯说的一样："人也许不认识人，但灵魂认识灵魂。"或许这是河大给我安排的缘分，我和她打招呼，互加微信，知道了我们两个同是文学院的硕士生。但更让我惊喜的是，这个安安静静的姑娘居然是我同专业的同学，还是我同桌。从我刚来河大到毕业的这几年时间她一直陪着我，不仅在学习方面引导我，而且在生活的各个方面都给我帮忙。更值得一提的是我敬爱的老师们和班里的同学们。虽然我所在的班只有我一个留学生，但是我班里的优秀的女神们从来没有让我有一丝陌生感，尤其是班长伊彦，特别开朗，助人为乐是她的美好品德。我们班一共6个人，她们都对我很好，课程上有不明白的地方，她们会在微信群里专门给我解释。老师们也很博学和善，对我们谆谆教导。

  河大还有我不少的外国朋友，他们来自不同的国家，各有各的文化和爱好。那么多人一块儿和睦生活是很不容易的事情，但通过国际汉学院老师们的不断努力，河大的留学生们成为了一个大家庭。现在回想起来每年举办的"河南大学铁塔金秋国际文化艺术节"，就会希望时光能够倒流，我能多看看我亲爱的老师们和朋友们，一起拍很多没拍过的照片。

  河大还有一些人我一直没有机会感谢他们。留学生楼的阿姨们，也可以说是我的中国的妈妈们，她们给每个学生母亲般的爱。还记得每天早上去上课的时候，阿姨都会说："早！好好上课，好好学习！"回来的时候她们接着说："快去吃饭吧，睡个午觉！"感谢她们一直好好照顾我们。还有河大的保安叔叔们，其实很多地方的保安叔叔又凶又严肃，河大的保安叔叔们不一样，虽然穿着黑色的制服，戴着黑色的帽子，在西门、南门和东门像战士一样守着校门，但他们会温柔地跟进学校的人互相问候。虽然他们说话的河南方言口音比较重，有时候会听不太明白，但我能一直感受到他们的热情与善良。

  在河大留学的时间还剩最后7个月的时候，疫情爆发了。几乎所有的中国同学都回家了，大部分的留学生也回国了，当时我很紧张很困惑，因为我的毕业论文还没写完，朋友们都回家了，我家人也很担心我……我想来想去，认为回国或继续留在河大都是一样的，中国已经是我的第二个故乡，学校的防护措施也很令人放心，虽然有着很大的压力，但是老师们、阿姨们和保安叔叔们都很关心留在学校的学生。

在河大住了整整 3 年，体验了很多东西，河大在我心里是我成长路上十分重要的一站。在河南大学留学的日子，是我终生难忘的美好经历。

再次祝河南大学生日快乐！

作者简介

小　英

本名 MEHAD MOUSA MOHAMED ALI BAYOUMI，国籍埃及，河南大学国际汉学院 2020 届语言学及应用语言学专业硕士研究生校友。

61 | 林溢慈：
在河南大学的学习与生活

时光飞逝，光阴似箭，一转眼我的高中生活就结束了。也许很多人都会感到迷茫，应该选择继续升学还是选择步入社会，工作赚钱，我也不例外。我在两者之间徘徊了许久，最终，我选择了到国外留学。高中时，我因受到汉语老师的影响，深深地被中华历史文化吸引着，加上许多外国学生甚至不惜迢迢千里远走他乡，就是为了学习中文。有鉴于此，我的志向是成为一名汉语教师。我来到中国河南，华夏文明的重要发祥地之一，探索其中的奥妙且完成我的大学生活。

河南大学，坐落的河南开封，有八朝古都之称，也是个历史文化名城，这无疑让喜欢历史文化的我更加地爱上了这里。人们常说上了大学以后就轻松了，其实我觉得这说法因人而异，重要的是看你怎么分配自己的时间，倘若你不好好规划自己的时间，那你就不会体会到其中的"轻松"所在。

2017年9月4日，我带着几件行李转乘两趟飞机，历时一天，来到了河南大学。虽然时日久远，但我仍然记忆犹新，因为那是我第一次出国，且身边没有亲人的陪同。上飞机的那一刻，眼泪就像断了线的珍珠，怎么也止不住，脸上流露出我对亲人的思念。沉甸甸的行李不仅仅装着我的衣服和日常用品，更是承载着亲朋好友对我满满的期许，希望我能学成归来。抵达宿舍后，面对新的环境，心里难免有些抵触，觉得各方面不如家里好。可这抵触心理并没有维持多长时间，在我见了周公后，渐渐地一切莫名变得可以接受起来，好像新的环境也不是那么的糟糕，只是不太习惯而引起的抵触感。原以为那晚煎熬的我会彻夜难眠，但厚重的眼皮终究抵不过疲惫的身躯，在思念夹杂着各种复杂的情绪里我渐渐地进入了梦乡。

刚来到一个陌生的环境，我不禁感到有些迷茫且不知所措。不知道首先应该干什么，又或是有什么是等待着我去完成的。所幸，来到国际汉学院办公室以后，一切困难都迎刃而解了。心慈面善、和蔼可亲的老师们为我一一讲解，让我理解办理手机卡、银行卡、签证、报到流程等步骤。这让一脸茫然的我顿时觉得很感动，至今非常感谢老师让身处异国他乡的同学们有了方向，就好比雪中送炭的温暖。就算是在宿舍里遇上了小问题，老师也会及时帮我们解决，老师们就像是家里的爸爸妈妈，时时刻刻关心着我们，牵挂着我们，我们留学生就像温室里的一朵花，生怕我们受到了一丁点伤害。以前常听说学校是我们第二个家，小学中学的时候，没对这句话有多大的感触。直到来到国外留学，常年住在学校宿舍以后，我就发现我对第二个"家"越来越依赖了，已经到了不舍离开的地步了。

除了国际汉学院在生活上的庇护，我也感受到了来自历史文化学院的关爱。因为喜欢中国历史文化，所以我就选择了念历史学。这对留学生来说是个冷门专业，因此班上只有我一位留学生。在老师循循善诱且不厌其烦的教导下，让我更能明白老师课堂上所讲解的东西。当我遇到课业上的难题时，同学们都会细心地给我解释。

因为疫情的关系，我只在河大上了3年学。在这3年的每堂课里，我的同桌总是风雨不改地帮我占座，一占就占了3年，且没有任何一句怨言。我本科生涯里唯一的遗憾就是无法与他们一起穿上学士服，拍毕业照。当然，顺利毕业的我少不了同学们、老师们的帮助，回到马来西亚的我上不了知网，都是老师不嫌麻烦地帮我搜寻各种相关资料，这才让我更容易地完成了本科生论文，顺利毕业。

在河南大学，与老师们朝夕相处的日子里，我无时无刻不感受到他们的关注和深爱。他们就像是我的亲人一样，在我4年的读书生涯里给了我很多的帮助。本科毕业以后，我毫不犹豫地选择了继续在河南大学念研究生。那是因为我觉得这里的人、事、物所给予我的温暖，是其他地方给不了的。将来，若有幸继续在河南大学深造，我想不断提升语言教学技能和跨文化交际能力。待学业有成，我将致力于汉语国际教育事业，从事汉语教学工作，愿为汉语更快走向国际舞台贡献自己的力量。

最后，我想感谢河南大学。因为有河大，所以才能培养出许多优秀的铁塔牌学子。河南大学经历无数风雨仍然屹立不倒，衷心祝愿河南大学光辉历程更辉煌，人才辈出代代强，桃李满天扬四海，硕果累累镇中华。

河南大学，生日快乐！

作者简介

林溢慈

马来西亚人，河南大学国际汉学院2021届历史学专业校友，毕业后攻读汉语国际教育硕士研究生。

62 | 爱美丽：在河南大学的学习与生活

我叫 Eglee Carrillo，中文名爱美丽，是一位来自委内瑞拉的留学生，2021 年毕业于河南大学。本次讲述的是我在"百年名校"河南大学的学习与生活经验。

2017 年 9 月我来到河南大学明伦校区报到，当时看到气势宏伟的南大门我便喜出望外，然后看了看大门上的字"明德新民，止于至善"，虽然那个时候不太明白这句话的意思，但还是留给我很深刻的印象。终于开学了，同时新的挑战便开始了，因为我的专业课是中文授课，所以第一年上了语言课，我在那个时候度过了一段美好的时光，结交了许多不同国家的朋友，了解到不同的文化习惯。中国文化博大精深，老师们不断给我们讲当地优秀的风俗与习惯，听到他们的解释之后才知道在中国重要的日子里，人们喜欢吃饺子。还记得当时为了让留学生进一步了解中国文化，国际汉学院"冬至"那天专门给我们安排了包饺子的活动，就在中心食堂的二楼，三百多个留学生与老师们热热闹闹地一起包饺子，他们还说不吃饺子就会"冻耳朵"，但我得承认我最享受的活动就是"文化节"。文化节举办的主要目的，就是让学校的所有老师与国际学生展示各个国家的文化。白天在大礼堂前送给大家——各个国家的特色菜，晚上在大礼堂还准备了表演、唱歌、跳舞等文艺节目。

转眼间一年就过去了，我开始上专业课。因当时文化产业与旅游管理学院还没有独立出来，该学院属于历史文化学院，所有的课都在七号楼进行，七号楼又名博雅楼。我第一次进去七号楼，就感觉到河南大学真的是一片教育圣地。由于我的同学全部都是中国人，便于我了解更多的中国文化，他们还跟我讲中国南北方习惯的差异。因我的专业是旅游管理，在课堂上老师们讲关于中国宋代的历史，我获取了不少知识。终于在 2019 年 1 月 11 号正式建立了文化产业与旅游管理学院，它在六号楼，又名博文楼，这是学校最早的中西合璧式建筑。每次进去六号楼我都欣喜若狂，我在里面可以见到许多熟悉的东西，这让我对中国文化产生了更浓厚的兴趣。

2021 年我结束了在河南大学的学习，在这里我学习并吸收到了许多不同国家的文化知识，让我受益匪浅。

作者简介

爱美丽

本名 Eglee Carrillo，国籍委内瑞拉，河南大学 2021 届国际汉学院旅游管理专业硕士研究生校友。

63 | 姜纳丽：我与河南大学

我叫 Natnaree Meepan，中文名字是姜纳丽，来自泰国。我还记得我在泰国读本科三年级的时候，有同学去河南大学留学了3个月，由于一些个人原因，我当时没能和同学们一起去，心里觉得很可惜。河南大学是一所著名的大学，我一直都对去中国留学很向往，所以后来当我得知我拿到河南大学硕士学位奖学金的那天，我高兴得睡不着觉，因为我终于能够实现自己到中国留学的愿望了。

到河南大学的第一天，我又高兴又害怕，高兴的是我终于到了河南大学，害怕的是我从小到大从来没有离家这么远过。一开始我有点儿不适应开封的食物和生活方式，每天晚上都因为想家而伤心，但过了一段时间我就慢慢地习惯了。在河大我交了很多中国朋友和来自不同国家的外国朋友，我越来越喜欢这里，越来越喜欢这所大学的氛围。在校园里，有各种各样的活动供留学生参加，比如中秋节、冬至、铁塔金秋国际文化艺术节等。

我很喜欢这里的冬天，尤其是下雪的时候。虽然我在河大的那一年雪下得很少，我也很喜欢，因为被白雪覆盖着的河南大学真是美极了。

我从河南大学获得了很丰富的知识和经验。虽然我现在回到了泰国，但我依然非常想念河南大学。每当我翻看在河南留学的照片时，我会回想起过去那段快乐的日子，就好像重新回到了河大校园。

作者简介

姜纳丽

本名 Natnaree Meepan,国籍泰国,河南大学国际汉学院 2021 届汉语国际教育专业硕士研究生校友。